职业教育·铁道运输类专业教材

Tielu Lieche Diaodu Zhihui

铁路列车调度指挥

胡华彬　卢柏蓉　主　编
曾　毅　张增立　蔡　萃　副主编
陈求胜　主　审

人民交通出版社股份有限公司
北京

内 容 提 要

本书为职业教育铁道运输类专业教材,由具有多年铁路运输生产现场组织管理经验的技术管理人员、具有丰富课堂教学实践经验的双师型教师组成的校企合作团队共同编写。本书全面、系统地介绍了铁路列车调度指挥的基本概念、基本原理、基本知识及基本技能,共分六个部分,主要内容包括列车调度指挥工作基础、列车运行图与列车通过能力、列车调度指挥工作组织、列车运行组织和运行调整、调度命令、非正常情况下的应急处置。

本书为职业教育铁道交通运营管理专业教材,可作为从事轨道交通和工程建设的管理、技术人员及现场调度人员的培训教材,也可供对列车调度指挥工作有兴趣的读者阅读参考。

*本书配有数学课件,读者可通过加入职教铁路教学研讨群(教师专用 QQ 群:211163250)索取。

图书在版编目(CIP)数据

铁路列车调度指挥 / 胡华彬,卢柏蓉主编. — 北京 :人民
交通出版社股份有限公司,2020.8
ISBN 978-7-114-16629-7

Ⅰ. ①铁…　Ⅱ. ①胡… ②卢…　Ⅲ. ①铁路行车—调度—高等
职业教育—教材　Ⅳ. ①U284.59

中国版本图书馆 CIP 数据核字(2020)第 146735 号

职业教育·铁道运输类专业教材

书　　　名:	**铁路列车调度指挥**
著 作 者:	胡华彬　卢柏蓉
责任编辑:	钱　堃　王景景
责任校对:	赵媛媛
责任印制:	刘高彤
出版发行:	人民交通出版社股份有限公司
地　　　址:	(100011)北京市朝阳区安定门外外馆斜街 3 号
网　　　址:	http://www.ccpcl.com.cn
销售电话:	(010)59757973
总 经 销:	人民交通出版社股份有限公司发行部
经　　　销:	各地新华书店
印　　　刷:	北京市密东印刷有限公司
开　　　本:	787×1092　1/16
印　　　张:	11.5
字　　　数:	266 千
版　　　次:	2020 年 8 月　第 1 版
印　　　次:	2022 年 12 月　第 4 次印刷
书　　　号:	ISBN 978-7-114-16629-7
定　　　价:	35.00 元

(有印刷、装订质量问题的图书由本公司负责调换)

前　言

本书是职业教育铁道运输类专业教材之一,由具有多年铁路运输生产现场组织管理经验的技术管理人员、具有丰富课堂教学实践经验的双师型教师组成的校企合作团队共同编写。

本书先修课程:铁路线路及站场、铁路机车车辆设备运用、铁路信号与通信设备运用、铁路接发列车实务、铁路车站调车工作。

本书课程定位:铁路列车调度指挥是铁道交通运营管理专业学生必修的一门专业核心课程,主要培养学生具备列车调度指挥的相关知识,能正确、熟练操作 TDCS、CTC 设备进行列车调度指挥;培养学生具备良好的沟通能力和团队协作精神;具备强烈的责任意识与稳定的心理素质,心怀"人民铁路为人民"的职业情操,拥有作风严谨、反应灵敏、"安全高于一切、责任重于泰山、服从统一指挥"的职业素质;具备列车调度员的职业岗位能力。

本书课程内容及学习目标:编制列车运行图、编发调度命令、编制列车运行调整阶段计划;熟悉 TDCS、CTC 设备及功能;掌握 TDCS 列车调度指挥方法、CTC 列车调度指挥方法;掌握非正常情况下列车调度指挥方法;掌握 CTC 条件下车站行车组织方法。

本书大量引用了铁路行业法律法规及规范性文件原文,保留了原文中的铁路列车调度指挥术语缩略语和惯用语,读者可通过查阅本书"附表铁路列车调度指挥缩略语、惯用语对照表"进行学习。

本书由胡华彬、卢柏蓉担任主编,曾毅、张增立、蔡莘担任副主编,高双喜参与编写。各部分编写分工是:模块一由武汉铁路职业技术学院曾毅执笔,模块二由武汉铁路职业技术学院胡华彬执笔,模块三由中国铁路郑州局集团有限公司调度所张增立、湖南高速铁路职业技术学院高双喜执笔,模块四由太原城市职业技术学院卢柏蓉执笔,模块五由中国铁路武汉局集团有限公司蔡莘执笔,模块六由武汉铁路职业技术学院胡华彬执笔。全书由武汉铁路职业技术学院胡华彬统稿,由四川管理职业学院陈求胜主审。

本书在编写过程中得到了中国铁路武汉局集团有限公司、中国铁路郑州局集团有限公司、中国铁路昆明局集团有限公司、中国铁路成都局集团有限公司有关专家的大力支持和帮助,并参考、借鉴、吸收了相关文献及资料,在此一并对相关作者表示深深的感谢。

由于编者水平有限,编写时间仓促,教材中难免存在疏漏、不妥之处。诚恳希望各院校师生及相关读者提出批评及改进意见。反馈邮箱:26485854@qq.com。

编　者

2020 年 5 月

目　　录

模块一　列车调度指挥工作基础

知识目标

1. 熟悉调度组织机构及职责权限。
2. 熟悉调度的相关工作制度。
3. 掌握调度指挥系统设备组成及其功能。
4. 了解货物列车编组计划的编制方法。

素质目标

1. 良好的沟通能力和团队协作精神。
2. 强烈的责任意识与稳定的心理素质。

模块引导

　　列车调度指挥工作(简称调度工作)贯穿整个铁路运输工作,是铁路行车组织的核心和关键。铁路调度工作涉及的内容较广,对从业者在知识结构专业性、系统性、综合性等方面的要求较高。本模块培养学生对列车调度指挥工作的认知,了解铁路运输调度的组织机构、工作职责、工作制度和工作内容,着重学习与铁路运输调度工作密切相关的技术设备概况。本模块重点学习内容如下:

　　(1)调度组织机构及其工作职责。

　　(2)各级调度工作制度。

　　(3)列车调度员的工作内容。

　　(4)TDCS 的网络体系结构和系统结构。

　　(5)铁路局集团公司的 TDCS 功能和构成。

　　(6)CTC 系统的功能及结构。

　　(7)CTC 系统的车站子系统和中心子系统。

　　对各种技术设备的学习是本模块的难点。教学过程中,教师应该尽量多地展示技术设备图片和播放视频,增强直观性,另外,建议适时安排学生到当地铁路局集团公司调度指挥中心和车站调度室参观学习。

单元一　调度组织机构及职责权限

学习任务

1. 了解调度组织机构及工作职责。
2. 学习调度工作制度。
3. 熟悉列车调度员的工作。

问题引导

调度所是铁路运输生产组织工作的指挥部,调度员是铁路运输组织的指挥人员。那么,调度所有哪些工种的调度员? 调度员的职业发展前景如何?

知识学习

本单元学习重点主要包括了解铁路调度组织机构及职责权限,熟悉调度工作制度及列车调度员的基本岗位作业流程。铁路调度工作是铁路行车工作的核心和关键部分,调度涉及的工作内容综合涵盖车、机、工、电、辆五大工种,要求学生在交叉专业知识的积累和储备上有一定的基础。建议学生在学习本单元前对铁路行车车站值班员接发列车作业等方面进行回顾。

铁路为维护正常运输秩序、全面完成运输任务,对日常运输生产活动所进行的计划、调整、组织、指挥、监督、协调等工作,称为铁路运输调度工作。铁路运输调度工作一般简称调度工作,调度员简称调度。

一、调度组织机构

(一)各级调度组织机构的设置

铁路运输调度工作实行分级管理、集中统一指挥。中国国家铁路集团有限公司(以下简称国铁集团)下设 18 个铁路局集团有限公司(以下简称铁路局集团公司)。国铁集团设调度部、铁路局集团公司设调度指挥中心、技术站(编组站及区段站)设调度室。目前,国铁集团共设有 18 个调度指挥中心。中国铁路武汉局集团有限公司(以下简称武汉铁路局集团公司)调度指挥中心大厅如图 1-1 所示。

国铁集团调度部设值班处长、调度员,铁路局集团公司调度指挥中心设值班主任、值班副主任、主任调度员、调度员,技术站调度室设值班站长、车站调度员。

图 1-1　武汉铁路局集团公司调度指挥中心大厅

根据分级管理、统一指挥的原则,国铁集团、铁路局集团公司、技术站各级调度分别代表国铁集团总经理、铁路局集团公司总经理、车站站长行使权力,对应负责全国铁路、铁路局集团公司和车站的日常运输组织指挥工作。在铁路日常行车安全管理工作上,国铁集团按规定对铁路局的调度指挥安全实施监督管理,铁路局集团公司对自身调度指挥安全工作全面负责,车站(技术站)对本站调度指挥安全工作全面负责。

国铁集团调度部值班处长、铁路局集团公司调度指挥中心值班主任、车站值班站长分别领导调度工作。在组织日常运输工作中,下级调度必须服从上级调度的指挥;国铁集团、铁路局集团公司、车站(技术站)各工种调度及有关人员分别由值班处长、值班主任、值班站长统一指挥。

在确保安全生产的前提下,国铁集团调度员统一指挥各铁路局集团公司和专业运输公司完成运输生产经营任务;铁路局集团公司调度员统一指挥铁路局管内运输生产单位完成运输生产经营任务;车站(技术站)调度员统一指挥本站所辖区段工作人员完成运输生产经营任务。

在日常运输组织工作中,调度部、调度指挥中心按照业务分工,设置了若干不同职责的调度员,分别负责一定的工作。铁路局集团公司调度指挥中心一般设有列车调度员、计划调度员、货运调度员、客运调度员等,如图1-2所示。

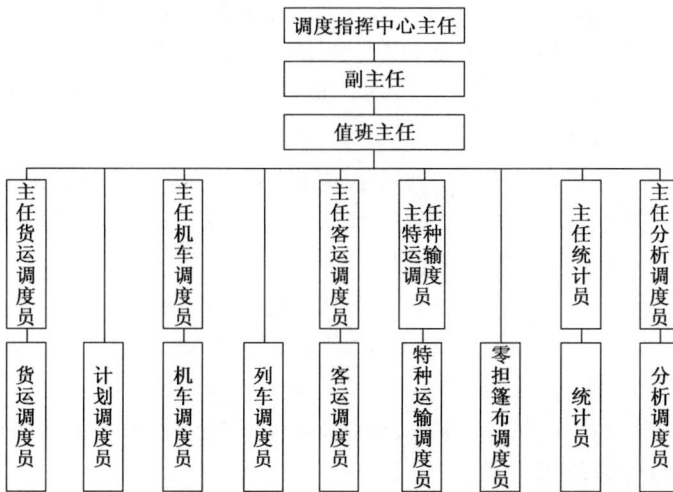

图1-2　铁路局集团公司调度指挥中心调度组织系统

(1)列车调度员,负责管辖区段内列车运行的组织指挥工作,实现按图行车,保证列车运行安全。

(2)计划调度员,负责管辖范围内列车工作计划的编制和计划的组织实现。

(3)货运调度员,负责管辖区段内的装卸车组织以及管内重车的输送。

(4)客运调度员,负责旅客运输组织和客车的运用工作。

此外,根据需要还会增设集装箱调度员、电力调度员、车辆检修调度员、罐车调度员等。

(二)各级调度工作职责范围

1. 国铁集团的主要调度职责

(1)按规定对铁路局集团公司调度安全指挥进行监督管理和监督检查工作。维护调度

纪律,检查各铁路局集团公司调度执行国铁集团调度命令和规章制度的情况,对违令、违章造成不良后果的单位和人员进行通报批评并提出处理意见。

(2)负责全路日常客运、货运和车流组织工作。组织各铁路局集团公司及时输送旅客和货物,平衡各铁路局集团公司货车保有量,经济合理地使用机车车辆,充分利用运输能力,挖掘运输潜力,提高运输效率和效益。

(3)编制和下达国铁集团调度轮廓计划和日计划,督促、检查各铁路局集团公司按调度日(班)计划均衡地完成运输生产经营任务。

(4)监督检查各铁路局集团公司按列车编组计划编车、按列车运行图行车、按运输生产经营计划组织运输,督促、组织各铁路局集团公司按国铁集团批准的计划均衡地完成铁路局集团公司间分界站列车、车辆交接任务、远程技术直达列车开行计划,及时协调处理铁路局集团公司间运输工作中出现的问题,实现铁路局间分界口畅通。

(5)掌握各铁路局集团公司及重点用户、主要港口和车站的装卸车情况。

(6)掌握国际旅客列车和跨铁路局集团公司(简称跨局)旅客列车的运行情况,收集、分析晚点原因,组织有关铁路局集团公司及相关单位(人员)采取措施,恢复运行秩序。

(7)了解各铁路局集团公司、主要车站客流波动及旅客列车票额利用情况,组织指导行包运输工作;处理跨局旅客列车的临时加开、停运、变更径路、途中折返、车辆甩挂和调整编组(1个月以内的软卧、行李、邮政、餐车)等工作;根据需要安排跨局客车回送;组织和部署专运、中央大型会议及重点任务的乘车计划,并掌握运行情况。

(8)组织和掌握军运、特运工作,安排新兵和退役士兵运输,重点掌握与其有关的列车始发、运行情况。

(9)负责国铁集团抢险救灾物资、人员运输组织工作,跟踪掌握输送情况。

(10)负责审批国铁集团管理施工项目的日计划,组织各铁路局集团公司兑现施工日计划,做好施工期间分界口车流、机车调整工作。

(11)掌握各铁路局集团公司调度工作情况,检查各铁路局集团公司日常运输工作完成情况。

(12)掌握国铁集团备用货车,批准国铁集团备用货车的备用、解除备用,检查各铁路局集团公司对备用货车的管理情况。

(13)负责全路专用货车的统一调整,新造车辆出厂组织,军运备品回送,集装箱的运用,篷布的运用和备用、解除备用。

(14)检查、通报安全情况,及时收取、掌握铁路交通事故、设备故障、自然灾害等突发事件信息,按规定进行应急处置,通报信息、组织救援、调整运输。负责跨局调动救援列车、救援队。

(15)负责国铁集团日常运输工作完成情况和调度安全监督检查情况的分析工作,及时总结、推广调度工作先进经验。

(16)负责检查指导铁路局集团公司调度基础管理和技术培训工作,规范调度管理、加强队伍建设。

(17)负责调度信息化需求管理,积极采用、推广先进技术和设备,组织调度信息系统开发和应用,负责调度信息系统运用管理,促进调度指挥工作现代化。

2.铁路局集团公司调度指挥中心的调度职责

(1)在国铁集团调度的集中统一指挥下,负责铁路局管内运输组织和调度指挥工作。

（2）严格执行各项规章制度、安全管理制度和安全卡控措施，遵守和维护调度纪律，及时处理影响行车安全的有关情况，保证调度指挥安全。

（3）组织铁路局管内各运输生产单位密切配合、协同动作，经济合理地使用机车车辆，充分利用运输能力，挖掘运输潜力，压缩运输成本，提高运输效率和效益，完成运输生产经营任务。

（4）负责编制和下达铁路局集团公司调度日（班）计划，并组织各站段落实，提高计划兑现率。

（5）负责组织铁路局管内各运输生产单位按列车编组计划编车、按列车运行图行车、按运输生产经营计划组织运输，督促、组织各站段按调度日（班）计划均衡地完成运输任务，及时协调处理铁路局运输工作中出现的问题。

（6）组织调整铁路局管内的货流、车流，按阶段均衡地完成国铁集团下达的车流调整方案和去向别装车方案，重点掌握分界口排空、快运货物和重点物资运输。

（7）按国铁集团批准的计划组织列车在分界站均衡交接，保证机车与列车的紧密衔接，与邻局密切联系、及时交换列车计划、积极协商解决出现的问题，保证分界站畅通。

（8）掌握铁路局管内各站和主要用户、港口装卸车情况，提高直达列车和成组装车比例，提升运输能力。

（9）组织旅客列车按列车运行图正点运行，遇晚点时，积极采取措施，组织有关单位（人员）恢复运行秩序，做好正晚点分析并上报国铁集团。

（10）掌握铁路局管内客车配属、客流波动、票额利用、旅客列车开行及运行情况，重点掌握动车组列车、特快旅客列车、国际旅客列车、重点旅客列车的运行情况及旅客列车超员情况；处理旅客列车的临时加开、停运、变更径路、途中折返、车底编组、客车回送、整列换乘、车辆甩挂和调整编组（管内列车和跨局列车1个月以内硬卧、硬座、软座车）、客车底试运行和票额临时调整等工作；组织落实专运及重点任务，并掌握运行情况；组织做好旅客列车行包运输工作。

（11）组织完成铁路局管内军运、特运、超限、超重、挂有装载危险货物车辆等重点列车运输组织工作，组织落实新兵和退役士兵运输任务，重点掌握与其有关的列车始发、运行情况。

（12）负责铁路局管内抢险救灾物资、人员运输组织工作，跟踪掌握输送情况。遇自然灾害或事故中断行车时，铁路局集团公司要及时采取措施，并提出有关旅客列车停运、加开、折返和变更径路等方案，并及时发布调度命令（跨局旅客列车报国铁集团批准后发布）。

（13）负责编制、下达铁路局集团公司施工日计划，安排实施维修计划，发布运行揭示调度命令和施工、维修作业的调度命令，协调组织施工、维修作业按计划进行。

（14）向国铁集团调度报告铁路局集团公司调度工作情况，检查铁路局管内各站段运输工作完成情况。

（15）认真执行国铁集团备用货车的管理制度，严格掌握铁路局管内备用货车的备用、解除备用情况。

（16）负责铁路局管内专用货车的调整，军运备品回送，集装箱和篷布的运用。

（17）及时收取、上报铁路交通事故、设备故障、自然灾害等突发事件信息，按规定进行应急处置，通报信息、组织救援、调整运输。负责调动救援列车、救援队或向国铁集团调度申请跨局调动救援列车、救援队。

（18）检查各站段执行调度命令和规章制度的情况；对违令、违章的单位和人员，进行通报批评并提出处理意见。

（19）负责铁路局集团公司日常运输工作完成情况和调度安全工作情况的分析工作，及时总结、推广调度工作先进经验。

（20）负责铁路局集团公司调度基础管理和技术培训，规范调度管理、加强队伍建设，指导站段调度日常运输生产工作。

（21）负责铁路局集团公司调度信息化需求管理，积极采用、推广先进技术和设备，促进调度指挥工作现代化，组织调度信息系统实施应用，负责调度信息系统运用管理。

3. 车站调度工作职责

（1）严格执行各项规章制度，遵守和维护调度纪律，认真执行上级调度命令和指示，及时处理影响行车安全的有关情况，保证车站调度指挥安全。

（2）掌握车流、货流，根据铁路局集团公司下达的调度日（班）计划，正确编制和组织实现车站班计划和阶段计划，按列车编组计划、列车运行图和重点要求解编列车，不间断地接发列车。

（3）经济合理地运用车站技术设备和能力，掌握调车机运用，组织有关单位、人员密切配合，协同动作，按作业计划、技术作业过程和时间标准，完成编组和解体列车的任务，提高作业效率，加速机车车辆周转。

（4）及时收集到达列车预确报，掌握车流变化，正确推算现车和指标，按阶段向铁路局集团公司调度汇报车流和车站作业情况。

（5）重点组织旅客、军运、货物班列、重载、超限、超重、超长和重点货物列车的开行。

（6）主动与厂矿企业联系，及时预报车辆到达情况和取送车作业计划，组织开行路企直通列车。组织回送客车（机车）、货物作业车、检修车（修竣车）和专用车的取送，缩短待取、待送时间。

（7）发生铁路交通事故时，积极组织救援，减小事故对行车的影响。

（8）正确、及时填画技术作业图表，认真分析车站作业计划兑现情况和运输生产完成情况并及时上报。

二、调度工作制度

为检查落实当日运输生产情况，不断提高调度指挥水平，更好地完成各项经营指标和技术指标，必须加强调度基础工作，建立各种调度工作制度，强化提高调度人员的综合素质。我国铁路调度各级机构依据《铁路运输调度规则》（简称《调规》）的要求，建立了基本工作制度。

1. 培训学习制度

在调度员休班期间，调度部门要组织政治学习、业务学习，并进行定期考核。同时按照国铁集团的规定，调度员每年必须进行不少于 10 天的脱产培训，以适应铁路新技术的发展和掌握规章制度的变化情况。

2. 电话会议制度

为了检查落实当天运输生产情况，布置、审批次日计划，国铁集团和各铁路局集团公司每日各召开两次电话会议。

(1)第一次电话会议由国铁集团主持,于每日7:00前召开,主要内容为听取各铁路局集团公司调度指挥中心值班主任对第一班工作情况的汇报,布置第二班工作重点;各铁路局集团公司于每日10:00前召开会议,听取本局第一班计划完成情况的汇报并下达次日计划,布置重点工作。

(2)第二次电话会议仍然由国铁集团主持,于每日15:00前召开,由各铁路局集团公司调度指挥中心主任(副主任)汇报预计全日运输情况,向铁路局集团公司提出次日日(班)计划的安排,布置工作重点;各铁路局集团公司于每日16:00前召开电话会议,由本局调度指挥中心主任报告当日运输工作完成情况,下达次日日(班)计划。

3.交接班制度

由于运输生产的不间断性,调度指挥工作不能随着调度的交接班而中断或停顿,因此,要求接班调度必须提前到岗,认真了解现场作业情况,重点掌握并详细交接下列事项:列车运行调整阶段计划的安排和下达情况,折返机车和调度机车的使用情况,待办的有关列车运行命令的内容和下达情况,施工慢行的有关事项,阔大货物的挂运条件;各级领导的重点指示和待办的公文电报等。

(1)接班会议在值班主任的主持下进行,主要任务有:传达有关文件、电报内容;介绍上班工作情况,提出本班工作重点;各工种调度根据自己了解到的情况,汇报工作要点,共同协商问题的解决办法,或由值班主任决定处理意见;调度指挥中心主任(副主任)参加会议时应提出重点要求。

(2)交班会议的主要任务有:分析总结本班运输任务、各项运营指标和技术指标的完成情况,总结调度指挥和现场工作中成功的经验;分析本班运输工作中的不足之处,吸取经验教训。调度指挥中心以及铁路局集团公司主管运输工作的有关领导应到会听取汇报,并提出表扬或批评意见。

4.班中会制度

每班应每日至少召开一次班中碰头会,由值班主任主持,落实本班和全日运输工作任务,根据当时工作进度以及预计情况,提出安全、正点以及完成卸车、排车、装车主要指标等方面存在的问题,研究具体措施,分工负责,突破关键,争取全面完成本班和全日运输工作任务;根据上级调度下达的次日轮廓计划,提出次日(或下一个班)计划的重点要求,使计划编制人员目标明确,为编好次日(或下一个班)计划打下良好的基础。

5.报告制度

为保持各级调度的持续联系,准确地掌握工作进度和不失时机地处理问题,车站应向铁路局集团公司调度、下级各工种调度应向上级各工种调度报告工作,并建立以下制度。

(1)车站应向铁路局集团公司报告的情况,包括:

①车站在列车到达、开出或通过后,及时报告车次、时分和列车状态。

②列车始发站和有摘挂列车作业的车站,应及时报告列车编组进度、编组内容和列车编组变化情况,对出发列车还应报告车次、机车型号、司机姓名、现车辆数、牵引总重、换长等情况。

③机车以及股道使用情况、安全情况和应随时报告的必要事项。

④车站有关工种每 3h 应向铁路局集团公司所属工种调度上报各项规定的内容。

（2）铁路局集团公司应向国铁集团报告的情况，包括：

①每 3～4h 铁路局集团公司列车调度应向国铁集团列车调度报告管内旅客列车正晚点情况和列车运行情况。

②每班 9:30(21:30)前，调度指挥中心主任向国铁集团值班处长或列车调度报告接班后铁路局管内的运输情况，预计本班分界站列车交接、排空、机车运用情况；每班 10:00(22:00)前，铁路局集团公司值班主任向国铁集团调度报告接班后的管内运输情况，预计本班分界站列车交接、排空、机车运用情况，以及 18:00(6:00)前运输工作完成情况的综合分析。

③每 3h 铁路局集团公司其他工种调度向国铁集团所属工种调度上报各项规定的内容。

④安全情况和必要事项应随时报告。

（3）当上级调度向下级调度了解有关运输情况时，有关人员应及时、认真报告。

（4）采用计算机联网和列车实时跟踪报告时，应实现车站与铁路局集团公司、国铁集团报告信息共享制度。

6. 分界站会议制度

为加强各铁路局集团公司之间的协作，保证分界站运输的畅通，铁路局集团公司间分界站会议每年至少召开一次，由各铁路局集团公司轮流主持，必要时也可由国铁集团组织，研究改进列车交接工作，制订、修改分界站协议。

7. 深入现场制度

为了提高调度人员组织指挥水平，加强各级调度之间以及调度与站、段有关人员的工作联系，各级调度部门应有计划、有目的地组织调度人员深入现场，熟悉设备和人员情况，交换工作意见，改进工作作风，解决好日常运输生产中存在的问题。

目前，根据国铁集团规定，各级调度人员每年深入现场的时间不得少于 10 天，行前要有计划，返回后要有报告。深入现场的活动方法有多种形式，可采用添乘机车、列车，召开座谈会、联劳会、同班会，以及跟班劳动、专题调查研究等活动形式。

三、列车调度员的工作

（一）列车调度员的工作职责及权限

列车调度员是一个调度区段内行车工作的统一指挥者，在工作中受值班主任的领导，负责组织指挥所辖区段内的车站调度员、车站值班员、值乘的机车及列车乘务员进行行车工作。为保证行车工作的集中统一指挥，规定凡指挥列车运行的命令和口头指示（运行揭示调度命令除外，其由施工调度员发布），只能由列车调度员发布。运输领导干部对区段内列车运行和机车车辆运用的指示，必须通过值班主任布置给列车调度员，由列车调度员下达执行命令。有关行车人员必须执行列车调度员的命令，服从调度指挥。

列车调度员应负责组织实现所辖区段内的列车运行图、列车编组计划及运输方案；根据日（班）计划任务安全而质量良好地完成本区段内的装车、卸车、接车、排车、中时、停时、旅速及客货列车正点率等指标。要求在工作中做到以下各点：

（1）组织各站、段按运输方案办事，按编组计划编车，按列车运行图行车。全面而质量良好地完成日(班)计划任务及机车车辆运用指标。

(2)按照规定的时间、内容,向本区段有关行车部门下达日(班)列车工作计划,及时编制、下达和组织实现3~4h列车运行调整计划,按时向铁路局集团公司调度指挥中心汇报列车运行概况。

(3)熟悉管内行车设备和作业特点,掌握旅客列车进路、车站到发线使用、列车编解进度、列车接续及机车交路,并注意列车运行等情况;按列车运行调整原则组织指挥列车运行,保证列车的良好运行秩序;遇有列车晚点时,应积极组织有关人员使列车恢复正点运行。

(4)组织、监督所辖区段内各站按日(班)计划按规定完成装卸车计划、空重车配挂计划和列车到开计划。

(5)加强安全生产观念,及时传达并认真检查本区段行车有关部门贯彻上级指示及执行规章制度的情况,积极开展安全预想活动,正确及时地发布有关行车的调度命令,保证行车安全。遇发生事故时,应立即查明情况,填写"行车事故概况"表,及时向上级汇报,并积极采取有效措施,尽量减少事故影响和损失。

(6)掌握本区段中间站现在车,分阶段及时、准确地推算管内各站现在车,按时提供编制日(班)计划的资料。

(7)及时、准确、完整地填记列车运行实绩图及有关报表。

(8)配合工电部门,完成施工维修任务。

(9)加强与现场职工及各工种调度间的密切协作配合,注意总结值班中的经验教训。

(二)接班前了解运输生产情况

铁路行车工作时间性、连续性强,要求十分严格。要求列车调度员接班后能立即不间断地、有计划地进行行车指挥工作。为此,列车调度员应提前到班了解运输生产情况及日(班)计划任务。需了解的主要内容有:

(1)从列车运行实绩图中或向当班的列车调度员了解正在区段内运行的列车情况、列车会让计划、摘挂列车作业情况及各次列车司机的情况。

(2)从机车周转实绩图中或向机车调度员了解机车交路及机务段机车准备情况。

(3)向货运调度员了解区段内各站装卸车及停留车情况。

(4)向邻台列车调度员了解相邻区段与本区段接续列车(特别是旅客列车)的运行情况,预计到达本区段的时刻。

(5)从班计划中了解本班装卸车计划、列车到发计划、施工计划及班计划中的关键问题和注意事项。

(6)对当班列车调度员已接受及发出的正在执行的或仍未开始执行的调度命令,要摸得细、摸得准。了解情况后,要按时参加接班碰头会,听取领导指示并研究接班后的关键及完成任务的措施。

(三)在值班过程中要认真做好的几项工作

(1)接班后,要认真研究、慎重对待交班列车调度员所做出的跨班列车运行调整计划,必要时可进行适当的修改,要认真与现场核对计划及注意事项的下达情况,严禁臆测行事,以

防因漏发、错发计划而耽误行车,甚至发生行车事故。

(2)要认真检查各站执行列车运行图、列车编组计划、运输方案及日(班)计划的情况,按时检查列车始发站编发列车情况、机务段机车准备情况,主动与司机联系。及时向到达站预报到达列车位置,检查车站到发线使用情况,必要时,发布有关行车的命令和指示。

(3)严格按列车运行图指挥行车,遇有列车晚点时,应积极采取措施,组织有关人员恢复列车正点运行。

(4)注意列车到发区间的运行情况,及时、正确地处理临时发生的问题,防止列车运行事故的发生,确保行车安全。发生事故时,应按规定及时处理。

(5)根据掌握的上述列车运行实际情况,及时编制、下达并组织实现3~4h列车运行调整计划。

(6)随时收取车站关于列车到、发、通过时刻的报告,及时、正确、完整地填记列车运行实绩图,主动向铁路局集团公司调度指挥中心报告列车运行概况。

(7)要按时、按规定准确地提供编制日(班)计划的资料。

(四)交班时应做好的几项工作

首先要打好交班基础,做到跨班的运行调整计划及注意事项下达清楚、彻底;该下达的命令、指示应下达完毕、齐全;列车运行实绩图填记正确、清晰、完整;各种报表及交班资料填写齐全、准确,以便上下班之间工作紧密衔接,为接班列车调度员创造良好的工作条件。

接班列车调度员来接班时,要主动介绍情况。与接班列车调度员交接完毕后,及时参加交班分析会。

学习检测

1. 简述调度机构设置情况及工作职责。
2. 如何开展列车调度员交接班活动?
3. 简述列车调度员的工作职责。
4. 列车调度员在值班过程中要做好哪几项工作?
5. 简述车站调度员报告制度的主要内容及报告流程。

单元二　列车调度指挥系统(TDCS)

学习任务

了解TDCS的发展历程、总体目标和技术特点,熟悉TDCS的网络体系结构和系统功能。

问题引导

TDCS的发展历程是怎么的?它的总体目标和技术特点有哪些?它有哪些功能?

知识学习

建议学生在学习本单元前,参观一次铁路局集团公司调度指挥中心和车站(技术站)调度室。

一、TDCS 概述

TDCS(Train Operation Dispatching Command System,列车调度指挥系统)是覆盖全路的铁路列车调度指挥系统,能及时、准确地为全路各级调度指挥人员提供现代化的调度指挥手段和平台。TDCS 是全路联网的调度指挥系统,它由国铁集团调度指挥中心 TDCS、铁路局集团公司 TDCS、车站 TDCS 三层机构组成,采用数字化、网络化、信息化技术,是对传统调度指挥模式的革命性突破,可以极大地减轻调度员的劳动强度,提高运输生产效率。在 TDCS 基础上建设调度集中系统,是铁路跨越式发展的必经之路,所以 TDCS 为铁路调度实现现代化奠定了坚实基础。

TDCS 的核心组成部分是铁路局集团公司 TDCS 这一层次,铁路局集团公司 TDCS 可以实现对铁路局集团公司所辖区段的行车情况的实时、集中、透明的指挥,用自动化的手段调整运输方案,通过计算机网络下达行车计划和调度命令,实现自动报点和车次号自动跟踪的功能,改变过去车站值班员用电话向调度员人工报点、调度员用电话向车站下达计划和命令、车站值班员手抄再复诵计划和命令的落后方式。TDCS 可实现列车实绩运行图自动绘制、自动过表,车站行车日志自动生成,这些都大大降低了行车调度员和车站值班员工作强度。所以,TDCS 可以优化运输调度指挥手段、提高调度水平和运输效率。

TDCS 以计算机网络技术、通信技术、多媒体技术、数据库技术为基本技术手段,实现对列车在车站和区间运行的实时监视、动态调整,自动生成列车运行 3h 阶段计划;实现列车调度命令的自动下达和实绩运行图的自动描绘;实现分界口交接列车数、列车运行正点率、行车密度、早晚点原因、重点列车跟踪等实时统计分析并形成相关统计报表;为各级调度员提供列车的动态运行情况,便于机车合理调配,提高运输能力和安全水平;显示铁路路网、线路、车站、重要列车和救援列车分布等主要信息,为铁路事故救援、灾害抢险、防洪等提供决策参考。

(一)TDCS 的发展历程

自 20 世纪 80 年代后期以来,信号研究设计部门、科研机构、各铁路局集团公司的信号工程技术人员,为运输调度指挥信息系统工程的立项做了大量的前期准备工作,提供了宝贵的实践经验。

1994 年,铁道部电务局、运输局在广泛调查研究后,正式提出开展建设铁路运输调度指挥管理信息系统的可行性研究,工程名称确定为 DMIS(Dispatching Management Information System)工程。

1996 年 1 月 18 日,铁道部部长办公会通过了 DMIS 工程实施可行性报告,决定在全路组织建设以原铁道部全路运输调度为核心的 DMIS 工程。

1996 年 10 月 3 日,铁道部下达了《关于铁路运输调度指挥管理信息系统工程总体方案

的批复》,总体设计组开始了 DMIS 一期工程初步设计工作。

1997 年 6 月 11 日,确定了 DMIS 一期工程范围。

1997 年 12 月,由铁道部运输局组织对上海、北京、济南、沈阳、郑州铁路局集团公司及广铁集团等的 DMIS 一期工程方案进行了审查。

1998 年 1 月 16 日,铁道部下达了《关于对 DMIS 初步设计文件修改意见的通知》。

1998 年 1 月 19 日,铁道部下达了《关于铁路运输调度指挥管理信息系统(DMIS)工程初步设计的批复》。

1998 年 3 月 26 日,铁道部下达了《关于加快 DMIS 一期工程建设的通知》,明确了工期要求,工程实施正式起步。

2000 年 4 月、6 月、8 月,铁道部运输局基础部分别在北京和南京召开了无线车次号校核系统技术和工程实施的会议,对技术方案的确定、工程实施的步骤、产品生产的进度等进行了具体的安排。

2001 年,铁道部要求全面进行 DMIS 二期工程建设。

2003 年 10 月 14 日,铁道部运输局印发《铁路运输调度指挥管理系统(DMIS)技术标准(暂行)》(运基信号〔2003〕342 号)。

2003 年 11 月,兰州铁路局集团公司率先开通覆盖全局所有干线及主要支线的 DMIS。

2003 年底,京沪铁路全线全面实现了 DMIS 功能,全线 100 多个车站全部实现车站值班员用计算机接收阶段计划、调度命令、生成行车日志等功能。

2004 年,基本形成了铁道部、铁路局调度指挥中心和四大干线(京沪、京哈、京广、京九)车站基层网。

2005 年,根据铁路信息化总体规划,DMIS 更名为 TDCS(铁路列车调度指挥系统)。铁道部运输局基础部提出了以 TDCS 为平台、CTC(Centralized Traffic Control)为核心,构建我国铁路现代化的调度指挥系统,力争在 2006 年前在全路所有繁忙干线安装 TDCS 的建设目标,从而实现我国在行车调度指挥现代化上的历史性突破。

2013 年 11 月 8 日,中国铁路总公司印发《铁路列车调度指挥系统(3.0)技术条件》。铁道部运输局 2003 年 10 月 14 日印发的《铁路运输调度指挥管理系统(DMIS)技术标准(暂行)》(运基信号〔2003〕342 号)同时废止。《铁路列车调度指挥系统(3.0)技术条件》在总则中明确指出:

TDCS 是实现铁路各级行车调度对列车运行实行透明指挥、实时监督调整、覆盖全路的现代化铁路列车调度指挥系统。TDCS 是铁路运输调度指挥的基础设施,是铁路运输生产的重要技术装备,由原铁路总公司、铁路局集团公司、车站三级构成。TDCS 应能实时自动采集列车运行及现场信号设备状态信息,并传送到原铁路总公司调度指挥中心和铁路局集团公司调度所,完成列车运行实时追踪、自动报点、列车实际运行图自动绘制、阶段计划调整及下达、调度命令下达、站间透明、行车日志自动生成、车站作业流程监督及错办报警等功能,实现各级运输调度的集中管理、统一指挥和实时监督。

(二)TDCS 优势

1. 调度办公无纸化

行调台延续多年的一张图、一支笔、一把尺、一块橡皮的工作模式被现代化的 TDCS 行调子系统所替代,调度员通过点击鼠标即可实现运行线的自动铺画、调整,下达阶段计划和调度命令等。列车运行的到发点由系统自动采集,实际运行线由系统自动生成。每班的运行图可打印输出。TDCS能以计算机替代重复、简单的作业环节,减少调度员的工作环节,减轻劳动强度。

2. 流程管理程序化

TDCS可通过详细设置列车调度工作中的设备、规则、方式、流程等条件,由程序智能控制作业流程,规范作业过程管理。

3. 安全检测智能化

强大的防火墙系统和入侵检测系统保证了TDCS作为行车设备的高度安全性,防止黑客的非法入侵和病毒的侵入。

4. 信息交换网络化

调度员和车站值班员的信息交换全部采用网络传输,替代了原有的电话交流模式,包括计划的下达、到发点的上报、调度命令的下达等信息。采用电话下达的方式一方面工作强度大,另一方面容易造成误报、错报的问题。网络下达调度命令高速、准确,很受调度员欢迎。以信息技术和网络技术替代既有的信息采集和交换方式,可以提高信息交换的效率和质量、提高工作效率。

5. 计划调整自动化

针对3h阶段计划的自动调整,由计算机的自动调整替代调度员人工调整,特别是在单线调度区段,极大地减轻了调度员的工作强度。调度员只要把握住几个重点会让策略,进行人工干预,其他工作交给计算机来做即可。TDCS通过系统自动调整列车会让计划、智能判别列车运行必须满足的逻辑关系,以一定的方式与车站的信联设备联结,实现对车站设备的直接自动控制,满足调度集中或半集中的需要。

6. 调度指挥无声化

有了TDCS,调度员通过计算机网络下达和获取相关信息,实现信息的共享,不再依靠电话联系,使得调度所变得较为安静,改善了调度员的工作环境。

7. 调度控制集中化(预留功能)

在调度集中区段,TDCS可以做到几百公里之外的车站全部由调度所来集中控制,调度员在调度台上便可直接控制车站的联锁设备,进行远程作业,可做到车站无人值守,配以计算机辅助调度,可以实现按图排路,使整个运输调度工作跨上一个新台阶。

TDCS功能符合国铁集团铁路列车调度指挥系统的相关要求,包括列车运行实时透明显示,调度管理信息显示,车次号输入、自动跟踪和无线车次校核,紧追踪报警,运行图管理(包含阶段计划的编制、调整和下达、甩挂计划下达,实绩运行图自动生成等功能),列车运行早晚点统计与显示,调度命令下达与管理,日班计划联控,甩挂车管理,施工计划管理,站存车管理,车站行车日志的自动生成,车站自动报点,历史信息再现回放与查询,系统的自诊断和自保护,系统维护,仿真培训,在线帮助功能及与其他系统的联网等功能。

二、TDCS 总体目标和技术特点

（一）TDCS 总体目标

TDCS 是实现铁路各级运输调度对列车运行实行透明指挥、实时监督调整并能覆盖全路的现代化铁路列车调度指挥系统。TDCS 由国铁集团调度指挥中心局域网、铁路局集团公司TDCS 中心局域网及车站基层网组成，是一个覆盖全路的现代化铁路运输调度指挥和控制系统。TDCS 利用信息技术、网络技术、控制技术等现代科学技术手段取代了传统落后的行车指挥手段，采用并结合了先进的通信、信号、计算机网络、数据传输、多媒体技术等现代信息技术，在保证网络安全的前提下，与相关系统紧密结合、互联互通、信息共享，实现了铁路运输组织的科学化、现代化，并能增加运能，提高效率，减轻了调度人员的劳动强度，改善了调度指挥的工作环境。

TDCS 是从现代运输管理的角度构造的全新的现代化调度指挥系统。TDCS 的建成，实现了由保障安全、提高效率向提高运输效能的转变，由单一功能向综合功能的转变，由模拟传输向数字传输的转变，由人工控制向智能控制的转变；建立了一个融合先进的通信信号、计算机网络、数据传输、多媒体技术为一体的现代信息系统，为调度人员和有关领导及时提供了丰富可靠的信息、决策依据和各种实时动态宏观显示；为调度人员提供了先进的调度指挥和处理手段，提高了调度员应变和处理能力，减少了调度人员通话和手工制表数量，并改善了调度人员的工作条件和环境，从而提高了铁路服务质量，适应了市场经济新形势的需要。

（二）TDCS 技术特点

TDCS 作为铁路行车调度指挥系统，改变了调度人员传统的作业方式，改造了国铁集团、铁路局集团公司的两级调度指挥中心的控制结构，改造了由国铁集团调度指挥中心局域网、铁路局集团公司调度指挥中心局域网、基层网组成三层网络结构。整个系统具有以下特点。

1. 先进性

TDCS 系统设计起点高，在研制中采用最先进并具有发展前景的技术，如计算机技术、信息技术、智能决策技术、地理信息技术、远程控制技术、网络技术、数据传输技术、多媒体技术等。同时吸收采纳了国外新技术，采用了国际标准及国内外最新产品，使系统整体在一定时期内保持技术领先性。

2. 实时性

TDCS 是实时控制过程和实时信息处理系统，列车在运行过程中使其在对铁路沿线的各种信号灯、道岔、轨道等信号设备的状态显示信息及位置信息产生大量的变化。这些信息主要是通过基层网的列车运行系统自动采集的，必须及时、准确地向上传递给铁路局集团公司、国铁集团的各级调度人员。按照国铁集团信号专业相关标准，在信息高峰的情况下，这一过程延时时间不能超过 4s；在两级三层的任何一台信息处理机上，这些信息必须实时、有序地进行处理，既不能定时处理，也不能批处理。

3. 安全性

TDCS 是一个闭环系统，采用闭环网络设计，使之从信息采集、传输、处理、方案制订、计划调整、控制决策、命令传输、校核到设备动作循环,能够不间断执行,使整个系统"自成体系,安全运行",确保系统连续稳定运行。

国铁集团、铁路局集团公司调度指挥中心局域网中均实施了网络防火墙及入侵检测系统、防病毒软件、动态口令等安全防范措施,以确保各级调度指挥中心 TDCS 的安全性,防止黑客攻击、破坏或者窃取有关信息。

4. 可靠性

TDCS 作为一个行车调度指挥系统,必须保证24h无间断正常运转。网络及关键设备采用双套冗余设计以及双电源,提供系统容错机制,保证系统连续不间断地稳定运行,保证数据信息的安全性和正确性。同时,系统对网络及设备的运行具有监控和管理能力,对非法用户或计算机病毒入侵具有抵御能力。系统提供可靠的数据后备和恢复手段,提供系统故障恢复功能,在系统故障时能尽可能减少数据丢失。

5. 开放性

TDCS 是一个庞大的综合性系统,集成大量的计算机设备、网络设备、打印设备、存储设备、显示设备,开发了大量的动、静态数据处理、实时信息处理,智能分析计算统计,界面显示程序。系统采用了符合国际标准和工业标准的开放式系统平台。

6. 可维护性

TDCS 工程涵盖了国铁集团、各铁路局集团公司及基层的车站,集成了大量的硬件设备和软件。大量的硬件设施都需要及时进行日常维护、保修,也应适时进行更新换代工作;铁路每年都有大量的站场改造、大修、运行图调整等工作,造成相关的静态基础数据需要及时进行更新,而且用户在使用过程中也会不断地提出新的需求,需要对软件进行适当的修改升级工作,因此 TDCS 应有方便的维护手段,便于维护和维修;应有足够的技术措施保证维护工作不会导致整体系统停机或中断。

7. 互操作性

TDCS 是一个两级三层的系统,由于牵涉的范围广、地域宽,其工程由中国铁路通信信号有限公司、中国铁道科学研究院、卡斯柯信号有限公司三家单位在 TDCS 技术总体组的协调下共同承担。由于各铁路局集团公司、车站所管辖范围内的线路、车站、调度强度都有很大的差异,不可能对所有铁路局集团公司、车站采用同样的软硬件平台,因此,技术总体组规范了各铁路局集团公司、车站的软硬件平台的标准配置,也组织各建设单位共同形成了网络间的数据传输和交换的格式标准。各单位在 TDCS 设计中考虑了与异种机、异种网的互联,各铁路局集团公司之间能够方便地进行数据传输和交换,分布式数据库系统便于访问和维护管理。同时,在保证信息安全的前提下,充分考虑了与铁路其他系统之间交换数据的功能。

8. 可扩展性

铁路每年都要进行不同规模的大修、新建,TDCS 设计的范围和规模将会不断扩大,因此,系统设计中充分考虑到今后升级、扩展的能力。同时,TDCS 大量采用了计算机技术、智能决策技术、地理信息技术、远程控制技术、网络技术、数据传输技术、多媒体技术等现代信息技术,这些技术正处于高速发展期,需要不断地进行更新换代。

9.友好性

TDCS 应用系统设计从方便用户的角度出发,提供了友好的人机界面和方便灵活的使用方法,最大限度地满足了用户需求。

10.节约性

全路有 TDCS、TMIS(铁路运输管理信息系统)等诸多的管理信息系统,不同的系统有不同的职能和工作范围。TDCS 严格按照国铁集团对各管理信息系统功能和范围的界定,遵循不重复建设、不重复投资的原则,充分利用现有设备,并在设计中预留与其他系统的接口,实现与其他系统的信息共享。

三、TDCS 网络体系结构和系统结构

(一)TDCS 网络体系结构

我国铁路调度指挥管理是以行车调度为核心,以站、段为基础,实行国铁集团和铁路局集团公司两级调度指挥管理的体制。为适应现行的调度管理体制,考虑到将来的铁路机构改革,TDCS 的设计分为三层网络体系结构,如图 1-3 所示。

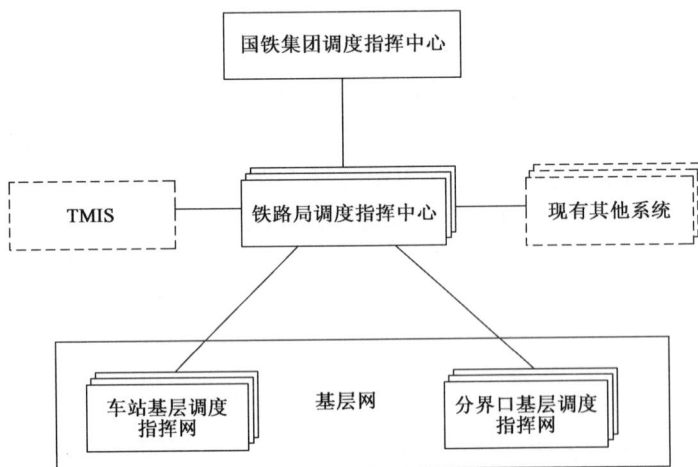

图 1-3　TDCS 结构

国铁集团调度指挥中心 TDCS 处于最高层,是核心部分,是现代化铁路运输调度指挥的心脏。国铁集团调度指挥中心 TDCS 以国铁集团调度指挥中心大楼为主体,构成一个为调度指挥服务的局域网;通过专线通道、数据网链路、路由器与 18 个铁路局集团公司调度指挥中心远程连接,进行信息交换,并建立全路有关专业技术资料库。国铁集团调度指挥中心能获得各铁路局集团公司分界口、重要铁路枢纽、主要干线等的运输状况和 TDCS 基层网等实时信息。

铁路局集团公司调度指挥中心 TDCS 处于第二层,在各铁路局集团公司所在地建有铁路局集团公司调度指挥中心局域网。铁路局集团公司调度指挥中心通过专线通道、数据网链路、路由器与国铁集团、相邻铁路局集团公司调度指挥中心远程连接,进行信息交换。铁路局集团公司调度指挥中心 TDCS 具有列车调度指挥功能,其功能不仅是指挥和管理中心,

同时也是行车控制中心,对于部分区段和车站,铁路局集团公司控制中心还可在 TDCS 的基础上发展调度集中(CTC),实现对列车进路的自动控制。

最下层是 TDCS 基层网,主要包括车站行车调度指挥系统等。

（二）TDCS 结构

中心局域网和车站局域网均采用高性能的交换机组成"双 100M 高速以太网",所有设备通过双网卡连接到双局域网上,确保各节点数据传输的可靠性。

调度中心子系统中各子系统之间设有通过双冗余局域网实现的以太网网络接口,接口为 RJ45 接口规范、网络介质为 5 类双绞线,速率为 100Mb/s。

调度中心子系统的局域网底层网络协议均符合 IEEE802.3 标准。网络节点之间的通信高层协议采用国际通用的互联网 TCP/IP 协议。

调度中心与车站之间的网络子系统为双环路广域网连接方式,中心到车站以及车站之间通过高性能的路由器组成双环路的广域网,速率为 2Mb/s。

调度中心与车站之间的网络子系统的广域网协议为国际互联网协议族中的 OSPF 协议。网络节点之间的通信高层协议采用国际通用的互联网 TCP/IP 协议。

车站子系统的内部之间的接口主要为通过双冗余局域网实现的以太网网络接口,接口为 RJ45 接口规范、网络介质为 5 类双绞线,速率为 100Mb/s。车站自律机配有双网卡,接入车站的"双 100M 高速局域网"。同时配有足够数量的 RS232/RS422 串行通信接口,实现与计算机联锁、无线车次号、调度命令无线传送、无线调车机车信号和监控装置以及既有车站 DMIS 等系统的通信。

车站子系统的局域网底层网络协议均符合 IEEE802.3 标准。网络节点之间的通信高层协议采用国际通用的互联网 TCP/IP 协议。

四、铁路局集团公司 TDCS 功能和调度指挥中心 TDCS 构成

（一）铁路局集团公司 TDCS 整体功能要求

铁路局集团公司 TDCS 功能主要包括调度监督、行车指挥自动化、车站终端功能三个方面。三个方面结合在一起,能实现以下功能:

（1）铁路局管内各站实时表示信息显示及回放。

（2）列车车次自动跟踪及和无线车次自动校核。

（3）实现区段间及车站间透明功能。

（4）通过局基层广域网下达调度命令、阶段计划及其他通知。

（5）列车运行自动报点及行车日志自动生成和打印。

（6）列车实绩图自动生成及计划图实时显示及打印。

（7）列车运行图实时自动调整,并通过局基层广域网下达。

（8）列车早晚点自动计算及显示与部分运输指标自动统计。

（9）列车运行基本图显示、查找及打印。

（10）邻台间信息交换及分界口信息统计及显示。

（11）日班计划的编辑及下达。

（12）各种运输数据分析及统计。

（13）为 CTC 系统、PMIS（模块管理信息系统）、旅客向导系统、环境监测系统、监控系统预留接口。

（二）调度监督功能要求

调度监督系统的主要功能是保证调度员能够在路局调度所远程监督其管辖区段内列车的实时运行状况和站场实际情况，包括股道及区间的占用状态、进路上道岔位置及信号机状态等，以便调度员能够根据现场实际情况指挥行车，同时系统还需提供一些辅助功能以减轻调度员的日常工作。系统站场图显示干线全线调度区段及相关车站的列车运行所处位置、列车车次号和信号设备状态。信号设备状态包括以下内容：

（1）列车、调车及区间信号机。

（2）轨道电路的空闲和占用。

（3）进路的空闲、锁闭和占用。

（4）接近、离去区段的空闲和占用。

（5）闭塞分区的空闲和占用。

（6）列车车次号及早晚点时间。

系统用指定的颜色和方式显示以上内容，其中车次窗、车次号的显示方式与铁路局集团公司的设计一致。系统在调度员的显示屏幕上同时显示其调度区段内的所有站场，调度员可选择在一个屏幕上显示一个站场的全部内容。系统可提供区段画面及单站画面下 48h 历史数据回放功能，其中任何一个调度台在进行数据回放时，不影响其他调度台的正常工作。同时系统可将回放数据存储为文件，该文件可以离机保存，并能随时回放。系统可提供友好的人机界面，让调度员选择回放的时间区段、速度及方式。系统具备在单站及区段界面下对选定车站或细节任意放大及缩小显示功能；具备对管内指定区段正在运行列车按车次号快速查询功能；具备对车站信号机、道岔、股道及其他站场文字的选择性显示功能；具备统计正在管内指定区段运行列车信息，以及按列车等级列表方式显示其车次号、速度、现在运行车站位置等信息功能；具备快捷工具栏功能以增加操作快捷性；具备局间分界口、其他局车站实时显示功能。

（三）运行图显示功能

（1）具备调阅管内指定区段基本运行图功能。

（2）具备显示管内指定区段实际运行图功能。

（3）具备调阅管内指定区段日班计划功能。

（4）具备打印输出基本图、实际图、计划图功能。

（5）重点列车特殊标志功能。

（6）在运行图上具备列车车次查询功能。

（7）具备查询列车基本情况功能。

（8）具备自动绘制及打印路局宏观运行图功能。

（四）铁路局集团公司调度指挥中心 TDCS 构成

铁路局集团公司调度指挥中心 TDCS 由中心机房设备、调度所设备和远程工作站设备三大部分构成。铁路局集团公司 TDCS 通过主、备路由器,经主、备路由器"2M 通道"与所管辖的车站基层网、相邻局 TDCS 以及国铁集团中心 TDCS 连接,互相交换信息。铁路局集团公司 TDCS 各功能台通过交换机与路由器相连,构成主、备路由器星形连接局域网,实现信息交换与共享。

中心机房设备包括数据库服务器、应用服务器、通信服务器、网络交换机、网络管理工作站、系统维护工作站、电源屏设备、防雷设备和远程通信设备。

调度所设备包括行车调度台工作站、基本图维护工作站、调度主任工作站、主任助理工作站、值班主任工作站、分析室工作站,以及机调、货调、局长等工作站和大屏幕系统。

远程工作站设备包括机务段(折返段)、车务段调度命令工作站和电务段调度工作站。铁路局集团公司 TDCS 采用双网系统,系统重要设备,如服务器、交换机和路由器等的软硬件均采用双套冗余方式。

📢 学习检测

1. TDCS 由哪 3 个子系统组成?

2. TDCS 以_____技术、_____技术、_____技术、多媒体技术、_____为基本技术手段,实现对_____实时监视,动态调整、自动生成_____计划,实现列车_____自动下达和_____自动描绘;实现_____、_____、行车密度、早晚点原因、重点列车跟踪等实时宏观统计分析并形成相关统计报表;为各级调度人员提供列车的_____情况,便于机车合理调配,提高运输能力和安全程度;显示铁路路网、沿线线路、车站、重要列车和救援列车分布等主要信息,为铁路事故救援、灾害抢险、防洪等提供决策参考。

3. TDCS 有哪些优势?

4. 铁路局集团公司 TDCS 功能主要有哪些?

5. TDCS 技术特点有哪些?

单元三 CTC 技术设备

📋 学习任务

1. 了解 CTC 的功能及其结构。

2. 熟悉车站子系统的基本内容。

3. 掌握铁路局集团公司 CTC 中心子系统。

📋 问题引导

为什么有了 TDCS,还需要 CTC 系统?二者是什么关系?

知识学习

CTC(Centralized Traffic Control,调度集中)系统是控制中心(调度员)对某一区段内的信号设备进行集中控制、对列车运行直接指挥与管理的技术装备。其主要的作用是:将铁路网络中一定数量或全部列车的调度指挥,集中到若干个甚至一个指挥中心统一指挥,在运输指挥中心,工作人员可以根据旅客和货物的不同流向,科学地安排列车计划,根据列车的实际运行情况,统一指挥和及时调整列车的运行,在保证运输安全的前提下使运输生产效率达到最大化。

我国发展铁路调度集中系统开始于20世纪60年代,经历了分离元件、小规模集成电路、中规模集成电路到大规模集成电路、计算机化调度集中系统阶段,但是由于传统的调度集中系统未能有效解决在调度集中模式下车站列车作业和调车作业的相互干扰问题,所以该系统长时间发展缓慢。2003年,我国吸取国外应用CTC的经验,并结合国内铁路运输的情况,成功地在青藏铁路西宁—哈尔盖段应用了新一代分散自律调度集中系统,该系统于2004年通过了原铁路总公司技术审查。2007年1月,分散自律调度集中系统在胶济线得到成功应用,同年通过原铁道部技术审查,至此我国成功地实现了在繁忙干线使用调度集中系统进行调度指挥。随后分散自律调度集中系统在全路开展了大规模建设。

一、CTC 系统功能及结构

(一)分散自律调度集中系统功能及特点

分散自律调度集中系统是铁路现代化的重要技术装备,是现代铁路综合信息化建设的重要内容,也是现代铁路的新型运输组织形式。它与我国铁路路情紧密结合,做到以 TDCS 为平台,以调度集中为核心,以行车指挥自动化为目标,实现铁路运输指挥的现代化。分散自律调度集中系统是综合了计算机技术、网络通信技术和现代控制技术,采用智能化分散自律设计原则,以列车运行调整计划控制为中心,兼顾列车与调车作业的高度自动化的调度指挥系统。

分散自律调度集中系统采用计算机分布式网络控制技术、信息化处理技术,将列车运行调整计划下传到各个车站自律机中自主自动执行;在列车运行调整计划的基础上,解决列车作业与调车作业在时间与空间上的冲突,实现列车和调车作业的统一控制。

分散自律调度集中有两种控制模式:分散自律控制模式和非常站控模式。分散自律控制模式是用列车运行调整计划自动控制列车运行进路,同时在分散自律条件下,使控制中心具备人工办理列车、调车进路,使车站具备人工办理调车进路的功能。在胶济线分散自律调度集中系统中,分散自律控制模式分为 3 种操作方式:中心操作方式(列车、调车进路均由控制中心办理)、车站调车操作方式(控制中心办理列车进路、车站办理调车进路)及车站操作方式(列车、调车进路均由车站办理)。非常站控模式是指当调度集中设备故障、发生危及行车安全的情况或设备需要维修、施工时,使设备脱离系统控制转为车站传统人工控制的模式。

分散自律调度集中系统的主要功能如表 1-1 所示。

分散自律调度集中系统的主要功能   表 1-1

序号	主 要 功 能
1	在 TDCS 基础上,调度集中系统应具备列车运行计划人工、自动调整,实际运行图自动描绘,行车日志自动生成、储存、打印,调度命令传送,车次号校核等功能
2	在 TDCS 基础上,控制中心具备向车站、机务段调度、乘务室等部门发布调度命令以及经调度命令无线传送系统向司机下达调度命令(含许可证、调车作业通知单等)的功能
3	依据列车运行调整计划和《技规》《行规》《站细》等规定,以及相关联锁技术条件对列车、调车作业进行分散自律安全控制(含分散自律控制模式下的中心、车站人工直接操作)。对违反分散自律安全条件的人工操作,应能进行安全提示
4	对于影响正常运用的故障,如信号故障关闭(或灭灯及灯丝断丝)时应有报警、提示、记录功能
5	与调度命令无线传送系统配合,具有接车进路信息自动预告功能
6	不影响既有的平面调车区集中联锁功能
7	具有部分非正常条件下接发列车功能以及降级处理措施
8	具有本站及相邻两个车站的列车运行调整计划显示功能
9	具有本站及相邻两个车站的站间透明功能
10	具有人工办理试排进路功能,为进路指令的执行做好准备
11	具有自我诊断、运行日志保存、查询和打印等功能,并逐步实现系统维护智能化
12	对所有的人工操作具有完整的记录、查询、回放和打印功能
13	实时监控电源状态,停电时应自动保存列车、调车作业等重要信息
14	在保证网络安全的条件下可与其他相关系统联网,实现数据资源共享

分散自律调度集中系统最典型的特点为分散自律,是指系统通过设置分散自律计算机,使调车进路和列车进路在时间和空间上实现可靠隔离,在有条件的车站实现无人化管理(在行车岗位配有值岗人员的车站简称有人站,反之简称无人站),实现运输指挥的高度集中化和智能化。

(二)分散自律调度集中系统结构

分散自律调度集中系统是以 TDCS 为基础,并具备完整的 TDCS 功能,系统结构与 TDCS 类似,如图 1-4 所示。由铁路局集团公司 CTC 中心子系统(简称 CTC 中心)及车站或站段子系统(简称车站子系统或车站 CTC)两层构成。CTC 中心子系统是控制中心,一般设在铁路局集团公司调度所。

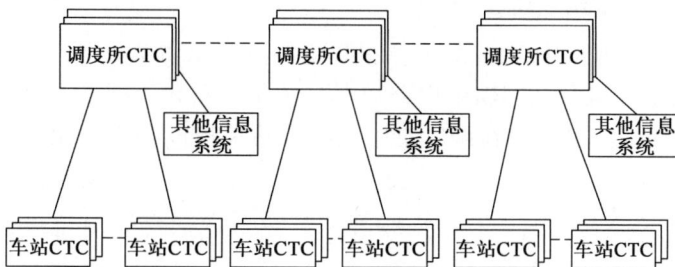

图 1-4　CTC 系统结构

（1）铁路局集团公司 CTC 中心是整个铁路局集团公司的调度集中行车管理和指挥中心，能在铁路局集团公司控制中心实现行车调度指挥的集中化管理和指挥。除了完成 TDCS 的既有功能外，CTC 中心还具有如下功能：根据列车和调车作业情况自动安排列车、调车计划，并下发给车站；实现对车站设备的远程操控；对 TDCS 车站实现透明管理。

（2）车站子系统除了完成 TDCS 的既有功能外，还能根据控制中心下发的列车或调车计划，自动向联锁系统下发控制命令；可编制调车作业计划并下发至车站自律机，由自律机实现对调车作业的计划性控制；根据需要对车站设备进行人工干预操作。

二、车站子系统

（一）车站子系统功能

车站子系统接收控制中心下达的行车计划，根据列车运行调整计划完成进路选排、冲突检测、控制输出等核心功能。

CTC 车站子系统应具备列车调度指挥系统（TDCS）的全部功能，同时还应具备如表 1-2 所示的功能。

CTC 车站子系统主要功能 表 1-2

序号	主 要 功 能	序号	主 要 功 能
1	CTC 控制状态下联锁设备控制功能	6	接触网有无电显示
2	按图排路功能	7	《站细》逻辑检查功能
3	调车作业计划生成功能	8	GSM-R 无线调度命令传送功能
4	调车进路与列车进路冲突检测功能	9	GSM-R 进路预告功能
5	站场高低站台显示		

（二）车站子系统构成

在调度集中控制站，车站子系统一般由车站采集设备、车站自律机、车务终端、电务维修终端和车站电源设备五部分组成。

根据运输组织的不同，车站分为有人站和无人站。有人站包含完整的车站子系统设备，而无人站则没有车务终端设备，取而代之的是综合维修终端。根据车站规模和运输组织的不同，有人站也分为两种，一般站只包含车站值班员终端，而有些站不仅有车站值班员终端还有车站信号员终端。

某铁路局集团公司车站子系统结构（含部分设备）

1. 车站采集设备

调度集中系统的车站采集设备主要负责现场区间信息的开关量采集。区间信息包含区间信号机和区间轨道电路。车站采集设备包括带有 CPU 的智能采集板（DIB）和采集机笼。在调度集中系统车站采集设备均有两套，互为热备。

2. 车站自律机

车站自律机在可靠性、数据处理能力等方面有严格要求，它的操作系统则是特殊定制的实时多任务操作系统，在软件设计上保证高效、简洁、严密，

某铁路局集团公司车站子系统部分设备连接

且经过完整全面的测试。车站自律机是分散自律调度集中系统与其他系统接口的关键设备,负责接收、处理、发送系统间的信息。在调度集中车站,车站自律机采用双机热备工作方式,通过双机热备单元进行切换。每站配置两台自律机,一台双机热备单元。

车站自律机的主要功能如表1-3所示。

车站自律机的主要功能 表1-3

序号	主 要 功 能
1	接收、存储控制中心的列车运行计划、调车作业计划等,并可以自动按计划进行进路排列,驱动联锁系统执行
2	接收控制中心和本地值班员(信号员)的直接控制操作指令(按钮命令),经与列车计划以及联锁关系检查后,确认无冲突后驱动联锁系统执行
3	对信号设备的表示信息进行分析,确认进路的完整性和信号的正确性,并能对不正常情况进行处理
4	对车次号进行安全级管理
5	列车及调车作业的跟踪
6	接收邻站的实际和计划运行图
7	接收控制中心和本站值班员的进路人工干预,并调整内部处理流程
8	采集数据处理形成信号设备的图形表示信息
9	列车车次跟踪显示处理
10	向控制中心发送设备表示信息
11	形成本站的自动报点信息
12	向列控中心下发临时限速命令
13	接收联锁、列控的状态信息,发送至终端设备显示并提供查询

3. 车务终端

车务终端(又称工作站)是调度集中系统车站的显示、操作界面。车务终端放置在车站运转室,包含车站值班员终端和车站信号员终端两类。

车站值班员终端一般采用双机双屏的双冗余的工作模式,其主要功能如表1-4所示。

双机双屏的双冗余工作模式的主要功能 表1-4

序号	主 要 功 能
1	用户登录和权限管理
2	基本图、日计划、班计划、车站调车计划、阶段计划、调度命令的调阅与签收
3	本站的站场显示和相邻车站的站场显示,区间的运行状态显示
4	本站车次号的输入修改确认
5	行车日志的自动记录、存储、打印
6	列车编组和站存车的输入上报
7	调车计划的编制和打印
8	监视和控制本站自律机的计划执行和进路办理
9	本站非正常情况的报警

续上表

序号	主　要　功　能
10	进路控制、道岔控制、人工解锁、设备封锁等按钮直接控制
11	联锁、列控系统工作状态显示
12	车站直接限速命令输入、编辑、下发、查询
13	接收控制中心下发的限速调度命令，并可将命令下发给列控中心

车站信号员终端主要是用在一些较大规模的车站。在分散自律控制模式下，车站信号员辅助值班员控制车站信号设备，主要作用是办理调车作业和监督列车进路序列的正确性。车站信号员终端一般采用双机双屏的双冗余的工作模式。

4. 车站电务维护终端

电务维护终端用于监视车站子系统的运行状况，对所有操作控制命令、设备运用情况、故障报警信息和车站网络运行状态等进行分类存储、查询和打印。电务维护终端的主要功能如表1-5所示。

电务维护终端的主要功能　　　　　　　　　　表 1-5

序号	主　要　功　能	序号	主　要　功　能
1	车站子系统运行状态监视	5	计算机检测的相关功能
2	车站子系统的操作记录管理	6	网络通信管理
3	车站子系统的各类报警信息	7	电务维修终端一般采用单机单屏模式
4	车站码位查询		

5. 车站电源设备

调度集中系统的车站电源设备由电源防雷单元、两台不间断电源(UPS)和电源切换电路组成，主要实现对系统进行供电，并保证在外电故障或单台UPS故障时，系统在短时间内能正常工作。

电源防雷单元加载在外电与调度集中系统之间，起着电气隔离的作用。不间断电源是车站电源设备的核心设备，在调度集中车站一般配置两台在线式UPS，容量均为2kVA，采用免维护蓄电池，持续供电时间为30min，主要负责在外电故障时，向调度集中车站子系统提供不间断电源。电源切换电路主要功能是实现当其中一台UPS故障时能自动切换到另一台UPS，并给出故障报警及指示，当两台UPS均故障时，切换为旁路直供并给出报警及指示。

三、铁路局集团公司 CTC 中心子系统

(一)CTC 中心子系统功能

CTC 中心子系统是 CTC 的核心。中心子系统通常建立于各铁路局集团公司的调度所内，铁路局集团公司调度员通过中心子系统直接指挥列车运行，是系统的核心层。该层由高性能数据库应用服务器、连接车站的通信服务器、调度工作站、网络设备、功能终端、数据库等构成。铁路局集团公司 CTC 中心子系统接收各站的现场行车信息、列车信息，

下达指挥信息和计划信息(阶段计划、调度命令等),并向上级系统提供基础信息。调度员能够通过 CTC 直接控制车站信号开放和道岔动作,并能对调度员拟定的列车运行计划进行处理,转化成信号开放的时机和方式,从而使列车依照列车运行计划运行。

CTC 中心子系统具有 TDCS 的全部功能,除此之外还具有其他功能,如表 1-6 所示。

CTC 中心子系统功能表　　　　　　　　　　　　　　　　　　　表 1-6

序号	主要功能
1	对联锁设备远程控制功能:CTC 控制状态下,可通过 CTC 调度台实现对车站联锁设备的远程控制功能
2	自动按图排路:根据调度员编制的列车运行计划,系统自动转化成信号机开放时机和方式,以控制列车依照列车运行计划运行
3	接车进路预告:与 GSM-R 系统通信,将前方车站信号开放情况实时传输到列车上,告知司机前方进路情况
4	调车作业计划的制定、下达:调度员(或车站值班员)可根据需要制订调车作业计划,并下达给车站自律分机,调度员(或车站值班员)可根据此调车作业计划排列进路
5	调车作业与列车作业的冲突:在调车作业时,系统可进行调车进路和列车进路的冲突检测,可做到最优化的合理安排作业时间,提高效率
6	站场高低站台显示:在调度台上可清晰地显示车站的高低站台,方便调度员安排动车组的接发车
7	接触网有无电设置及显示:在调度台上可对接触网的通电状态进行设置,以免发生电力机车进入停电或无网区域
8	《站细》逻辑检查功能:系统具有《站细》检查功能,在自动办理进路时可自动对《站细》进行匹配检查,对进路开放、接发车情况具有安全保障功能

(二)CTC 中心子系统构成

CTC 中心子系统的构成如表 1-7 所示。

CTC 中心子系统主要的构成　　　　　　　　　　　　　　　　　表 1-7

序号	主要组成部分	序号	主要组成部分
1	数据库服务器及应用服务器	5	电务维护管理终端
2	调度终端	6	中心电源设备
3	通信前置服务器	7	网络安全设备
4	其他通信接口服务器		

各部分紧密相连,分工明确,共同完成 CTC 的整体功能。

1. 数据库服务器和应用服务器

数据库服务器为双机热备配置,通常采用 IBM 小型机作为数据库服务器主机,并安装磁盘阵列系统。运行于 AIX UNIX 操作系统下,安装数据库管理系统 DBMS(DB2)软件,主要功能是存储 TDCS/CTC 的基本图、日班计划、阶段计划、实际运行图及其他各项数据等,是 CTC 的核心存储设备。

应用服务器为双机热备配置,通常采用 IBM 小型机作为应用服务器主

某铁路局集团公司 CTC 中心子系统结构

机。运行于AIXUNIX操作系统下,安装 CTC 应用软件。主要功能包括列车阶段计划的生成、调整、冲突检测和调车作业计划的生成等逻辑处理应用,是 CTC 的核心处理设备。

2. 调度终端

调度终端按工种不同可分为多种不同类型,主要包括以下类型。

(1)列车调度员工作站

列车调度员台工作站通常配备高性能图形工作站作为操作主机,并带 4～6 台大屏幕显示器,主要功能是实时监控管辖范围内列车运行状态,制订、调整和下达列车阶段计划,查阅实际运行图,下达调度命令以及与相邻区段列车调度员交换信息。每个调度区段配备一套备用设备,当主用设备故障时,备用设备可取代故障设备,保证系统的正常工作。

(2)助理调度员工作站

助理调度员工作站一般配备 1～2 台大屏幕显示器,主要功能:无人员车站的调车作业计划的编制、调整;同时,可以根据阶段计划和调度员的口头指示进行车站的调车进路的排列。每个调度区段配备一套备用设备(采用"N＋1"备份,同列车调度员台合用备用设备),当主用设备故障时,可取代故障设备,保证系统的正常工作。

(3)综合维修工作站

综合维修工作站一般配备 1～2 台大屏幕显示器,主要用于设备日常维护、天窗修理、施工以及故障处理方面的登销记手续办理,并具有设置临时限速、区间和股道封锁等功能。

(4)控制工作站

控制工作站一般配备 1～2 台大屏幕显示器,主要功能:提供车站的按钮操作界面,可以直接遥控车站的进路和其他信号设备。提到工作站可以和助理调度员工作站合并。

(5)调度长工作站(或称值班主任工作站)

调度长工作站通常配备高性能图形工作站作为操作主机,并带 1～2 台显示器,主要功能是使调度长掌握线路实际运营情况,组织生产和运输指挥。

(6)计划员工作站

计划员工作站通常配备高性能图形工作站作为操作主机,并带 1～2 台显示器,主要功能是为计划员提供站场显示和实际运行图显示,辅助完成日班计划的生成和下达。

(7)培训台工作站

培训台工作站配备具有多显示器的计算机设备,可为调度所各级行车指挥人员提供系统岗位技术培训。通常调度终端还配置网络打印机和绘图仪作为共享设备,执行各工作台的绘图和打印命令。

3. 通信前置机服务器

通信前置机服务器为双机热备配置,采用高性能 PC 服务器作为主机,并安装通信前置机服务器应用程序,主要功能是完成 CTC 中心子系统与车站子系统的数据交换和通信隔离。通信前置服务器可以设置多套,通常根据线别进行设置。每条线路设置一套通信前置机服务器,以便于维护。

4. GSM-R 系统

在安装 GSM-R 系统的 CTC 调度区段,需要配备高性能的 GSM-R 接口通信服务器,此服务器应为双机热备配置,采用高性能 PC 服务器作为主机。主要功能是完成 CTC 中心子系统与车站子系统的数据交换和通信隔离。通信前置机服务器可以设置多套,通常根据线别进行设置,每条线路设置一套通信前置机服务器,以便于维护。

5. 其他通信接口服务器和其他设备

由于 CTC 与相邻铁路局集团公司、国铁集团以及其他系统间存在数据交换,为此在 CTC 中心子系统还设置了多种其他通信接口服务器,用于数据交换和通信隔离。除了 TDCS 中的外部接口通信服务器外,CTC 还有以下接口服务器和其他设备:

（1）CTC-RBC 接口服务器

随着高速铁路的建设,CTC 需要和 RBC(无线闭塞中心)系统实现对接,由此在 CTC 内部需增加接口服务器。

（2）CTC-TSR 接口服务器

高速铁路若设有专门应用于临时限速(TSR)的服务器,则 CTC 需要和其对接,因此需要增加 CTC – TSR 接口服务器。

（3）中心自律机

中心自律机主要用于 CTC 区段非 CTC 控制站的信息交换和通信隔离。

（4）CTC/TDCS 通信服务器

CTC/TDCS 通信服务器主要用于 CTC 与本局 TDCS 实现数据交换和通信隔离。

（5）试验分机

试验分机主要用于 CTC 进行模拟试验时使用,可以仿真列车运行及信号开放。

CTC 中心子系统的电务维护管理终端、中心电源设备、网络安全设备与 TDCS 相同。

单元四　货物列车编组计划

学习任务

1. 了解货物列车编组计划的概念、内容、作用及任务。

2. 了解装车地直达列车的优越性及组织条件。

3. 了解装车地直达列车编组计划的编制方法。

4. 了解技术站货物列车编组计划的编制方法。

问题引导

货物列车一定要编组成列车才能在铁路线路上运行吗? 货物列车是如何产生的? 列车编组是怎样进行的? 编组列车的种类有哪些? 在哪些车站上才能编组列车?

知识学习

一、货物列车编组计划的定义

货物列车编组计划是货物列车车流组织的具体体现。在货物列车车流组织中,重车要从装车站向卸车站运送,空车又需从卸车站向装车站回送。这些重、空车流的运送均需经过一系列的技术作业,编成列车后才能实现。将车流转化为列车流,即将发到站各不相同的重车流及不同车种的空车流合理地组织起来,在适当地点组成各种不同去向和种类的货物列车,并使其互相配合、互相衔接,保证各站产生的车流都能迅速而又经济地运送到目的地的办法,称为货物列车车流组织。它把全路复杂的重、空车流按到站和去向,组织到不同种类的货物列车之中,有节奏地组织运输生产。制定货物列车编组计划时,还应考虑市场需求,尽量满足货主和企业对货物运输提出的要求。即铁路运输完成的货物"位移",是通过货物列车实现的。但是,全路各站设备条件不同,能力不同,各技术站编组货物列车的种类和方法也不同。货物列车编组计划所要研究和解决的主要问题就是怎样编组列车、编组哪些列车和在哪些车站上编组列车的问题。在解决上述问题的同时,还要考虑到加速车辆解编、减少车站改编作业、合理运用调车设备等问题,加速货物的送达和机车车辆的周转。(本单元下文所指列车均为货物列车。)

怎样把车辆变成列车呢?有两种极端的作法:一种是不分车辆的去向和远近,不加组织地一律编入摘挂列车或区段列车。这样势必造成远距离的车辆逐段或逐站作业,延误了货物的送达,延缓了机车车辆的周转,增加各站的作业,同时,还引起不必要的设备增加。另一种是不管每个去向的车流多少,一律在装车站集结,编入直达列车。这样固然由于中途不进行改编作业而省了一些时间,但车辆要等待集结成列,就大大延长了车辆在站停留时间,同样不能达到快速运送货物、加速机车车辆周转的目的。同时,各站的设备也会因此而需要扩建,耗费人力和物力。

正确的车流组织方法,应该是根据车流的大小和性质,结合设备条件,采取不同的组织形式。首先在装车量较大、流向集中的地点或邻近的几个装车站联合起来,组织装车地直达列车;接着对装车地直达列车剩余(或需继续运送)的车流,通过对车流各种组合方案的计算比较,确定出既在编车站集结时间短,又在途中运行快的列车编组方法,按车辆去向的远近,由技术站分别编组技术直达、直通、区段列车;最后对到达中间站的车辆或中间站挂出的车辆则一般编入摘挂列车。

二、列车编组计划的主要内容

甲—丁方向上的线路示意图如图 1-5 所示,其货物列车编组计划如表 1-8 所示。

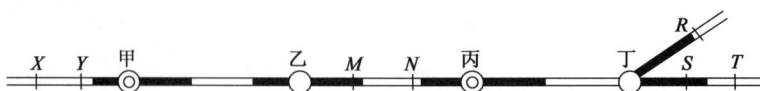

图 1-5 线路示意图

甲—丁方向上货物列车编组计划　　　　　　　　　　　　　表 1-8

序号	发站	到站	编 组 内 容	列车种类	定期车次	附　注
1	×	R	R 站卸	始发直达	85011～85015	每日 3 列
2	X、Y	T	(1)S 站卸 (2)T 站卸	阶梯直达	85021	每日 1 列
3	M、N	丁	丁站及其以远	阶梯直达	85051	每日 1 列
4	甲	丁	丁站及其以远	技术直达		
5	甲	丙	丙站及其以远	直通		
6	乙	丁	丁站及其以远	技术直达		
7	甲	乙	乙站及其以远	区段		
8	乙	丙	丙站及其以远;空敞车	区段		
9	丙	丁	(1)丁站卸 (2)丁站以远	区段		按组顺编组
10	甲	乙	(1)甲—乙间站顺 (2)乙站及其以远	摘挂		
11	乙	丙	乙—丙间站顺	摘挂		
12	丙	丁	丙—丁间站顺	摘挂		

从表 1-8 中可以看出,货物列车编组计划主要有以下内容:

(1)发站:指列车编组出发的车站。

(2)到站:指列车的终到站(解体站)。

(3)编组内容:规定了该列车用哪些车流编组及车组的编挂方法。

(4)列车种类:表示该种列车的分类。

(5)定期车次:若该列车为装(卸)车地组织的直达列车,则表示该列车开行期间的固定车次。

(6)附注:对编组内容栏加以补充说明,常见的说明如按站顺、按组顺、规定基本组重量、开行列数等。

编组内容栏规定的列车中车组的编挂方法,通常为以下几种:

(1)单组混编,即该列车到达站及其以远的车辆,不分到站、不分先后混合编挂。

(2)分组选编,即一个列车中分为两个及其以上的车组,属于同一组的车辆必须编挂在一起。对车组的排列,无特殊要求者,可以不按组顺编挂。

(3)到站成组,即在列车中同一到站的车辆必须编挂在一起。

(4)按站顺编组,即在列车中除同一到站必须挂在一起外,还要求按车辆到站的先后顺序进行编挂。

三、列车编组计划的作用及任务

列车编组计划的主要作用包括:

(1)把全路复杂的重、空车流,分别按到站和去向的不同,组织到不同种类的列车中,有

节奏地组织运输生产。

（2）规定了各站的作业任务、作业方法和使用车站技术设备的办法，对车站工作组织起着决定性作用。

（3）规定了各站间的相互关系和联合动作，是全路车站分工的战略部署。

（4）是铁路与国民经济其他部门紧密联系的一个重要环节。

（5）列车编组计划与列车运行图有密切的联系，它是编制列车运行图的基础。没有列车编组计划的行车量和列车分类，则运行图难以铺画。同时，列车编组计划又有赖于列车运行图来体现。两者密切结合，成为行车组织工作的基本技术文件。

货物列车编组计划的主要任务包括：

（1）在装车站最大限度地组织直达列车和成组装车，以减少技术站的改编作业量。

（2）根据车流特点、设备条件和作业能力，正确规定装车站和技术站编组列车的办法，最大限度地减少车辆的改编作业次数、加速车辆周转。

（3）合理分配技术站的调车工作任务，尽量将调车作业集中到技术设备先进、解编能力大、作业效率高的路网性编组站上进行，以便充分发挥设备能力、减少人力消耗、降低运输成本。

（4）在具有平行经路的铁路方向上，按照运输里程及区段通过能力的使用情况，规定合理的车流径路，以平衡各铁路线路的任务、减轻主要铁路方向的负担。

（5）合理地组织管内零散车流，加速管内车流的输送。

另外，根据国民经济发展计划中对铁路运输的要求，预见车流将来可能发生的变化，有计划、有准备地调整某些站场的分工，必要时从合理组织车流的实际出发，提出新建或扩建站场的计划，也是列车编组计划的一项重要任务。

列车编组计划既是车流组织计划，又是站场设备运用计划；既是路网各车站分工的战略部署，又是调节铁路方向和站场工作负担，缓和运输紧张状况的有效手段；既是行车组织的基本文件，又是铁路与其他部门联劳协作的具体体现。因此，正确编制和执行列车编组计划是充分发挥铁路运输能力，提高运输效率，尽可能满足运输市场需求的重要途径。

四、货物列车编组计划的编制过程

列车编组计划的编制，应在加强货流组织的基础上，最大限度地组织成组、直达运输，合理分配各编组站、区段站的中转工作，减少列车改编次数。

1. 列车编组计划的编制资料

（1）运输计划和说明。

（2）日均计划车流。

（3）五定班列及其他快运货物列车资料。

（4）各线的通过能力、牵引重量、列车换长。

（5）车站设备、能力、技术标准资料。

（6）编组计划执行情况及改进意见。

2. 列车编组计划的编制程序

（1）确定日均计划重空车流量。

（2）选择车流径路、制定分流办法。

（3）制定统一重量标准。

（4）研究提高能力的可能性。

（5）编制快运货物列车编组计划。

（6）编制始发直达列车编组计划。

（7）编制空车直达列车编组计划。

（8）编制技术站列车编组计划。

（9）检查始发直达列车编组计划同技术直达列车编组计划的配合情况，并修正不配合的始发直达列车到达站。

学习检测

1. 什么是分散自律调度集中系统？

2. 分散自律调度集中系统有哪些功能？

3. 车站子系统有哪些功能？

4. 车站自律机有哪些功能？

5. CTC 中心子系统有哪些功能？

模块二　列车运行图与列车通过能力

知识目标

1. 了解列车运行图的概念、作用、格式、分类。
2. 掌握列车运行图的组成要素及绘制方法。
3. 掌握列车通过能力的概念和计算方法。

素质目标

1. 具备工程绘图的抽象思维能力。
2. 具备严谨、认真的职业素养。

模块引导

从事铁路列车调度指挥工作离不开列车运行图。本模块主要学习列车运行图的基本概念、列车运行图的组成要素、列车通过能力和列车实际运行图的绘制方法等内容。这些内容比较抽象,而在实际应用中又要求能熟练、灵活运用,故建议安排列车运行图课程设计,通过足够的绘图练习来巩固所学内容,使学生掌握列车实际运行图的绘制方法等技能。

单元一　列车运行图概述

学习任务

1. 了解列车运行图的概念、作用、格式、分类。
2. 掌握列车运行图的组成因素。
3. 掌握列车通过能力的计算方法。

问题引导

我们应该都见过列车运行时刻表,为什么还要画列车运行图? 列车运行图有什么特殊的作用和功能?

知识学习

本单元主要讲述列车运行图的基本内容。列车运行图是确保铁路运输工作安全高效开展的技术文件。本单元所涵盖的内容复杂且部分内容具有一定的难度,特别是部分内容对车站作业计划、铁路通信信号、机车车辆等前期课程的知识掌握程度要求较高,为加深对列车运行图的学习掌握,建议学生在学习本单元前加强对相关课程的回顾。

一、列车运行图的概念

在组织旅客和货物运输的生产过程中,列车运行是一个很复杂的环节,它要利用多种铁路技术设备,要求各部门、各工种、各项作业之间互相协调配合,从而保证行车安全并提高运输效率。

列车运行图是用来表示列车在铁路区间运行、在车站到发或通过时刻的技术文件,它规定各次列车占用区间的程序,列车在每个车站的到达和出发(或通过)时刻,列车在区间的运行时间,列车在车站的停站时间以及机车交路、列车重量和长度等,是全路组织列车运行的基础。

铁路通过能力与列车正点运行及列车运行的流水性(连续性)密切相关。列车运行生产计划即列车运行图的实现有赖于铁路区段通过能力的保证,特别是当列车运行过程发生波动,即发生偏离于计划的情况时,只有在有充分通过能力的条件下,才能确保运输生产按计划准时进行,列车才有可能重新恢复正点运行。

二、列车运行图的作用

从列车运行图中可以反映出列车从始发站始发至终到站终到时刻,在各区间的运行时分,途中经过车站的到达、出发或通过时刻以及占用区间的先后顺序和车底(列车)交路等。

1. 列车运行图是列车运行组织工作的基础

列车运行是一个复杂的环节,它要求与之相关的各部门、各工种、各项作业之间相互协调配合,才能保证列车运行的安全和提高运输效率。因此,列车运行图既是组织列车运行工作的基础,也是各部门、各工种行车工作人员相互配合协调的主要依据。

2. 列车运行图是运行组织工作的一个综合性计划

运营生产是一个统一的整体,涉及铁路运营的各业务部门都需要根据列车运行图所规定的要求来安排工作。例如,车站要根据运行图所规定的列车到达和出发时刻来安排本车站的行车组织工作和客货运组织工作;车辆维修部门每天运营前要整备好运营需求的列车数;车辆运转部门要根据列车运行图的要求确定列车的派出时刻和乘务员的作息计划;工务、通信、信号、供电、机电等部门也要根据列车运行图来安排施工计划和维修计划;行车调度员要根据列车运行图来指挥列车运行,因此,列车运行图是铁路列车运行组织的一个综合性计划。

三、列车运行图的图解表示构成要素

（1）横坐标：表示时间变量，按要求用一定的比例进行时间划分。

（2）纵坐标：表示距离变量，根据区间实际里程，采用规定的比例，以车站中心线进行空间划分。

（3）垂直线：是一组平行的竖线，表示时间等分段。

（4）水平线：是一组平行的不等分线，表示各个车站中心线所在的位置。

（5）斜线：列车运行线，一般以上斜线表示上行列车，下斜线表示下行列车。

（6）列车在车站的到达、出发或通过时刻：在列车运行图上，列车运行线与车站中心线的交点即表示该列车到达、出发或通过的时刻。

（7）列车车次：每列列车均有不同的车次号，一般按不同的列车类别规定。

四、列车运行图的格式

为了适应使用上的不同需要，列车运行图按不同的格式进行时间划分，可有如下三种格式：

（1）二分格运行图如图 2-1 所示。它的横轴以 2min 为单位用细竖线加以划分，十分格和小时格用较粗的竖线表示。二分格图主要在编制新运行图时使用。

（2）十分格运行图如图 2-2 所示。它的横轴以 10min 为单位用细竖线加以划分，半小时格用虚线表示，小时格用较粗的竖线表示。十分格运行图主要供列车调度员在日常调度指挥工作中编制调度调整计划和绘制实绩运行图时使用。

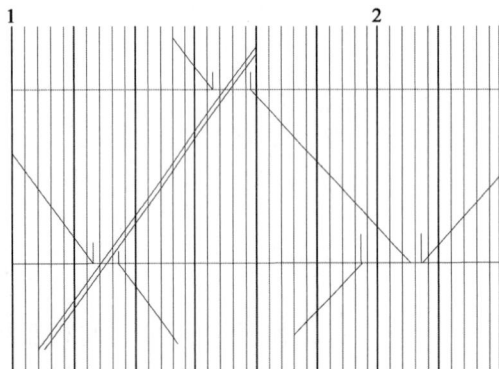

图 2-1　二分格运行图

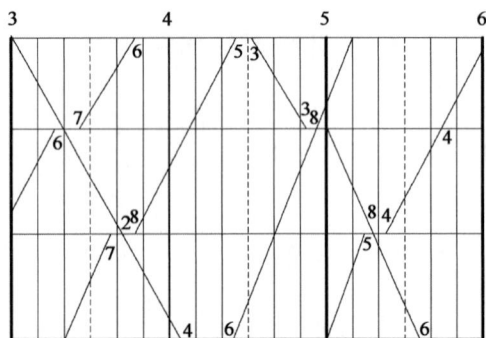

图 2-2　十分格运行图

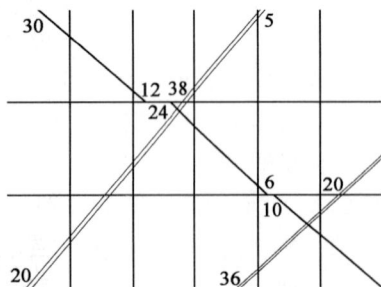

图 2-3　小时格运行图

（3）小时格运行图如图 2-3 所示。它的横轴以 1h 为单位用竖线加以划分。小时格运行图主要在编制旅客列车方案图和机车周转图时使用。

在运行图上，以横线表示车站中心线的位置，它有下列两种确定方法：

①按区间实际里程的比例确定，即按整个区段内各车站间实际里程的比例来确定横线位置。采用这种方法时，运行图上的站间距离完全反映实际情况，能明显地表示出站间距离的大小。但由于各区间线路平面和纵断面

互不相同,列车运行速度有所不同,这样列车在整个区段的运行线往往是一条斜折线,既不整齐,也不易发现列车区间运行时分上的差错,所以一般不采用这种方法。

②按区间运行时分的比例确定,即按整个区段内各车站间列车运行时分的比例来确定横线位置。采用这种方法时,可以使列车在整个区段的运行线基本上是一条斜直线,既整齐美观,也易于发现列车区间运行时分上的差错,所以一般采用这一方法,如图2-4所示。

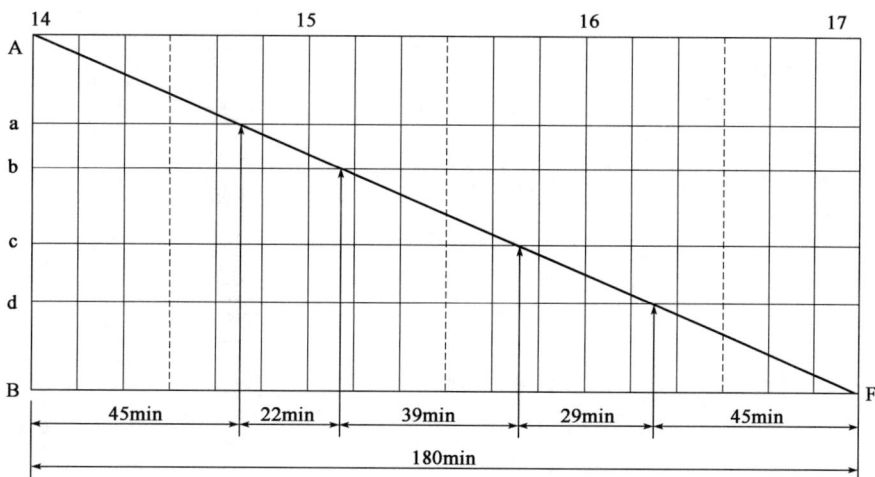

图2-4　按区间运行时分比例确定车站位置示意图

AB区段下行方向货物列车运行时分共计为180min,采用这种方法确定横线位置时,首先确定技术站A、B的位置,然后在代表A站的横线上任取一点A,并以A点所对应的时间为原点,在代表B站的横线上向右截取等于180min的BF线段,得F点,同时按Aa、ab、bc、cd和dB区间的列车运行时分,将BF线段划分为五个时间段,连接A、F两点,得一斜直线。过五个时间段端点作垂直线,在AF斜直线上可得交点,过各交点作水平线,即为代表a、b、c、d车站的横线。

运行图上的列车运行线(斜线)与车站中心线(横线)的交点的横坐标,即为列车到、发或通过车站的时刻。根据列车运行图的格式,到发时刻有不同的表示方法。在二分格图上,以规定的标记符号表示,不需填写数字;在十分格图上,填写10min以下数值;在小时格运行图上,填写60min以下数值。所有表示时刻的数字,都填写在列车运行线与横线相交的钝角内。列车通过车站的时刻,一般填写在出站一端的钝角内。

在运行图上,铺画有许多不同种类列车的运行线。为了便于识别,对各种列车采用不同的表示方法,并对每一列车冠以规定的车次,标在区段的首末两端区间相应列车运行线的上方。我国铁路规定全路向北京、支线向干线或指定方向的为上行方向,车次编为双数;反之为下行方向,车次编为单数。

不同种类列车运行线的表示方法和列车车次的划分如表2-1和表2-2所示。

列车运行线的表示方法　　　　　　　　　　　　　　　　　　表 2-1

列车种类	表示方法		备注
旅客列车、动车组检测列车、动车组确认列车、回送动车组列车、试运转动车组列车	红单线	———————	以车次区分
临时旅客列车	红单线加红双杠	—‖—‖—	
回送客车底	红单线加红方框	—□—□—	
160km/h 特需货物列车	橙单线加橙圈	—○—○—	
120km/h 特需货物列车	橙单线加橙方框	—□—□—	
80km/h 特需货物列车	橙单线	———————	
特快货物班列	蓝单线加红圈	—○—○—	
快运货物列车(普快货物班列除外)	蓝单线加蓝圈	—○—○—	
远程技术直达列车	蓝单线加蓝方框	—□—□—	
"点到点"快速货物列车	蓝单线	———————	
直达列车(普快货物班列)	黑单线加黑圈	—○—○—	
直通、自备车、区段及小运转列车	黑单线	———————	以车次区分
摘挂列车	黑单线加"+""|"	—+—|—	
重载货物列车	蓝色断线	—　—　—　—　—	以车次区分(铁路局集团公司可根据具体情况补充规定)
冷藏列车	黑单线加红圈	—○—○—	
军用列车	红色断线	— — — — — —	
回送军用列车	红色断线加红方框	— -□- -□- -	
超限超重货物列车	黑单线加黑方框	-□-□-	
路用列车、试运转列车(不含动车组)	黑单线加蓝圈	-○-○-	以车次区分
单机	黑单线加黑三角	-▷-▷-	
高级专列及先驱列车	红单线加红箭头	——————▶	以车次区分
救援、除雪列车	红单线加红	"×"—×—×—	以车次区分
重型轨道车	黑单线加黑双杠	—‖—‖—	

全路列车车次编定　　　　　　　　　　　　　　　　　　表 2-2

列车种类	车次范围	备注	列车种类	车次范围	备注
一、旅客列车			3.动车组旅客列车	D1～D9998	"D"读"动"
1.高速动车组旅客列车	G1～G9998	"G"读"高"	直通	D1～D4998	D4001～D4998 为临客预留
直通	G1～G4998	G4001～G4998 为临客预留	管内	D5001～D9998	D9001～D9998 为临客预留
管内	G5001～G9998	G9001～G9998 为临客预留	4.直达特快旅客列车(160km/h)	Z1～Z9998	"Z"读"直"
2.城际动车组旅客列车	C1～C9998	"C"读"城" C9001～C9998 为临客预留	直通	Z1～Z4998	Z4001～Z4998 为临客预留
			管内	Z5001～Z9998	Z9001～Z9998 为临客预留

列车种类	车次范围	备 注	列车种类		车次范围	备 注
5.特快旅客列车（140km/h）	T1～T9998	"T"读"特"	1.快运货物列车	（3）中欧、中亚集装箱班列，铁水联运班列	X8001～X9998	—
直通	T1～T3998	T3001～T3998为临客预留		中欧、中亚集装箱班列（120km/h）	X8001～X8998	—
管内	Z4001～T9998	T4001—T4998为临客预留		中亚集装箱（普通货车标尺）	X9001～X9500	—
6.快速旅客列车（120km/h）	K1～K9998	"K"读"快"		水铁联运班列（普通货车标尺）	X9501～X9998	—
直通	K1～K4998	K4001～K4998为临客预留				
管内	K5001～K9998	K5001～K4998为临客预留		（4）普快货物班列（普通货车标尺）	80001～81998	—
7.普通旅客列车（120km/h）	1001～7598	—	2.煤炭直达列车		82001～84998	—
普通旅客快车	1001～5998	—	3.石油直达列车		85001～85998	—
直通	1001～3998	3001～3998为临客预留	4.始发直达列车		86001～86998	—
管内	4001～5998	—	5.空车直达列车		87001～87998	—
普通旅客慢车	6001～7598	—	6.技术直达列车		10001～19998	—
直通	6001～6198	—	7.直通货物列车		20001～29998	—
管内	6201～7598	—	8.区段货物列车		30001～39998	—
8.通勤列车	7601～8998	—	9.摘挂列车		40001～44998	—
9.临时旅客列车（100km/h）	L1～L9998	"L"读"临"	10.小运转列车		45001～49998	—
直通	L1～L6998		11.重载货物列车		71001～77998	根据实际运输组织模式，由铁路局集团公司制定具体车次分段
管内	L7001～L9998		12.自备车列车		60001～69998	
10.旅游列车（120km/h）	Y1～Y998	"Y"读"游"	13.超限货物列车		70001～70998	—
直通	Y1～Y498		14.保温列车		78001～78998	—
管内	Y501～Y998		四、军用列车			
二、特快货物班列			军用列车		90001～91998	—
特快货物班列（160km/h）	X1～X198	"X"读音"行"	五、单机和路用列车			
三、货物列车			1.单机	客车单机	50001～50998	—
1.快运货物列车	（1）快速货物班列（120km/h）	X201～X398	—		货车单机	51001～51998	—
	（2）货物快运列车（120km/h）	X2401～X2998次、X401～X998次	—		小运转单机	52001～52998	—
	直通	X2401～2998次	—	2.补机		53001～54998	—
	管内	X401～X998次	—	3.动车组检测、确认列车		—	"DJ"读"动检"
				（1）动车组检测列车		DJ1～DJ8998	—
				300km/h检测列车		DJ1～DJ998	—

列车种类	车次范围	备 注	列车种类	车次范围	备 注
直通	DJ1～DJ400	—	250km/h 动车组	55501～D55998	—
管内	DJ401～DJ998	范围比照管内快运货物	5.轻油动车、轨道车	56001～56998	
250km/h 检测列车	DJ1001～DJ1998		6.路用列车	57001～57998	
			7.救援列车	58101～58998	
直通	DJ1001～DJ1400		8.回送客车底列车	—	"00"均为数字
管内	DJ1401～DJ1998	范围按管内快运货物列车数字前加1	有火回送动车组车底	001～00100	
(2)动车组确认列车	DJ5001～DJ8998	—	无火回送动车组车底	00101～00298	
直通	DJ5001～DJ6998	—			
管内	DJ7001～DJ8998	范围按管内快运货物列车数字前加7,8	无火回送普速客车底	00301～00498	
4.试运转列车	55001～55998	—	回送图定客车底	—	图定车次前冠以数字"0"
普通客、货列车	55001～55300				
300km/h 以上动车组	55301～G55500		因故折返旅客列车	—	原车次前冠以"F"读"返"

五、列车运行图的分类

列车运行图的分类主要依据区间正线数目、列车间运行速度差异、上下行方向的列车数、同方向列车运行方式及使用范围等因素。

1. 按区间正线数目分

按区间正线数目可分为单线运行图、双线运行图和单双线运行图。

(1)单线运行图。在单线铁路区段,上下行方向列车都在同一条正线上运行,因此,两个方向的列车必须在车站上进行交会,如图2-5所示。

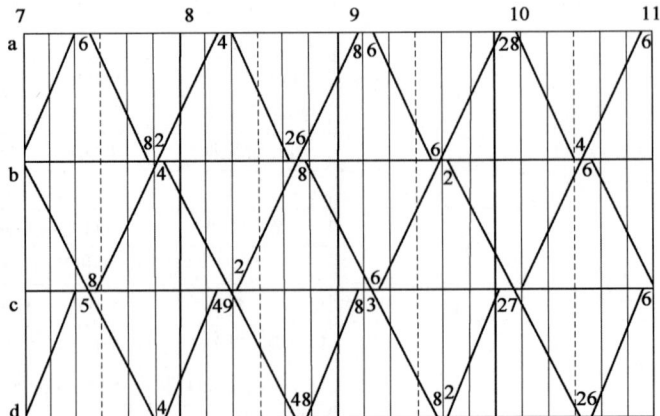

图2-5 单线成对平行运行图

(2)双线运行图。在双线铁路区段,上下行方向列车在各自的正线上运行,因此,上下行方向列车的运行互不干扰,可以在区间内或车站上交会。但列车的越行必须在车站上进行,如图2-6所示。

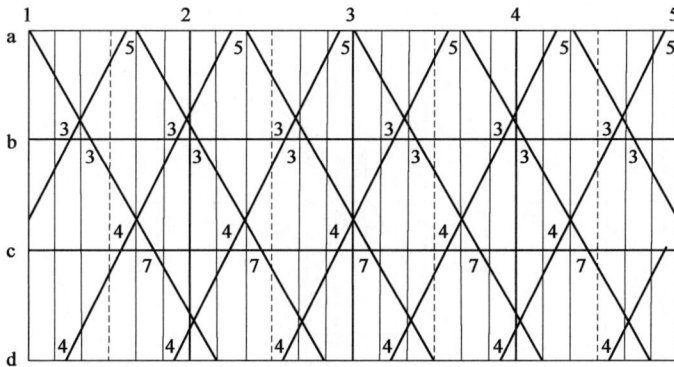

图 2-6 双线成对平行运行图

（3）单双线运行图。在有部分双线铁路的区段,单线铁路区间和双线铁路区间各按单线运行图和双线运行图的特点铺画运行线,如图 2-7 所示。

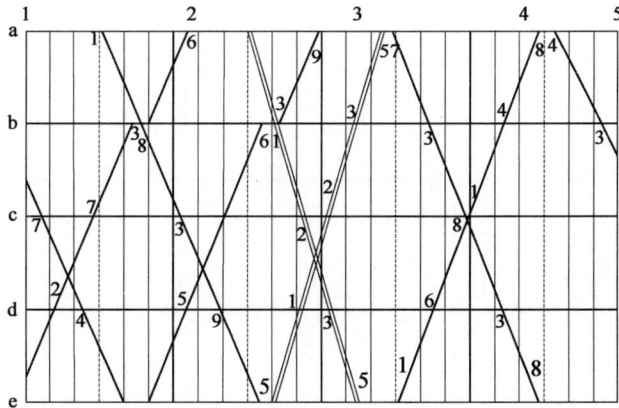

图 2-7 单双线运行图

2. 按列车之间运行速度差异分

按列车之间运行速度差异分可分为平行运行图和非平行运行图。

（1）平行运行图。在同一区间内,同一方向列车的运行速度相同,且列车在区间两端站的到、发或通过的运行方式相同,因而列车运行线相互平行,如图 2-5、图 2-6 所示。

（2）非平行运行图。在运行图上铺有各种不同速度的列车,且列车在区间两端站的到、发或通过的运行方式不同,因而列车运行线不平行,如图 2-8 所示。

3. 按上下行方向的列车数分

按上下行方向的列车数分可分为成对运行图和不成对运行图。

（1）成对运行图。这是上下行方向列车数相等的列车运行图,如图 2-5 和图 2-6 所示。

（2）不成对运行图。这是上下行方向列车数不相等的列车运行图,如图 2-9 所示。

4. 按同方向列车运行方式分

按同方向列车运行方式分可分为连发运行图和追踪运行图。

（1）连发运行图。在这种运行图上,同方向列车的运行以站间区间为间隔。单线区段采

取这种运行图时,在连发的一组列车之间不能铺画对向列车,如图 2-9 所示。

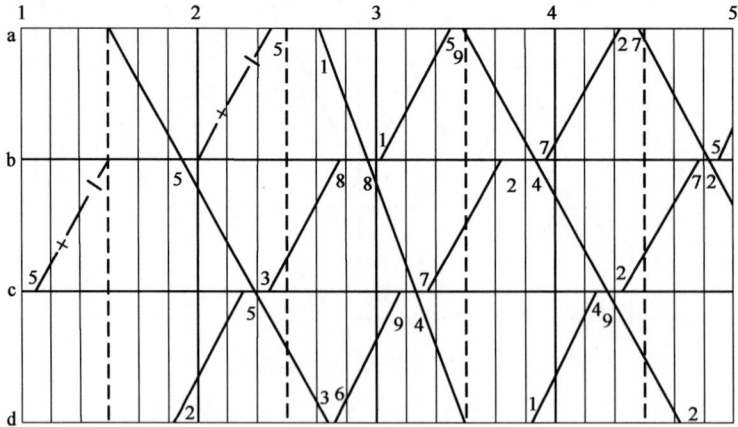

图 2-8　非平行运行图

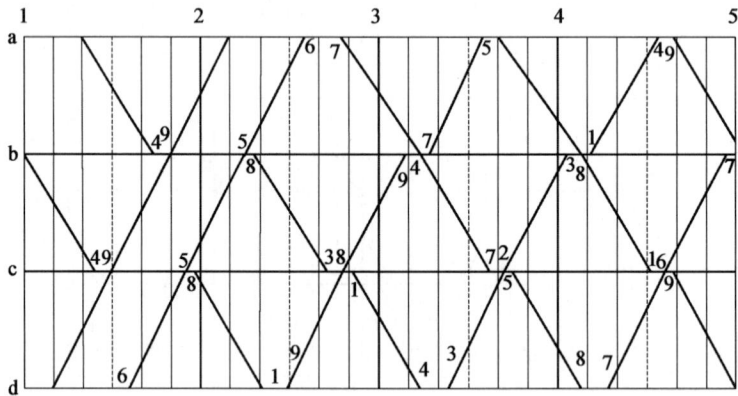

图 2-9　单线不成对连发运行图

(2)追踪运行图。在这种运行图上,同方向列车的运行以闭塞分区为间隔,在装有自动闭塞的单线或双线区段上采用,如图 2-10 所示。

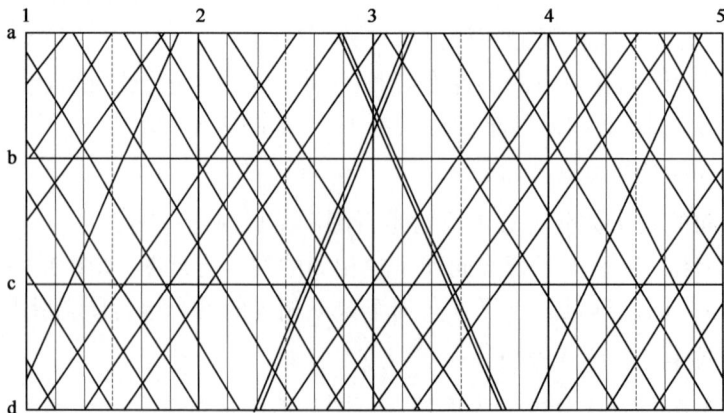

图 2-10　双线追踪非平行运行图

应该指出,上述分类都是针对列车运行图的某一特点而加以区别的。实际上,每张列车运行图都具有多方面的特点,如某一区段的列车运行图(图 2-10),它既是双线的、非平行的,又是追踪的。

5.按使用范围分

按使用范围分,可分为日常运行图、节假日运行图、其他特殊运行图。

单元二　列车运行图的组成要素

学习任务

1.掌握列车区间运行时分的组成。

2.了解列车在中间站的停站时间。

3.掌握列车在车站的间隔时间的定义、分类。

4.掌握追踪列车间隔时间的定义、分类。

5.了解机车在基本段和折返段所在站的停留时间标准。

6.了解列车在技术站和客货运站的技术作业时间标准。

问题引导

列车运行图上有哪些不为常人所知的"细节"?如何去读懂并运用它?

知识学习

列车运行图虽然分为各种不同的类型,但它们都是由一些基本要素组成的。在每次编制运行图之前,必须首先确定组成运行图的各项要素。

列车运行图要素包括:列车区间运行时分,列车在中间站的停站时间,车站间隔时间,追踪列车间隔时间,列车在机务本段和折返段所在站的停留时间标准,列车在技术站的技术作业过程及其主要作业时间标准。

一、列车区间运行时分

列车区间运行时分是指列车在两相邻车站或线路所之间的运行时间标准,它由机务部门采用牵引计算和实际试验相结合的方法进行查定。

列车区间运行时分按车站中心线或线路所通过信号机之间的距离计算。当到发场中心线与车站中心线不一致时,按到发场中心线计算,如图 2-11 所示。

由于旅客列车和货物列车的运行速度各不相同,上下行方向的线路平面、纵断面条件和列车重量也不相同,所以列车区间运行时分应按各种列车和上下行方向分别查定。此外,列车区间运行时分还应根据列车在每一区间两个车站上不停车通过和停车两种情况分别查定。列车不停车通过两个相邻车站所需的区间运行时分称为纯运行时分。列车到站停车的

停车附加时分和停站后出发的起动附加时分,应根据机车类型、列车重量以及进出站线路平面、纵断面条件查定。

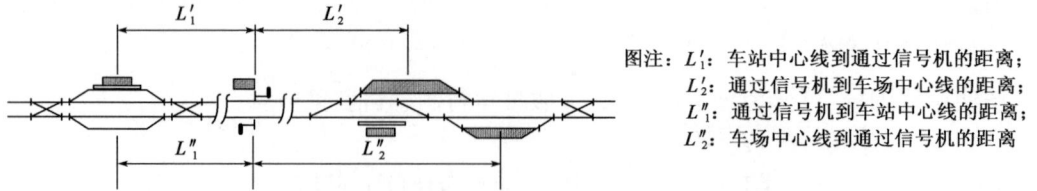

图注:L_1':车站中心线到通过信号机的距离;
L_2':通过信号机到车场中心线的距离;
L_1'':通过信号机到车站中心线的距离;
L_2'':车场中心线到通过信号机的距离

图 2-11 到发场中心线计算方法示意图

(1)旅客列车和货物列车要分别查定。

(2)上行方向和下行方向要分别查定。因为线路的平面和纵断面情况不同,上下行列车的重量标准也可能不同,所以应分别查定。

(3)列车在区间两端站停车与不停车分别查定。列车在区间两端站均通过时的区间运行时分称为纯运行时分;由于列车起动或停车而使区间运行时分比纯运行时分延长的时分称为起车或停车附加时分。当区间两端均无技术需要停车时,应按通通、通停、起通、起停四种情况分别查定其区间运行时分,如图 2-12 所示。

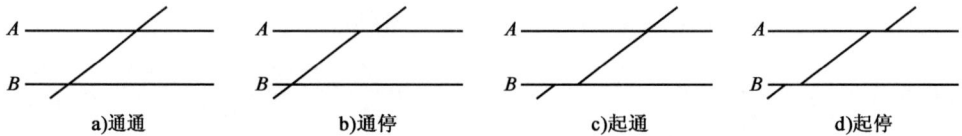

a)通通   b)通停   c)起通   d)起停

图 2-12 按通通、通停、起通、起停 4 种情况分别查定区间运行时分

二、列车在中间站的停站时间

列车在中间站的停站时间,是指列车在中间站办理列车技术作业、客货运作业及列车会让等所需要的最小停留时间标准。

列车在中间站的停站时间由下列 3 种原因产生:

(1)进行必要的技术作业,主要是指在中间站上进行的车辆技术检查、试风、摘挂机车等。

(2)客货运作业,主要是指旅客乘降、行包及邮件装卸、车辆摘挂、货物装卸等。

(3)列车在中间站的会车和越行。

摘挂机车作业在采用补机地段的起点站和终点站上进行。列车在中间站的技术检查和试风,一般在长大下坡道之前的车站上进行。

客货运作业停站时间,应根据各种列车的不同需要分别规定。对旅客列车规定旅客乘降、行包和邮件装卸所需要的停站时间;对摘挂列车规定摘挂车辆、取送车及不摘车装卸作业所需要的停站时间。

列车在中间站的各项停留时间标准,由每个车站用分析计算和实际查标相结合的办法分别确定。列车在中间站的各项作业,应尽可能平行进行。在满足需要的情况下应最大限度地压缩列车在中间站的停站时间,以提高列车旅行速度。

三、列车在车站的间隔时间

列车在车站的间隔时间(简称车站间隔时间,下同)是指车站办理两个列车的到达、出发或通过作业所需要的最小间隔时间。在查定车站间隔时间时,应遵守有关规章的规定及车站技术作业时间标准,保证行车安全和更好地利用区间通过能力。

常用的车站间隔时间包括不同时到达间隔时间、会车间隔时间、连发间隔时间、同方向列车不同时发到及不同时到发间隔时间等几种。车站间隔时间的大小,与车站邻接区间的行车闭塞方法、信号和道岔的操纵方法、车站类型、接近车站的线路平面和纵断面情况、机车类型、列车质量和长度等因素有关。

在编制列车运行图之前,每个车站都要根据本站的具体条件,查定各种车站间隔时间。

1. 不同时到达间隔时间($\tau_{不}$)

在单线区段,来自相对方向的两列车在车站交会时,从某一方向列车到达车站时起,至相对方向列车到达或通过该站时止的最小间隔时间,称为不同时到达间隔时间,如图 2-13 所示。为了提高货物列车的旅行速度,除上下行列车在同一车站上都有作业需要停站外,原则上应使交会的两列车中的一列通过车站,因此在运行图上较常采用的是一列停车、一列通过的不同时到达间隔时间。

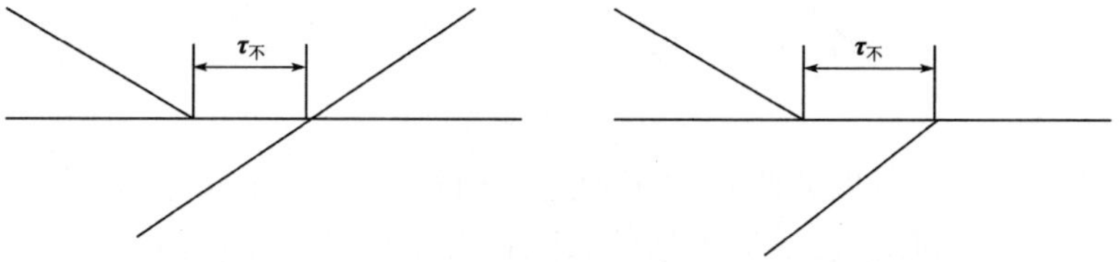

a)一列停车,一列通过   b)两列都停车

图 2-13 不同时到达间隔时间

为确保行车安全,在进站信号机外制动距离内进站方向为超过《技规》规定的下坡道,而接车线末端又无隔开设备的车站,禁止办理相对方向同时接车。凡不能办理相对方向同时接车的车站,由相对方向到站停车的两列车也须保持必要的不同时到达间隔时间。

不同时到达间隔时间的大小,根据如下条件确定:

(1)只有当第一列车到达车站,并为对向列车准备好接车进路以后,才能给对向列车开放进站信号。

(2)进站信号开放时,对向列车头部在进站信号机外方所处的位置,应大于或等于一个制动距离及司机确认信号显示时间内所通过的距离之和,如图 2-14 所示。

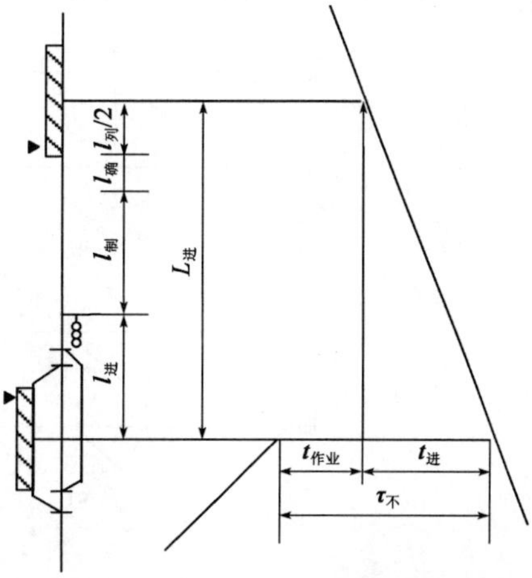

因此,不同时到达间隔时间由两个部分组成:第一部分为第一列车到达车站后,车站办理必要作业所需要的时间 $t_{作业}$;第二部分为对向列车通过进站距离

图 2-14 进站信号机开放时的列车位置与不同时到达间隔时间

$L_进$ 所需要的时间 $t_进$。据此，可有：

$$\tau_不 = t_{作业} + t_进 = t_{作业} + 0.6 \frac{L_进}{v_进}$$

$$= t_{作业} + 0.06 \frac{0.5 l_列 + l_确 + l_制 + l_进}{v_进} \quad (\text{min}) \quad (2\text{-}1)$$

式中：$l_列$——列车长度，m；

$\qquad l_确$——司机确认进站信号显示状态时间内列车运行距离，m；

$\qquad l_制$——列车制动距离或由预告信号机至进站信号机的距离，m；

$\qquad l_进$——进站信号机至车站中心线的距离，m；

$\qquad v_进$——列车平均进站速度，km/h。

由于车站两端的 $l_进$ 和 $v_进$ 不同，因此每一车站必须对上下行列车分别查定其不同时到达间隔时间。车站办理必要作业所需时间，根据各站信联闭设备条件及其作业内容查定。

2. 会车间隔时间（$\tau_会$）

在单线区段，自列车到达或通过车站时起，至由该站向同一区间发出另一对向列车时止的最小间隔时间，称为会车间隔时间，如图 2-15 所示。

图 2-15　会车间隔时间

会车间隔时间由车站值班员监督列车到达或通过后，为向同一区间发出另一列车所需办理必要作业的作业时间组成，根据各站信联闭设备条件及其作业内容查定。

3. 同方向列车连发间隔时间（$\tau_连$）

在单线或双线区段，从列车到达或通过前方邻接车站时起，至由车站向该区间再发出另一同方向列车时止的最小间隔时间，称为同方向列车连发间隔时间。根据列车在前后两站停车或通过的不同情况，连发间隔时间可有下列四种形式，如图 2-16 所示。

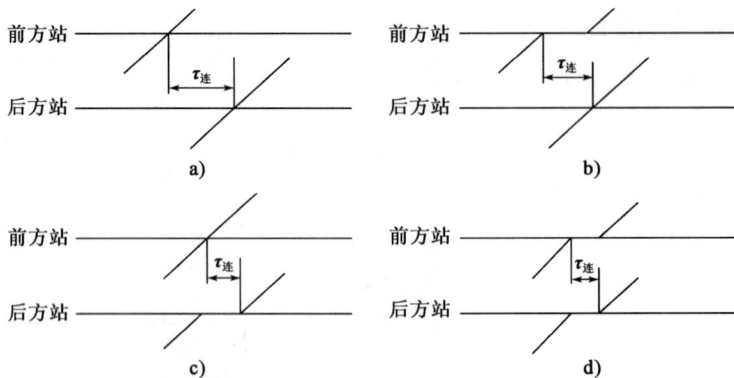

图 2-16　连发间隔时间

（1）两列车通过前后两车站，如图 2-16a）所示；

（2）第一列车在前方站停车，第二列车在后方站通过，如图 2-16b）所示；

（3）第一列车在前方站通过，第二列车在后方站停车，如图 2-16c）所示；

（4）两列车在前后两站均停车，如图 2-16d）所示。

按照连发间隔时间组成因素的不同，可以将上述四种形式的连发间隔时间归纳为两种类型。第一种类型为图 2-16a）、图 2-16b）所示的两种形式。其共同点是列车均在后方站通过，其不同点仅在于前者是前方站值班员监督列车通过，后者是监督列车到达。这一类型的连发间隔时间由两部分组成，如图 2-17 所示。

（1）前后两站办理作业所需的时间 $t_{作业}$。

（2）第二列车通过后方站进站距离 $l_{进}$ 的时间 $t_{进}$。这种类型的连发间隔时间可按如下公式计算：

$$\tau_{连} = t_{作业} + t_{进} = t_{作业} + 0.6\frac{L_{进}}{v_{进}}$$

$$= t_{作业} + 0.06\frac{0.5l_{列} + l_{确} + l_{制} + l_{进}}{v_{进}} \quad (\text{min})$$

$$(2\text{-}2)$$

第二种类型为图 2-16c）、图 2-16d）两种形式。其共同点是列车均在后方站停车，其不同点仅在于前者是前方站值班员监督列车通过，后者是监督列车到达。

通过对连发间隔时间组成因素的分析可以看出，第一种类型连发间隔时间的组成因素及车站办理作业的内容与不同时到达间隔时间基本相同；第二种类型连发间隔时间所包括的作业内容则与会车间隔时间基本相同。但必须注意，连发间隔时间是发生在前后两个车站上，而不同时到达和会车间隔时间发生在同一个车站上。

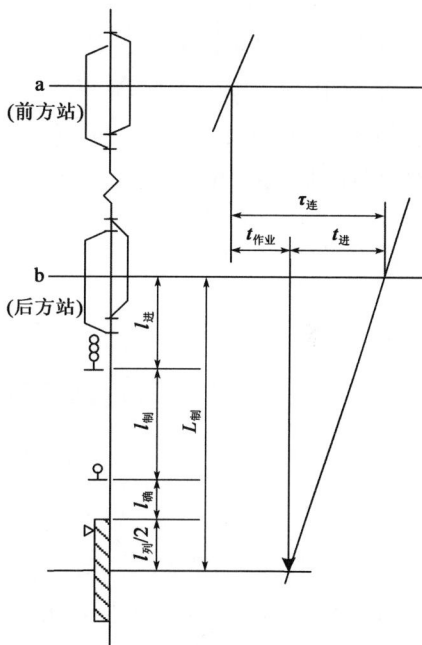

图 2-17　两列车通过前后站连发间隔时间组成

4. 同方向列车不同时到发间隔时间（$\tau_{到发}$）和不同时发到间隔时间（$\tau_{发到}$）

自某方向列车到达车站时起，至由该站发出另一同方向列车时止的最小间隔时间，称为同方向列车不同时到发间隔时间。自列车由车站发出时起，至同方向列车到达车站时止的最小间隔时间，称为同方向列车不同时发到间隔时间。这两种间隔时间在运行图上的表现形式如图 2-18 所示。

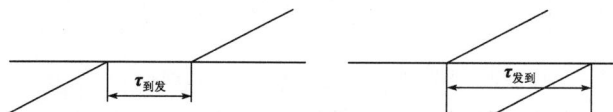

图 2-18　同方向列车不同时到发和不同时发到间隔时间

凡禁止办理同时接发同方向列车的车站，都必须查定同方向列车不同时到发间隔时间和不同时发到间隔时间。在查定这两种间隔时间时，必须遵守以下两个条件：

（1）办理同方向列车不同时到发时，必须在列车全部到达并停在警冲标内以后，另一个同方向列车方可从该站出发。

（2）办理同方向列车不同时发到时，必须在第一列车全部通过出发进路中的最后出站道岔以及车站办理有关作业之后，将要进站的另一同方向列车，应位于距离该站进站信号机 $l_{制} + l_{确}$ 外方。

四、追踪列车间隔时间

1. 三显示自动闭塞的区段追踪列车间隔时间

在使用三显示自动闭塞的区段，追踪列车之间的间隔，通常情况下需相隔三个闭塞分区，如图 2-19 所示。这样，可以保证后行列车经常能看到绿灯显示（由绿灯向绿灯运行），从而可以使列车保持高速运行。在这种情况下，追踪列车间隔时间 $I_{追}^{绿}$ 为

$$I_{追}^{绿} = 0.06 \frac{l_{列} + l'_{分区} + l''_{分区} + l'''_{分区}}{v_{运}} \tag{2-3}$$

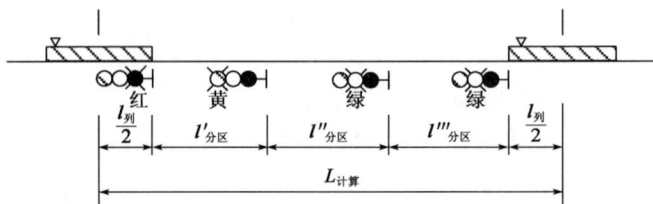

图 2-19　追踪列车由绿灯向绿灯运行时的间隔距离

但是，当列车在长大上坡道上运行时，由于运行速度较低，追踪列车间隔时间也可以按照前后列车间隔两个闭塞分区的条件（图 2-20）来确定。这时，追踪列车间隔时间 $I_{追}^{黄}$ 为

$$I_{追}^{黄} = 0.06 \frac{l_{列} + l'_{分区} + l''_{分区}}{v_{运}} + t_{确} \quad （min） \tag{2-4}$$

式中：$t_{确}$——司机确认信号转换显示的时间，min。

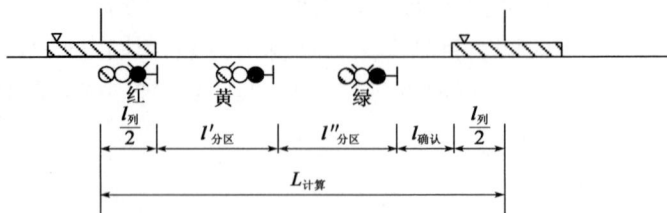

图 2-20　追踪列车由绿灯向黄灯运行时的间隔距离

根据列车在区间内追踪运行的上述条件计算出追踪列车间隔时间后，还应分别按列车到站停车、从车站出发和两列车不停车通过车站的条件进行验算。

按到站停车条件确定追踪列车间隔时间时，应确保后行的追踪列车不因站内未准备好接车进路而降低速度。为此，车站准备好进路和开放好进站信号的时刻，应不迟于第二列

车首部接近站外第二通过色灯信号机的时刻如图 2-21 所示。这时,追踪列车间隔时间 $I_{到}$ 应为

$$I_{到} = t_{作业} + 0.06 \frac{l_{进} + l'_{分区} + l''_{分区} + 0.5l_{列}}{v_{进}^{平均}} \quad （min）\tag{2-5}$$

式中:$t_{作业}$——车站准备进路和开放进站信号的时间,min;

　　　$v_{进}^{平均}$——列车通过进站计算距离的平均速度,km/h。

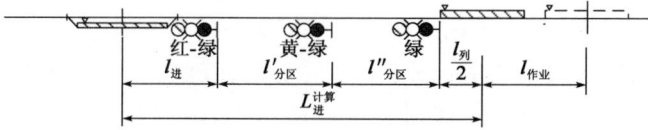

图 2-21　列车到站停车时追踪列车间隔

按列车从车站出发条件确定追踪列车间隔时间时,应确保后行列车在出站信号机显示绿灯的条件下出发,如图 2-22 所示。只有在第一列车腾空两个闭塞分区后,出站信号机才能显示绿灯。因此,由车站发出追踪列车间隔时间 $I_{发}$ 应为

$$I_{发} = t_{作业} + 0.06 \frac{l_{列} + l'_{分区} + l''_{分区}}{v_{进}^{平均}} \quad （min）\tag{2-6}$$

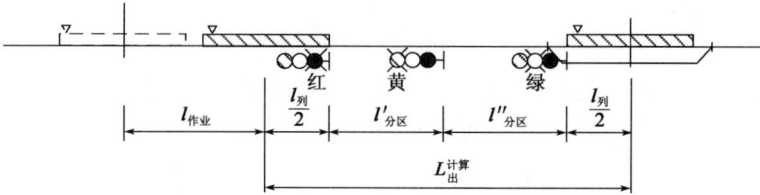

图 2-22　列车从车站出发时追踪列车间隔

当准许列车凭出站信号机显示黄色灯光发车时,则追踪列车间隔时间 $I_{发}$ 应为

$$I_{发} = t_{作业} + 0.06 \frac{l_{列} + l'_{分区}}{v_{进}^{平均}} \quad （min）\tag{2-7}$$

式中:$t_{作业}$——车站开放信号和司机确认信号的时间,min;

　　　$v_{进}^{平均}$——列车通过出站计算距离的平均速度,km/h。

按前后两列车不停车通过车站条件确定追踪列车间隔时间时,必须在第一列车通过出站道岔,并为后行列车开放进站信号后,后行列车才能处在与第一列车相隔三个闭塞分区(包括车站闭塞分区)距离的位置,如图 2-23 所示。这时,追踪列车不停车通过车站的间隔时间 $I_{通}$ 应为

$$I_{通} = t_{作业} + 0.06 \frac{l_{分区}^{站} + l'_{分区} + l''_{分区} + l_{列} + l_{岔}}{v_{通}^{平均}} \quad （min）\tag{2-8}$$

式中:$l_{分区}^{站}$——车站闭塞分区长度,m;

　　　$v_{通}^{平均}$——列车通过车站计算距离的平均速度,km/h;

　　　$l_{岔}$——出站信号机至最外方道岔的距离,m;

　　　$t_{作业}$——第二列车开放进站信号的时间,min。

在开行组合列车或重载列车的区段,应根据组合列车与普通货物列车前后位置的不同,分别确定 $I_{追}$、$I_{到}$、$I_{发}$ 和 $I_{通}$。

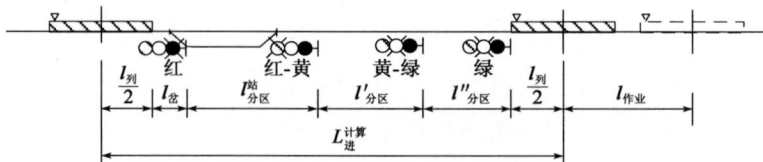

图 2-23　列车不停车通过车站时追踪列车间隔

因为旅客列车和货物列车的运行速度不同,所以在确定货物列车与旅客列车之间的追踪间隔时间时,应按到站条件计算,如图 2-24a)所示;而确定旅客列车与货物列车的追踪间隔时间时,则应按从车站出发的条件计算,如图 2-24b)所示。

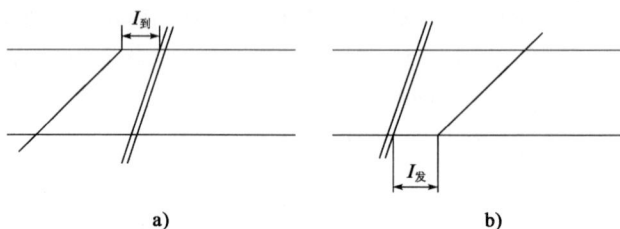

图 2-24　旅客列车和货物列车追踪间隔时间

对各区间求出普通货物列车之间的上述几种追踪间隔时间之后,取其中最大的数值作为计算平行运行图通过能力时的追踪间隔时间。

2. 四显示自动闭塞区间追踪列车间隔时间

(1)四显示自动闭塞的概念

一般称通过色灯信号机能显示,如红(H)、黄(U)、绿黄(LU)和绿(L)四种灯光信号的自动闭塞为四显示自动闭塞。在国外,四显示自动闭塞通常在既有密度大、速度低、时间集中的市郊列车,又有直快和特快等列车运行的运输繁忙的市郊铁路上或列车速度高、制动距离长,运输繁忙的高速铁路上采用。

(2)四显示自动闭塞与三显示自动闭塞的区别

四显示自动闭塞的轨道电路根据前行列车位置,发出不同的码序,表示一定的限制速度。当装设有超速防护装置时,列车超速运行,将迫使列车发生紧急制动。所以,四显示信号是具有预告功能的速差式信号。而我国铁路一直采用的三显示自动闭塞,各种信号显示没有具体速度要求,对超速没有速度监督作用,是无明显速度级差的信号。两种自动闭塞在运用功能方面的主要区别如表 2-3 所示。

四显示与三显示自动闭塞运用功能方面的主要区别　　　　表 2-3

项　目	四　显　示	三　显　示
地面信号显示	四显示(L、LU、U、H)	三显示(L、U、H)
机车信号系统	自动停车装置,侧线运行机车信号指示	自动停车装置,侧线运行无机车信号指示
制动距离分区数	2 个闭塞分区	1 个闭塞分区

项　　目	四　显　示	三　显　示
列车追踪间隔	5 个闭塞分区	3 个闭塞分区
列车运行方向	每线双向运行	每线单向运行
列车运行凭证	以机车信号为主	以地面信号为主
闭塞分区长度	700~900m	1600~2600m

（3）追踪列车间隔时间

如图 2-25 所示,在四显示自动闭塞区间,列车追踪运行至少应保证有五个闭塞分区的间隔。其中防护区用于保护区间,要求列车停车;提醒区用于提醒司机,列车将进入减速地段。

闭塞分区性质	提醒区	第一制动区	第二制动区	第三制动区	防护区	占用区
信息种类	提醒注意	预告	预告	停车		

图 2-25　四显示追踪列车间隔

信号机各种灯光显示的意义如下:

①一个绿色灯光——准许列车按规定速度运行,表示前方至少有四个闭塞分区空闲。

②一个绿色灯光和一个黄色灯光——要求司机注意运行,表示前方有三个闭塞分区空闲。

③一个黄色灯光——要求司机采取制动措施,降速运行,表示前方至少有一个闭塞分区空闲,列车通过黄色灯光信号的最大允许速度按机车信号的数字显示制式的数字而定。

④两个黄色灯光——要求列车通过信号机时,将列车运行速度降至 45km/h 及以下,表示将通过侧向道岔。

3. 移动自动闭塞追踪列车间隔时间

移动自动闭塞是在确保行车安全的前提下,以使追踪列车间的间隔达到最小为目标,以车站控制装置和机车控制装置为中心的一个闭塞控制系统。在这一系统下,区间内运行的每一列车均与前方站的中心控制装置周期性地保持高可靠度的通信联系;车站中心控制装置接到列车信息后,根据列车牵引特性曲线及区间相关参数,解算出每一追踪列车的允许最大运行速度发送给列车,而对于接近进站的列车,则根据调度命令发出该列车进站及进入股道等信号。移动自动闭塞系统已在我国高铁进入应用阶段。

采用移动自动闭塞系统可以有效地压缩追踪列车间隔时间,提高区间通过能力。在移动自动闭塞区间,追踪列车间隔时间如图 2-26 所示。据此,在区间内运行的追踪列车间隔时间 $I_{追}$ 可按下式计算:

$$I_{追} = 0.06 \frac{l_{制} + l_{列} + l_{安}}{v_{运}} + t_{信} \quad （\text{min}） \tag{2-9}$$

式中：$l_制$——列车制动距离，m；

$l_安$——系统安全防护距离，m；

$t_信$——列车动态信息传输时间，min。

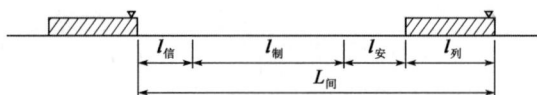

图 2-26　移动自动闭塞追踪间隔时间

五、机车在基本段和折返段所在站的停留时间标准

机车在基本段和折返段所在站办理必要作业所需要的最小时间，称为机车在基本段和折返段所在站的停留时间标准。

机车在基本段和折返段所在站停留时间标准，取决于机车的运用方式。铁路机车的基本运用方式及其特点如表 2-4 所示。

铁路机车的基本运用方式及其特点　　　　　　　　表 2-4

运用方式	运用方式示意图	运用方式的特点	机车担当牵引区段
肩回运转制交路		1. 折返段整备； 2. 机车每次返回基本段所在站时，也需要入段作业	与基本段相邻的两个区段
半循环运转制交路		1. 折返段整备； 2. 第一次返回基本段所在站时不入段，第二次入段进行整备作业	与基本段相邻的两个区段
循环运转制交路		1. 折返段整备； 2. 在基本段的车站上进行整备作业（除需因中间技术检查需入基本段整备外）	与基本段相邻的两个区段
环形运转制交路		担当两个及以上往返的列车牵引任务之后，才入基本段进行整备	一个区段或枢纽内

机车在折返段所在站应办理的作业有：在到发线上的到达作业，包括到达试风、摘机车、准备机车入段进路等；机车入段走行；机车在段内作业；机车出段走行；在到发线上的出发作业，包括挂机车、出发试风等。综合以上各项作业所需要的时间，便可得出机车在折返段所在站的停留时间标准。

如图 2-27 所示，10001 次列车机车自到达折返段所在站之时起至牵引 10004 次列车出发时止，在该站的停留时间（包括在段内的停留时间）$t_停$（min）为

$$t_停 = t_折 = t_{到达} + t_{入段} + t_{整备} + t_{出段} + t_{出发}$$

　　　　　　　　　　　　　　　　　　　　　　　（2-10）

上列各项作业时间,可根据分析计算和查表相结合的方法确定。

在基本段所在站上,不采用循环运转制时,机车也需办理上述各项作业,而且整备作业要更加细致,因而整备时间也要更长。

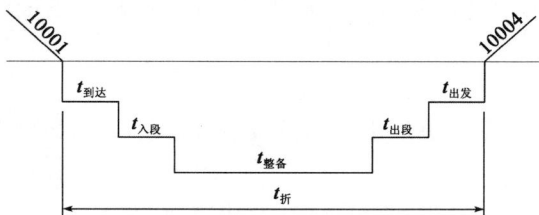

图 2-27　机车在折返段所在站作业过程

在编制运行图前,机务部门必须对每一牵引区段的机车分别查定办理各项作业的时间标准,并规定机车在基本段和折返段所在站的停留时间标准。

六、列车在技术站和客货运站的技术作业时间标准

为了保证车站与区段工作协调,必须编制与车站技术作业过程相配合的列车运行图。因此,在编制列车运行图时,需具备技术站、客货运站技术作业过程的主要作业时间标准,它包括:

(1)在到发车场内办理各种列车作业的时间标准。

(2)在驼峰或牵出线上解体和编组列车的时间标准。

(3)旅客列车车列在配属段、折返段所在站的停留时间标准。

(4)货运站办理整列或成组装卸作业时间标准。

上述标准,一般可根据《车站行车工作细则》确定。

单元三　列车通过能力

学习任务

1.掌握平行运行图通过能力的概念。

2.掌握非平行运行图通过能力的概念。

问题引导

列车运行图的通过能力该如何计算?

知识学习

为了实现运输生产过程,完成国家规定的运输单元,铁路必须具备一定的运输能力。铁路运输能力一般采用通过能力和输送能力两种概念。

在采用一定类型的机车车辆和一定的行车组织方法的条件下,铁路区段的各种固定设

备,在单位时间内(通常指一昼夜)所能通过的最多列车数或对数称为通过能力。通过能力在一定程度上取决于广大铁路职工的协同动作和铁路固定设备、机车车辆的合理运用。因此,通过能力并不是一成不变的,它随着技术设备和行车组织方法的改善而提高。计算铁路通过能力的目的是能够胸中有数地安排运输生产,保证铁路运输适应国民经济不断发展和人民生活不断提高的需要。

铁路区段通过能力按照下列固定设备进行计算:

(1)区间。其通过能力主要决定于区间正线数、区间长度、线路纵断面、机车类型、信号、联锁、闭塞设备的种类。

(2)车站。其通过能力主要决定于车站到发线数,咽喉道岔的布置,驼峰和牵出线数,信号、联锁、闭塞设备的种类。

(3)机务段设备和整备设备。其能力主要决定于内燃或电力机车的定修台位,温水洗炉设备及段内整备线。

(4)给水设备。其能力主要决定于水源、扬水管道及动力机械设备。

(5)电气化铁路的供电设备。其能力主要决定于牵引变电所和接触网。

根据以上固定设备计算出来的通过能力可能是各不相同的。其中能力最薄弱的设备限制了整个区段的能力,该能力即为该区段的最终通过能力。

在铁路实际工作中,通常又把通过能力分为三个不同的概念,即设计通过能力、现有通过能力和需要通过能力。预计新线修建以后或现有铁路技术改造以后,铁路区段固定设备所能达到的能力,称为设计通过能力;在现有固定设备、现行的行车组织方法和现有的运输组织水平的条件下,铁路区段可能达到的能力,称为现有通过能力;在一定时期内,为了适应国家建设和人民生活的需要,铁路区段所应具备的能力,称为需要通过能力。

输送能力是指在一定固定设备、机车车辆类型和行车组织方法条件下,按照机车车辆和乘务人员的现有数量,在单位时间内所能输送的最多货物吨数。它通常以一年内所能通过的万吨数计算。

采用非平行运行图扣除系数计算方法计算铁路区间通过能力时,通常需要先计算平行运行图的通过能力,然后在此基础上再确定非平行运行图的通过能力。

一、平行运行图通过能力

1. 计算平行运行图通过能力的基本原理

在平行运行图上,同一区间内同方向列车的运行速度都是相同的,并且上下行方向列车在同一车站上都采取相同的交会方式。从这种运行图上可以看出,任何一个区间的列车运行线总是以同样的铺画方式一组一组地反复排列的。一组列车占用区间的时间,称为运行图周期 $T_周$。图2-28给出了不同类型的运行图周期。

不同类型的运行图周期所包含的上下行列车数可能是不同的。若一个运行图周期内所包含的列车对数或列数用 $n_周$ 表示,则放行一列或一对列车平均占用该区间时间应为

$$t_{占均} = \frac{T_周}{n_周} \tag{2-11}$$

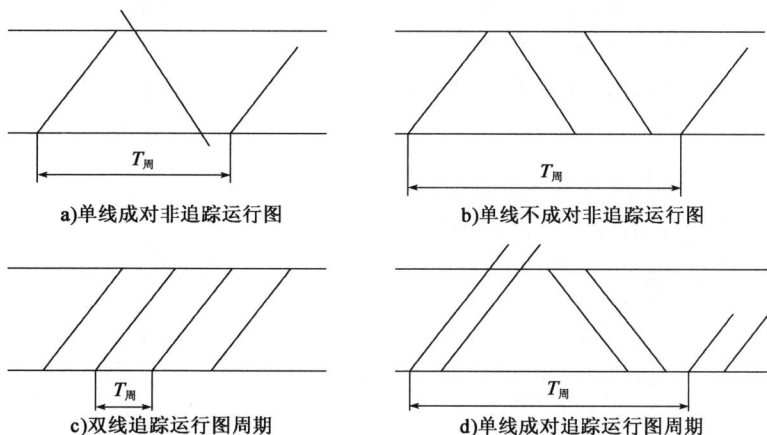

a)单线成对非追踪运行图

b)单线不成对非追踪运行图

c)双线追踪运行图周期

d)单线成对追踪运行图周期

图 2-28　不同类型运行图周期示意图

因而,对于一定类型平行运行图区间通过能力 n,应用直接计算法可按如下公式计算:

当不考虑固定作业占用时间和有效度系数时:

$$n = \frac{1440}{t_周} = \frac{1440 n_周}{T_周} \tag{2-12}$$

当考虑固定作业占用时间而不考虑有效度系数时:

$$n = \frac{(1440 - T_固) n_周}{T_周} \tag{2-13}$$

当同时考虑固定作业占用时间和有效度系数时:

$$n = \frac{(1440 - T_固) n_周 d_{有效}}{T_周} \tag{2-14}$$

式(2-14)中固定作业时间($T_固$)是指为进行线路养护维修、技术改造施工、电力牵引区段接触网检修等作业,须预留的固定占用区间时间,以及必要的列车慢行和其他附加时分,但双线区段施工期间组织反向行车时,应扣除利用非施工方向放行列车所节省的时间;有效度系数($d_{有效}$)是指扣除设备故障和列车运行偏离、调度调整等因素所产生的技术损失后,区间时间可供有效利用的系数,一般可取 0.91~0.88。

运行图周期系由列车(一个或几个列车)区间纯运行时分 $\sum t_运$、起停车附加时分 $\sum t_{起停}$ 以及车站间隔时间 $\sum \tau_站$ 所组成,即

$$T_周 = \sum t_运 + \sum t_{起停} + \sum \tau_站 \quad (\text{min}) \tag{2-15}$$

一般情况下,列车在各区间的运行时分不相同,各车站的间隔时间也可能不同,所以每一区间的 $T_周$ 常常是不等的。从上述公式可以看出,通过能力大小与 $T_周$ 成反比,$T_周$ 越大,通过能力越小。在整个区段里,$T_周$ 最大的区间也就是通过能力最小的区间,称为该区段的限制区间。限制区间的通过能力即为该区段的区间通过能力。

列车区间运行时分,对运行图周期的大小起主要作用。运行图周期中 $\sum t_运$ 最大的区间,

称为困难区间。大多数情况下,困难区间往往就是限制区间。有的区间虽然本身不是困难区间,但由于车站间隔时间数值较大而成了限制区间。

如前所述,在不同类型的运行图里,$T_周$的组成及$n_周$的数值是不同的。因此,必须对不同类型的运行图分别计算其通过能力。

2. 单线成对非追踪平行运行图

在单线区段,通常采用成对非追踪运行图,如图 2-29 所示。

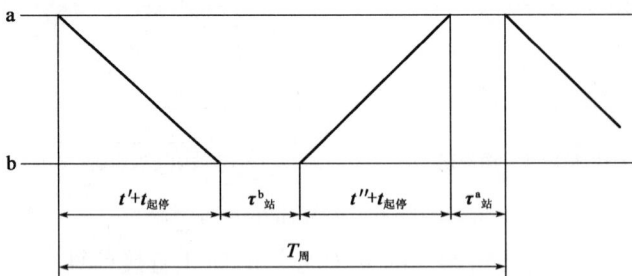

图 2-29　单线成对非追踪运行图周期示意图

单线成对非追踪平行运行图周期可用式(2-16)表示:

$$T_周 = t' + t'' + \tau_站^a + \tau_站^b + \sum t_{起停} \quad (\text{min}) \tag{2-16}$$

式中:t'、t''——上下行列车的区间纯运行时分,min;

$\tau_站^a$、$\tau_站^b$——a、b 站的车站间隔时间,min;

$\sum t_{起停}$——列车起停附加时分,min。

为了使区段通过能力达到最大,应当使限制区间的$T_周$数值尽量缩小。在采用一定类型的机车和一定的列车重量标准的条件下,区间运行时分$\sum t_运$是固定不变的。因而想要缩小$T_周$,只有设法缩小$\sum t_{起停} + \sum \tau_站$的数值。通过在限制区间合理地安排列车运行线的铺画方案,是可以达到上述目的的。如图 2-30 所示,运行图上列车运行线的可能铺画方案有四种。

(1)上下行列车不停车通过车站而进入区间(进通通),如图 2-30a)所示,运行图周期为

$$T_周 = t' + t'' + \tau_不^a + \tau_不^b + t_停^a + t_停^b \quad (\text{min}) \tag{2-17}$$

(2)上下行列车不停车通过车站而开出区间(出通通),如图 2-30b)所示,运行图周期为

$$T_周 = t' + t'' + \tau_会^a + \tau_会^b + t_起^a + t_起^b \quad (\text{min}) \tag{2-18}$$

(3)下行列车不停车通过区间两端车站(下通通),如图 2-30c)所示,运行图周期为

$$T_周 = t' + t'' + \tau_不^a + \tau_会^b + t_停^a + t_起^b \quad (\text{min}) \tag{2-19}$$

(4)上行列车不停车通过区间两端车站(上通通),如图 2-30d)所示,运行图周期为

$$T_周 = t' + t'' + \tau_会^a + \tau_不^b + t_起^a + t_停^b \quad (\text{min}) \tag{2-20}$$

在选择限制区间列车运行线的合理铺画方案时,应考虑到区间两端车站的具体条件。例如,在 a 站(图 2-30)下行出站方向有较大上坡道时,如果采用下行列车在 a 站停车进入区间的方案,就有可能造成下行列车出发起动困难,这时就应选用下行列车通过 a 站而$T_周$又较小的方案。

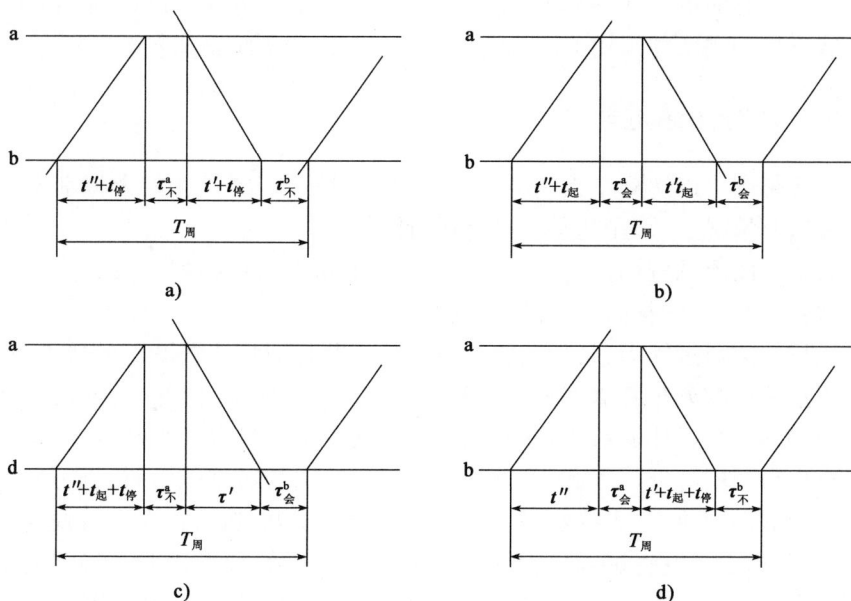

图 2-30 列车运行线铺画方案示意图

3. 双线平行运行图

在未装设自动闭塞的双线区段,通常采用双线连发运行图,如图 2-31 所示。

双线连发运行图的运行图周期 $T_周$ 为

$$T_周 = t_运 + \tau_连 \quad (\min) \tag{2-21}$$

因而,当不考虑 $T_周$ 及 $d_{有效}$ 时,区间通过能力分别上下行方向可按下式计算:

$$n = \frac{1440}{t_运 + \tau_连} \tag{2-22}$$

应该指出,由于区间线路断面的关系,上下行方向的限制区间可能不是同一个区间。因而,上下行方向区间通过能力不一定相同。

在装有自动闭塞区段,通常采用追踪运行图,如图 2-32 所示。

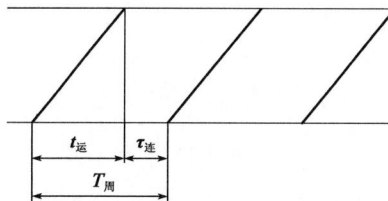

图 2-31 双线连发运行图周期

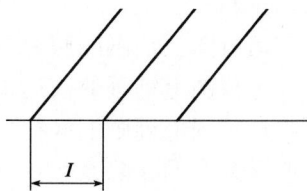

图 2-32 双线追踪运行图周期

双线追踪运行图的运行图周期 $T_周$ 等于追踪列车间隔时间 I,因而每一方向的区间通过能力为

$$n = \frac{1440}{I} \tag{2-23}$$

由式(2-23)可以看出,在自动闭塞区段,当 $I = 10\min$,且不考虑 $T_固$ 及 $d_{有效}$ 时,平行运行

图的通过能力每一方向可以达到144列;当 $I=8\mathrm{min}$ 时,每一方向可以达到180列。因此,在双线区段上装设自动闭塞并采用追踪运行图,可以显著地增加通过能力。

二、非平行运行图通过能力

采用平行运行图可以达到最大的通过能力,但这种运行图只在能力特别紧张的特殊情况下采用。在通常情况下,采用的是非平行运行图。

在非平行运行图上,铺画有速度较高的旅客列车和快运货物列车,也有一般货物列车,以及停站次数较多和停站时间较长的摘挂列车等。

非平行运行图的通过能力,是指在旅客列车数量及其铺画位置既定的条件下,该区段一昼夜内所能通过的货物列车和旅客列车对数(或列数)。在一般情况下,铁路上开行的旅客列车和快运货物列车数远比一般货物列车数少,在运行图上只占一小部分,而运行图的大部分仍具有平行运行图的特征。因此,在计算非平行运行图的通过能力时,仍可以利用平行运行图所具有的明显的规律性,先确定平行运行图的通过能力,然后根据开行快速列车对货物列车的影响,扣除由于受这种影响而不能开行的货物列车数,以及因开行摘挂列车而减少开行的货物列车数,即可求得非平行运行图的通过能力。计算非平行运行图通过能力的方法有两种:

(1)图解法。在运行图上首先铺画旅客列车,然后在旅客列车间隔内,铺画其他货物列车(包括摘挂列车)。在运行图上所能最大限度铺画的客货列车总数即为该区段的非平行运行图的通过能力。图解法比较精确,但较烦琐,故只在特殊需要时采用。

(2)分析法。根据旅客列车和摘挂列车的扣除系数,可以近似地计算非平行运行图的通过能力 $n_{非}$,计算公式为

$$n_{货}^{非}=n-\varepsilon_{客}n_{客}-(\varepsilon_{快货}-1)n_{快货}-(\varepsilon_{摘挂}-1)n_{摘挂} \tag{2-24}$$

$$n_{非}=n_{货}^{非}+n_{客} \tag{2-25}$$

式中: $n_{货}^{非}$ ——非平行运行图的货物列车通过能力(包括快运货物列车、沿零摘挂列车和摘挂列车);

$n_{客}$ ——在运行图上铺画的旅客列车对数或列数;

$n_{快货}$ ——在运行图上铺画的快运货物列车的对数或列数;

$n_{摘挂}$ ——在运行图上铺画的摘挂列车的对数或列数;

$\varepsilon_{客}$ ——旅客列车的扣除系数;

$\varepsilon_{快货}$ ——快运货物列车的扣除系数;

$\varepsilon_{摘挂}$ ——摘挂列车的扣除系数。

所谓扣除系数,是指因铺画一对或一列旅客列车、快运货物列车或摘挂列车,须从平行运行图上扣除的货物列车对数或列数。

在计算通过能力时,不得不利用扣除系数的经验数值。目前,我国铁路采用的扣除系数如表2-5所示。

铁 路 扣 除 系 数　　　　　　　　　　　　表 2-5

区间正线	闭塞方法	旅客列车	快运货物列车	摘挂列车	备　　注
单线	自动	1.0	1.0	1.3 ~ 1.5	
	半自动	1.1 ~ 1.3	1.2	1.3 ~ 1.5	摘挂列车 3 对以上取 1.3
双线	自动		2.0 ~ 2.3	2.5 ~ 3.0	摘挂列车 3 对以上取 2.5,6 对以上取 2.0
	半自动	1.3 ~ 1.5	1.4	1.5 ~ 2.0	

学习检测

1. 什么是列车运行图? 列车运行图在铁路运输生产中的作用是什么?
2. 简述列车运行图的分类方法。
3. 列车车次如何编定?
4. 怎样确定列车追踪间隔?
5. 简述车站间隔时间所包含的要素及决定车站间隔时间的因素。

单元四　列车实际运行图的绘制

学习任务

　　本单元要求在完成前几个单元的基础上,熟记列车运行线的表示符号、列车运行及整理符号、车站技术作业图表符号,掌握列车实际运行图的绘制过程,并在该过程中熟练运用上述符号。

问题引导

　　绘制列车实际运行图有何意义?

知识学习

一、列车实际运行图的作用

　　列车基本运行图是根据列车编组计划确定的货物列车种类及行车量,适当考虑行车量在一定范围波动所编制的经常使用的列车运行图。列车实际运行图则是记载一个调度区段内列车运行实际情况,以及列车运行有关事项的图表。列车实际运行图的作用主要有以下几个方面:

　　(1)通过列车实际运行图,可以随时掌握调度区段内的列车运行情况、有关车站到发线占用、作业情况及机车交路等。

　　(2)通过列车实际运行图,可以及时发现问题,便于提早考虑采取必要的调整措施。

　　(3)作为统计列车正晚点、列车技术速度、旅行速度等项指标的主要依据。

（4）列车实际运行图是分析列车运行情况，不断提出改进意见的重要资料。

二、列车实际运行图的绘制方法

列车实际运行图一般采用十分格运行图，有关列车运行、列车运行整理符号应按规定填绘在规定的表格内，有关列车运行线表示方法，应按《铁路运输调度规则》的规定进行填绘。本规则未规定的，各铁路局集团公司可自行规定。

1. 列车运行线的表示方法

列车运行线的表示方法见表 2-1。

2. 列车运行及运行整理符号

（1）列车始发、终止、在中间站临时停运及由邻接区段转来或开往邻区段如图 2-33 所示。

a)列车始发　　b)列车终止　　c)列车在中间站　　d)列车由邻接　　e)列车开往
　　　　　　　　　　　　　临时停运　　　　区段转来　　　邻接区段

图 2-33　列车始发、终止、在中间站临时停运及由邻接区段转来或开往邻区段

列车到开时分记在钝角内。早点用红圈、晚点用蓝圈记于锐角内，圈内注明早、晚点时分。晚点原因可用简明略号注明，如因编组晚点可只写"编"字。

（2）列车合并运行（在列车运行线上注明某次列车被合并）如图 2-34 所示。

（3）列车让车如图 2-35 所示。

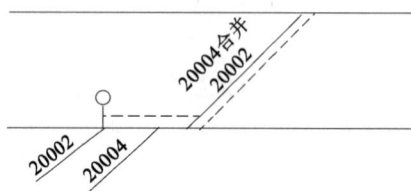

图 2-34　列车合并运行

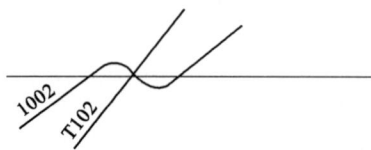

图 2-35　列车让车

（4）列车反方向运行时，在反方向运行区间的运行线上填写车次及（反）字，如图 2-36 所示。

（5）列车在区间内分部运行如图 2-37 所示。

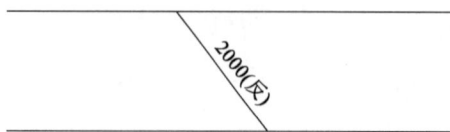

图 2-36　列车反方向运行

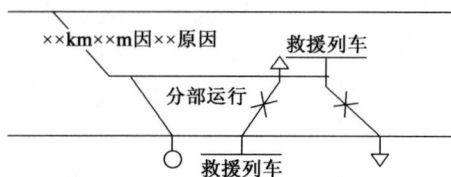

图 2-37　列车在区间内分部运行

（6）补机途中折返如图 2-38 所示。

（7）线路中断或施工封锁区间时，要在该区间内画一红横线表示，单线区间中断或封锁，如图 2-39 所示。

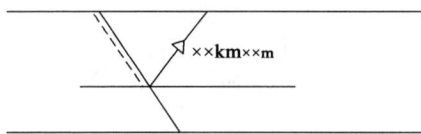

图 2-38 补机途中折返

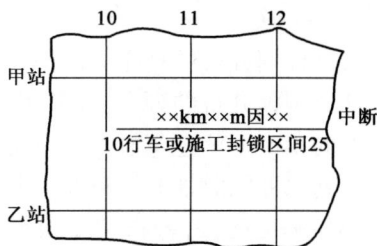

图 2-39 单线区间中断或封锁

双线区间上下行线路全部中断或封锁时,表示方法与单线区间相同;有一线中断或封锁时,以在红横线上或下画的蓝断线表示上行线或下行线中断或封锁,如图 2-40 所示。

(8)因施工或其他原因区间内需要慢行时,由开始时起至终了时止,用红色笔画断线表示,并标明地点、原因、限制速度(如双线就标明上行线或下行线),如图 2-41 所示。

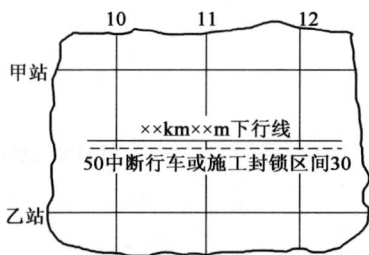

图 2-40 双线区间下行线中断或封锁

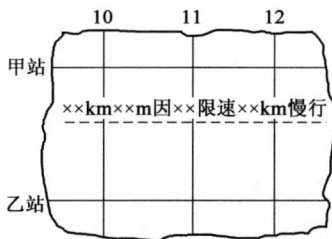

图 2-41 列车限速慢行

(9)列车在区间内有装卸作业时,要标明车次、作业地点、装卸货物品名,如图 2-42 所示。

(10)列车在中间站不摘车作业,用红色笔表示。

6/9,分子表示装车数,分母表示卸车数。

(11)列车在中间站甩挂作业,用蓝色笔表示,"＋"表示挂,"－"表示甩。

－3/＋6,分子表示重车,分母表示空车。

(12)列车运缓时,在列车运行线上方用蓝色笔标明运缓时分;赶点时在列车运行线上方用红色笔标明赶点时分。

(13)列车在进站信号机外停车时,用红色笔画"△",并标明停车时分,如图 2-43 所示。

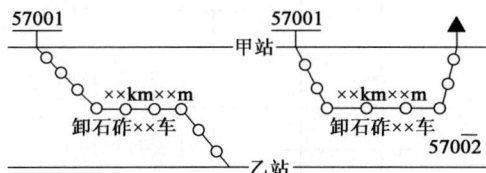

图 2-42 列车在区间内装卸作业

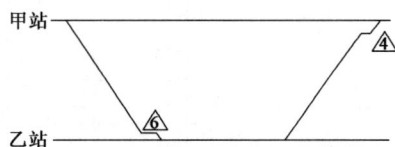

图 2-43 列车在进站信号机外停车

(14)机车交路及机车出入库时间的表示方法:机车在本段交路用蓝色笔,在折返段用黑

色笔画实线,并在交路上逐列标明出入库时间,如图 2-44 所示。

3. 铁路局集团公司列车工作计划表按下列规定填记

(1)纳入日计划开行的列车,在其车次上用蓝色笔画"√"表示。

(2)日计划调整开行的列车,在其车次上部用红色笔画"√"表示。

(3)停运的车次用蓝色笔画" – "表示,并扼要注明停运原因。

(4)班计划以外临时加开的列车,用红色笔画" + "表示。

(5)按照列车性质,另行指定车次而利用列车运行图(车次)时刻运行,在编制日计划时,用蓝色笔括上原车次,在原车次上部写指定的新车次;日计划调整时,用红色笔表示,方法同前。

4. 车站技术作业图表的填画和表示方法(图例)

(1)列车到发(图 2-45)。

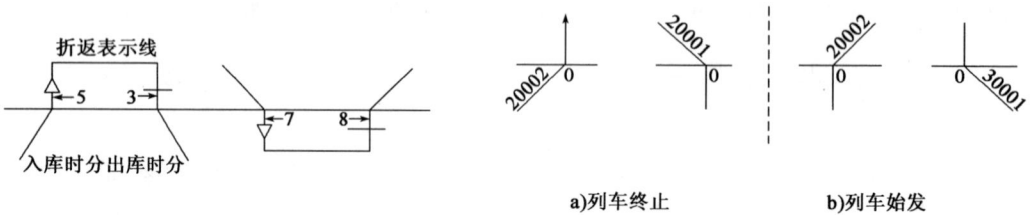

图 2-44 机车交路及机车出入库时间的表示方法

图 2-45 列车到发

(2)列车技术检查和占用到发线时间(图 2-46)。

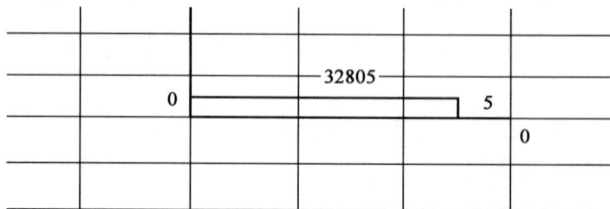

图 2-46 列车技术检查和占用到发线时间

(3)列车解体(图 2-47)。

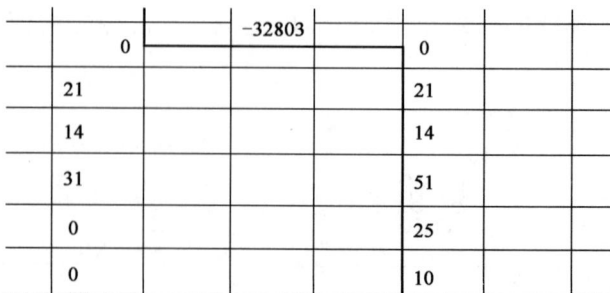

图 2-47 列车解体

（4）列车编组（图 2-48）。

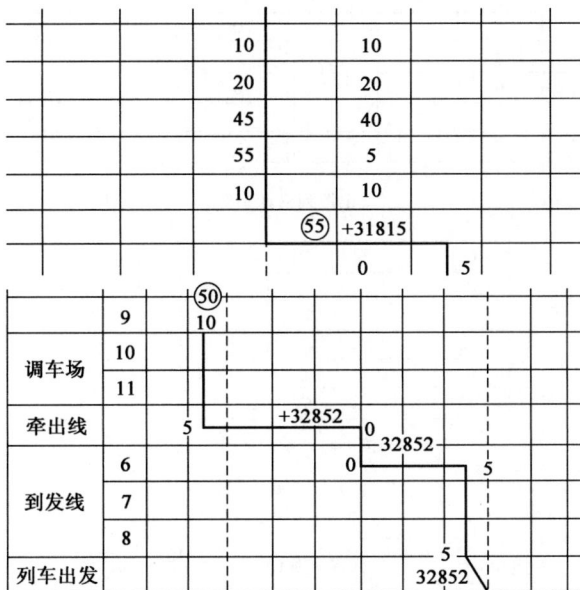

图 2-48 列车编组

（5）列车编组内容（图 2-49）。

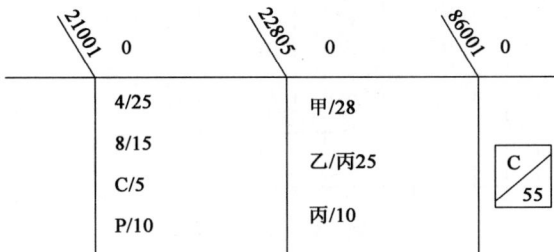

图 2-49 列车编组内容

（6）取送作业（图 2-50）。

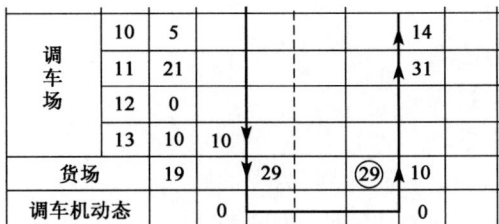

图 2-50 取送作业

（7）调车线栏（图 2-51）。

（8）调车机动态（图 2-52）。

12	4		9		
13	6		6		
14	2		10		
15	2		8		
16	6		16		
17	0		5		
18	0		0		

a)按列累计车数

6	1	7
8		8
3	7	10
2	6	8
6	10	16
1	5	5

b)按小时或阶段累计车数

图 2-51　调车线栏

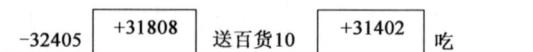

-32405　$+31808$　送百货10　$+31402$　吃

图 2-52　调车机动态

（9）机车交路（图 2-53）。

图 2-53　机车交路

图 2-45 至图 2-53 中的以下的细节需要留意。

计划：黑线。

实际：到、发旅客列车、出发货物列车为红线，其他货物列车为蓝线。

列车正点到达、出发为红圈。

列车晚点到达、出发为蓝圈。

调车机作业计划：为黑直线。

调车机作业实际：为蓝直线。

调车机交接班、上煤、上水、上油计划：为黑曲线。

调车机交接班、上煤、上水、上油实际：为蓝曲线。

调车机非生产时间：吃饭为红曲线。

调车机其他时间：为红直线。

调车机作业动态代号：交接班（J）、上水（S）、上煤（M）、上油（Y）、机车故障（JG）、信号故障（XG）、吃饭（C）、整备（ZB）、解体（－）、编组（＋）、甩挂（－＋）、取车（QC）、送车（SC）、待命(D)、等信号(DX)、等检(DJ)、等装卸(ZX)、等解体(等)。

拓展内容

列车运行图课程设计任务书

一、资料

1. M-N 区段示意(图 2-54)

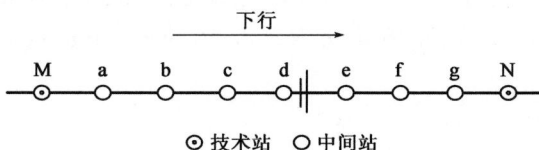

图 2-54　M-N 区段示意图

2. 区段技术特征(表 2-6)

区 段 技 术 特 征　　　　　　　　　　　　表 2-6

正线数目	闭塞方式	牵引机车类型		货物列车牵引定数		货物列车计算长度	
		客	货	上行	下行	上行	下行
1	半自动	韶山 3	韶山 3	3200t	3200t	60.0	60.0

3. 区段距离及运行时分(表 2-7)

区段距离及运行时分　　　　　　　　　　　　表 2-7

站名		M	a	b	c	d	e	f	g	N
到发线数		10	3	3	2	4	3	2	3	6
旅客列车	上行	9	14	14	15	14	15	10		10
	下行	8	12	12	15	13	14	9		10
货物列车	上行	11	17	18	18	18	19	12		12
	下行	10	15	14	16	16	18	11		12

4. 车站间距时间及列车起停附加时分

$\tau_{不} = 4, \tau_{会} = 2, \tau_{连} = 4$(第一种类型),$\tau_{连} = 2$(第二种类型)。

客:$t_{起} = 1, t_{停} = 1$。

货:$t_{起} = 2, t_{停} = 1$。

5. 区段站中间的信、联、闭设备

色灯信号、集中电气联锁、半自动闭塞。

6. 客货列车行车量及旅客列车到发时刻

(1)行车量。

旅客列车:T63/T64 特快旅客列车一对;

151/152 次直通旅客快车一对;

1517/1518 管内旅客列车一对。

货物列车:直达列车 2 对,车次范围 10001～10098;

直通列车 7 对,车次范围 21501～21598;

区段列车 4 对,车次范围 32501～32598;

摘挂列车 1 对,车次范围 43001～43098。

(2)旅客列车到发时刻及停站时间。

T63 在 M 站 21:22 出发;

T64 在 N 站 23:11 出发;

151 次由 M 站 9:31 出发,152 次由 N 站 15:39 出发,在 d 站停车 5min,其他中间站均通过;

1517 次由 M 站 17:05 出发,1518 次由 N 站 6:16 出发,在 d 站停留 5min,其他中间站各停留 2min。

7.中间技术站作业时分

略。

8.机车在机务段和折返段所在站停留时间标准

机车交路为肩回制,M 为基本段,N 为折返段。

机车在 M 站停留时间标准为 100min,在 N 站停留时间标准为 60min。

旅客列车、摘挂列车单独交路。

9.各种作业时间标准

(1)摘挂列车在中间站的作业时间为 25～30min。

(2)机车乘务组及车长的连续工作时间为 12h,其中出乘及退勤 2h。

(3)车站装车或卸车一次货物作业停留时间标准为 2h,双重货物作业车停留时间标准为 4h。

(4)各区间为 8～18h,预留接触网检修"天窗"不少于 90min。

二、设计要求

1.制定列车运行图及机车周转图。

2.制定设计说明书。

三、设计说明书内容

第一章　绪论

概述列车运行图的重要意义及本设计区段的技术经济特点。

第二章　编制列车及机车周转图

1.铺画列车运行图及机车周转图。

2.计算列车运行图的指标。

★课程设计指导书见附件。

拓展内容

列车运行图课程设计指导书

一、制定列车运行图及机车周转图

第一步:按区间运行时分比率法先在运行图纸上确定 M 站和 N 站的站名线,然后逐一确定其他中间站的站名线。

第二步:按列车运行线表示方法在运行图纸上先铺画单独机车交路的旅客列车。

第三步:在草稿纸上铺画方案图。只画 M 站和 N 站,然后铺画旅客列车,再按基本均衡的原则铺画其他货物列车。摘挂列车的始发时刻自定。因为方案图主要解决机车交路优化和运行线布局问题,所以铺画方案图一定要勾画机车交路。另外,铺画方案图时要特别注意保持货物列车与相邻的旅客列车有相对较大(约为平均列车间隔的1.5倍左右)的间隔。机车交路中的机车在基本段和折返段的实际停留时间应适当留有余地(如分别取120min 和80min 等),以便画详细运行图时移线。

第四步:按照方案图确定的货物列车时刻再铺画详细运行图。列车运行线的铺画可采用顺铺与倒铺相结合的方法进行。为了有更优化的列车交会、越行方案,货物列车的始发时刻可在方案图基础上进行微调。

第五步:运行图详图铺画完毕,要检查运行图最左端的18点时各列车运行线和列车的状态能与最右端的18点的列车运行线和列车的状态完全吻合;还要检查机车交路是否勾画完毕。

二、提高货物列车旅行速度的几点注意事项

影响旅行速度的主要因素是会车和越行次数及其停站时间。因此,在铺画运行图时,必须尽量减少列车的会车和越行次数及其停站时间。

(1)铺画在旅客列车之前的货物列车,尽可能使之通过各中间站,以避免在区段内被旅客列车越行,如图 2-55 所示。

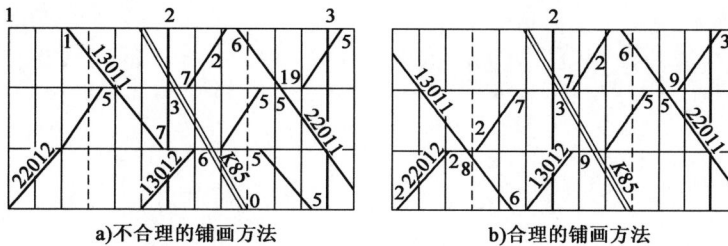

图 2-55 在旅客列车之前铺画货物列车方法示意图

(2)当在区段内不能避免越行时,尽可能将越行地点规定在有技术作业的车站上,或者规定在两相邻区间运行时分最小的车站上。如图 2-56 所示,若 b 站为上行列车技术作业停车站,则列车在等待越行的同时可以进行技术作业,从而减少甚至取消了由于越行而产生的额外停留时间;又若 b 站两相邻区间的运行时分最小,则可使列车在 b 站的待避停留时间最短。

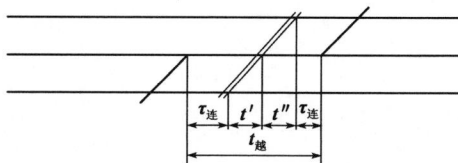

图 2-56 列车待避停留时间示意图

（3）在旅客列车之后铺画货物列车时，尽量使客货列车之间能够铺画交会的对向货物列车，以减少会车停站时间，如图 2-57 所示。

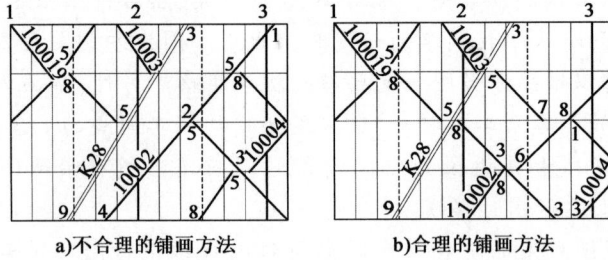

　　　　a)不合理的铺画方法　　　　　　b)合理的铺画方法

图 2-57　在旅客列车之后铺画货物列车的方法示意图

三、计算列车运行图的指标

先填写 M-N 区段列车运行图指标计算明细表。

然后计算以下指标：货物列车平均技术速度、货物列车平均旅行速度、货运机车需要台数等。

四、准备设计说明书

按"设计说明书内容"的要求，准备设计说明书，然后连同运行图等设计成果上交。

模块三　列车调度指挥工作组织

知识目标

1. 了解 TDCS 调度指挥原理和原则。
2. 了解 CTC 调度员作业标准。
3. 掌握 CTC 非正常情况下的调度处理。
4. 掌握 CTC 车站行车组织方法。
5. 掌握 CTC 车站调车作业组织方法。
6. 掌握使用各类调度指挥系统进行调度指挥的方法和技能。

素质目标

具备把握全局的意识、安全的意识。

模块引导

TDCS 直接指挥车站的铁路局集团公司 TDCS 一层,铁路局集团公司 TDCS 实现对全铁路局集团公司的行车进行实时、集中、透明指挥,用自动化的手段调整运输方案,通过计算机网络下达行车计划和调度命令,实现自动报点和车次号自动跟踪,改变过去车站值班员用电话向调度员人工报点、调度员用电话向车站下达计划和命令,车站手抄再复诵的落后方式。列车实际运行图自动绘制,自动过表,车站行车日志自动生成。这些都大大减轻了行车调度员和车站值班员工作强度。TDCS 工程建成后,优化了运输调度指挥管理手段、提高了调度管理水平和运输效率。

为了学生能更好地理解和掌握运用 TDCS 进行调度指挥的方法,教师应对比 TDCS 系统建成前人工作业的方式对本模块内容进行讲解。

CTC(调度集中)系统是控制中心(调度员)对某一区段内的信号设备进行集中控制、对列车运行直接指挥、管理的技术装备,广泛运用于铁路行车组织工作。对于铁道交通运营管理专业学生来说,熟练掌握 CTC 系统是非常有必要的,CTC 调度指挥、车站行车组织作业内容是学生应重点掌握的内容。

本模块重点学习如下内容:

(1)运用 TDCS 设备进行行车作业组织特别是接发列车和收发调度命令。

(2)运用 TDCS 设备按列车等级进行列车调度指挥。

(3)CTC 调度员的岗位职责、作业内容及工作标准,应重点掌握 CTC 系统中调度的岗位职责,调度员的作业内容、工作标准。

（4）CTC 系统中车站行车组织，应重点掌握以下内容：分散自律控制模式的三种操作方式：中心操作方式、车站调车操作方式及车站操作方式；车站值班员、信号员工作职责；车站接发车工作组织的日常要求，车站接发列车线路的规定，车站发车作业工作组织；无人车站行车作业组织方法；CTC 车站故障处理；CTC 车站调车作业的组织原则，车站调车作业组织方法，无人站调车作业组织方法。

单元一　TDCS 调度指挥

学习任务

本单元要求读者在了解 TDCS 调度指挥原理和原则的基础上，清楚列车调度员的职责，熟悉与列车运行有关的人、车、天、地、图、技术设备等情况。进一步学习和掌握列车调度指挥的基本方法，重点应练习和掌握列车运行调整阶段计划的编制。

问题引导

在 TDCS 设备条件下，有哪些列车调度指挥的基本方法？

知识学习

一、TDCS 调度指挥原理和原则

列车调度在计划调度的领导下，组织列车按图行车，确保客货列车正点；掌握摘挂列车作业，按计划配空车并及时将车站待挂车挂出；保证所管辖车站各项运输指标的完成。在调度监督模式下，车站的道岔和信号机均由扳道员或车站值班员操纵，列车调度员对列车运行的指挥要通过车站值班员去实现。列车调度员根据列车运行的实际情况制订 3 ~ 4h 列车运行调整计划，向各个车站值班员下达命令，指示列车运行办法。车站值班员根据列车调度员的指示办理接发列车工作，并将各次列车的到发情况及时向列车调度员报告。列车调度员根据车站值班员的报告填记列车运行实绩图，借以监督列车运行，进行列车调度指挥。在实绩图上，用不同颜色的线条和符号来表示各种列车实际运行情况。

由于铁路运输工作具有高度集中，各个工作环节紧密联系的特点，在铁路运输组织中，必须贯彻安全生产、集中领导、统一指挥、逐级负责的原则。在列车调度指挥方面，要坚持下列原则。

（一）安全生产的原则

在列车调度指挥工作中，必须坚持安全生产原则，正确指挥列车运行。不能发布没有安全保障依据的命令和指示。当得到有关危及行车安全的信息时，要正确、及时、妥善处理。以保证旅客列车的安全为重点，组织列车安全运行。

（二）按图行车的原则

列车正点率是铁路运输产品质量的重要技术指标，也是铁路运输组织管理水平的综合反映。只有按图行车才能保持正常的运输秩序，进而保证列车的正点率。

（三）单一指挥的原则

铁路行车工作是一个互相联系、互相影响的多部门、多单位、各工种所组成的完整系统。在这个系统中，各部门、各单位、各工种间的紧密联系和协调一致，对于保证行车安全和运输效率有着决定性的意义。铁路行车调度是为适应铁路行车特点而设置的铁路行车工作的统一指挥者。在列车运行调整工作中，与行车有关的人员，必须服从所在区段当班列车调度员的集中统一指挥，执行列车调度的命令、指示，不得违反命令，其他任何人不得发布与行车有关的命令和指示。

（四）下级调度服从上级调度

在列车运行组织与调整过程中，相邻调度台、相邻铁路局集团公司之间应保持紧密联系，以保证列车的正常交接。对出现的问题，双方要主动协商解决，当双方意见不一致时，应向国铁集团上报，由国铁集团解决。一经国铁集团调度决定，有关人员必须无条件服从。

（五）按等级进行调整的原则

列车调度员按列车运行图指挥列车运行。当列车不能按列车运行图运行时，除特殊情况外，应按先客后货、先跨局后管内的原则和下列规定的等级顺序进行调整：

（1）动车组旅客列车。

（2）直达特快旅客列车。

（3）特快行邮专列、特别旅客快车。

（4）快速旅客列车。

（5）普通旅客快车。

（6）普通旅客慢车。

（7）混合列车（包括货物列车中编挂乘坐旅客车辆10辆及其以上）。

（8）行邮专列。

（9）行包快运专列。

（10）军用列车。

（11）"五定"班刊。

（12）快运货物列车。

（13）重载货物列车。

（14）直达货物列车。

（15）直通货物州车。

（16）区段货物列车。

（17）摘挂列车。

（18）超限货物列车。

（19）小运转列车。

单机、路用列车应根据指定用途按指定条件运行。开往事故现场救援、抢修、抢救的列车应优先办理。专运和特殊指定的列车,按指定的等级运行。

二、列车调度的职责和应熟知的情况

（一）列车调度员的职责

列车调度员是所辖区段日常运输工作的组织者和指挥者。他对组织有关人员实现列车运行图、编组计划和运输方案,以及完成运输工作的数量指标和质量指标负有重大责任。为此必须做到:

（1）检查各站执行列车运行图和编组计划的情况,及时发布有关行车命令和口头指示。

①检查始发站是否按列车运行图和列车编组计划规定的时刻、重量、长度、内容编组列车,有无违反车辆编挂限制的情况。

②检查各中间站是否按规定接发列车和进行车辆摘挂作业,发现问题应及时纠正处理。

③检查机车、机车乘务员等准备情况。

（2）严格按列车运行图指挥行车,遇列车发生晚点,应积极采取措施,组织有关人员恢复正点。列车调度随时掌握列车运行情况,有预见地指挥列车运行,设法消除产生列车晚点的因素。遇列车晚点时,应与有关人员加强联系,如采取组织司机"赶点"、变更会让站、组织快速作业、组织列车反方向运行等措施,尽可能恢复列车正点。

（3）注意列车在车站到发及区间运行情况,正确、及时地处理临时发生的问题,防止行车事故。

①对旅客列车,超长、超限、限速、续行列车及晚点列车,应重点掌握,防止列车运行事故。

②遇行车技术设备临时发生故障或天气不良时,及时向有关部门和人员发布相应的命令或口头指示,采取措施,以保证行车安全。

（4）组织区段内各站按日班计划的要求完成卸车、排空、装车任务和中时、停时、旅速等指标。列车调度员应精心安排编制 $3 \sim 4h$ 列车运行调整阶段计划,组织好所辖区段管内工作列车,保证及时甩挂车,为区段内各站完成各项运输生产指标创造有利条件。

（二）列车调度员应熟知的各种情况

1. 人

人是指参加运输工作的人员。调度员要熟知这些人,做好人的工作。调动他们的积极性是列车调度员组织好全部工作的先决条件。因此,对本区段主要行车有关人员（如司机、车站调度员、车站值班员等）的政治思想情况、技术业务能力、性格特点以及家庭生活情况等,都要摸清楚,目的是便于针对不同情况,充分发挥每个人的积极性。

列车调度员了解人的方法很多,一般可采取以下几种做法:

（1）深入现场,调查研究。深入现场,通过添乘列车,跟班劳动学习,召开同班会、乘务员座谈会,个别访问谈心,专题调查研究等多种形式从而做到熟悉人员,交换意见,密切关系,熟悉设备情况,掌握作业特点,了解或解决运输生产中存在的问题,为做好调度工作创造有利条件。

(2)在日常工作中考查。通过日常工作的接触,在实际生产活动中了解每个行车有关人员的情况。

(3)请现场有关工作人员到调度所,了解全局工作,使之能更好地处理局部与整体的关系。

2.车

车指的是机车车辆。机车是铁路运输的动力,车辆是铁路客货运输的工具,二者是调度计划指挥的物质基础。因此,列车调度员必须熟悉机车、车辆的技术状态、使用性能、特点及列车中车辆编组隔离限制;必须熟悉列车编组计划和列车运行图规定的列车种类、重量、计长等。只有这样才能把主观愿望与客观实际有机地结合起来,使计划指挥建立在可靠的基础上。

3.天

天指的是天气等状况。铁路运输系露天作业,受自然条件变化的影响大。因此,列车调度在日常计划指挥工作中,必须随时了解和掌握天气、气候变化情况及可能给行车工作带来的影响,以便根据不同情况采取有效的调整措施,使计划指挥工作符合实际情况,取得计划指挥的主动权。

4.地

地指的是铁路技术设备,线路的横、纵断面及平面布置情况。列车调度员应熟知的主要技术设备有以下方面:

(1)本区段内车站的站顺及平面布置情况:到发线数目、有效长度、坡度,旅客及货物站台数量及位置,牵出线、安全线及避难线所在位置,专用线接轨情况及作业能力,现有调车机车台数及分工方法,车站咽喉区及线路的条件,技术作业过程及作业能力等。

对有机务段(本段或折返段)和车辆段的车站还应知道其段内设备的布置情况、机车整备过程、机车车辆运行径路、救援列车的停留地点等。

(2)区间内的设备:每个区间的正线数目,主要建筑物,如桥梁、隧道、繁忙道口及建筑接近限界情况等。

对调整列车运行起重要作用的有下列几项:

(1)该线上的限制上坡道(根据它来计算该线列车牵引定数的上坡道)、限制下坡道(指在规定的列车重量及制动距离的情况下,列车运行速度受闸瓦压力限制的下坡道)、加速上坡道(指使机车加速,利用动能可以闯过去的大于限制上坡道的坡道)、加力上坡道(指利用动能闯不过去必须使用补机的大于限制上坡道的坡道)、长大下坡道、进站信号机外制动距离内的线路坡度情况、最小曲线半径等。

(2)区间线路允许速度。

(3)信、联、闭类型及使用方法。

(4)技术设备施工情况及对列车运行的限制等。

只有对以上情况胸中有数,才能正确地编制列车运行调整计划,组织作业,指挥列车运行,更好地挖掘运输潜力,充分发挥设备效能。

了解的方法主要有:

(1)熟知线路平面图及断面图,熟悉区间线路纵断面及各站线路平面布置情况。

(2)深入现场跟班劳动或添乘列车。

(3)通过开座谈会、个别访问或在日常工作中积累资料等,了解线路状态及对列车运行的影响。

(4)通过运输方案,了解设备施工情况及对列车运行的要求。

(5)通过电报、命令及现场临时报告,掌握行车设备的变化情况。

5.图

图指的是列车运行图。列车运行图是行车组织的基础,是铁路运输工作的综合性计划,是列车调度员调整列车运行的科学依据。因此,列车调度员必须认真学习列车运行图,熟知列车运行图的各项规定,并在实践中摸索和积累每条列车运行线在运行调整上的经验教训。只有这样,才能使"死线"变"活线",机动灵活地调整列车运行。

列车调度员需要熟悉和掌握的列车运行图内容有:

(1)本区段限制区间及通过能力。

(2)列车始发、终到时刻及中间站到、开时分。

(3)列车会让规律(特别是会让旅客列车的规律)。

(4)区间运行时分及各项列车间隔时间标准。

(5)中间站作业时间标准。

(6)主要站技术作业过程。

(7)机车各项技术作业时间标准。

(8)运输方案的有关规定。

6.技术设备

技术设备是指指挥列车运行时所运用的一切技术设备,如电脑、录音电话等。

此外,列车调度员要不断学习新的规章制度,了解新的设备及操作方法,深入学习、体会特殊情况下进行调度指挥的方法,提高自己的业务指挥水平;同时也要不断提高自己的心理素质和思想政治水平,培养良好的人际关系和协调能力,并适应调度指挥信息化的需要。

三、列车调度指挥的基本方法

要保证列车运行秩序,实现按图行车,列车调度首先要抓列车始发正点,这样不仅该列车可按运行线正点运行,而且避免了对其他列车运行的干扰。因此,抓好始发列车正点是保证列车运行的基础。相反,列车运行正点又是保证列车始发正点的主要条件。

(一)组织列车正点出发

1.组织旅客列车始发正点

在组织列车正点出发的工作中,保证旅客列车正点始发是实现按图行车的首要条件。

因为旅客列车等级较高,一旦晚点就会影响整个区段的列车始发或运行。特别是动车组和直达特快旅客列车,其不仅等级高,而且晚点后恢复正点十分困难。所以列车调度员必须对旅客列车正点始发高度重视。对于本调度区段始发的旅客列车,列车调度员应配合客运调度员,及时检查和督促车站做好以下工作:

(1)严格按计划准备好客车车底。在旅客列车到达晚点,造成车底折返时间不足时,应加速进行各项整备作业,必要时,可以在到发线上进行整备作业。

(2)督促机务段组织客运机车按时出段。

(3)指示车站做好旅客的组织和行包装卸工作。必要时可控制行包件数,保证列车正点始发。对由邻区段接入的旅客列车,列车调度员要及时向邻台(所)了解列车正、晚点情况,提前做好列车运行调整计划。当遇有旅客列车晚点时,应设法组织快速作业,与客运调度员密切配合,组织列车乘务员双开车门、组织旅客快上快下、行包邮件快装快卸,及时准备好换挂的机车,缩短列车停站时间,保证列车正点发车。

2. 组织货物列车始发正点

为了保证货物列车始发正点,列车调度员要抓好车流和机车这两个环节,重点要做好以下工作:

(1)在编制日(班)计划时,所做好的列车出发计划要切合实际,车站作业时间、车流和机车要有保障,避免计划晚点。

(2)在运行组织上,对编组列车所需车流,组织按时送达,并注意技术站列车的均衡开到,保证车站的正常作业,为按时编组列车创造条件,同时,要注意督促车站按时编组,及时技检。

(3)对始发列车所需的机车,列车调度员应加速放行,保证机车有足够的整备时间,并督促机务段组织机车按时出库。

(4)加强与车站的联系,督促车站按时做好编组始发列车的出发准备工作。

(二)列车运行调整的基本方法

列车始发正点是保证按图行车的基础,但由于种种原因(如停车待发、停车待接、作业延误、途中运缓等),使列车不一定都能按运行图规定的时刻正点运行。当出现这种情况时,就需要列车调度员对列车运行进行调整,尽可能使晚点列车恢复正点运行。

1. 充分利用线路、机车、车辆的允许速度,组织缩短列车区间运行时分。

为了使晚点列车恢复正点运行,或为了使列车赶到指定地点会车、让车,以及为了赶机车交路、车流接续等,在列车编组情况、机车类型及技术状态、乘务员的思想和技术水平、线路横、纵面情况以及天气状况等条件允许的情况下,经与司机商议,说明运行调整的意图,提出对本次列车赶点的要求,在司机同意配合的情况下,方可组织实施。

例如,在某单线区段,按运行图规定 10001 要在 B 站停会 K168 次,实际工作中因 K168 次晚点 36min,影响 10001 次的正点运行。列车调度员预先了解到这种情况后,经过周密的计算分析,提前在 A 站通知 10001 次司机并征得同意,要求在 A—B、B—C 两区间"赶点"4min,至 C 站会 K168 次,如图 3-1 所示。

区间运行时分			
旅客		货物	
上行	下行	上行	下行
$18\frac{1}{2}$	$16\frac{1}{2}$	$20\frac{1}{2}$	$18\frac{2}{2}$
$20\frac{1}{2}$	$18\frac{1}{2}$	$22\frac{1}{2}$	$20\frac{2}{2}$
$20\frac{1}{2}$	$18\frac{1}{2}$	$22\frac{1}{2}$	$20\frac{2}{2}$

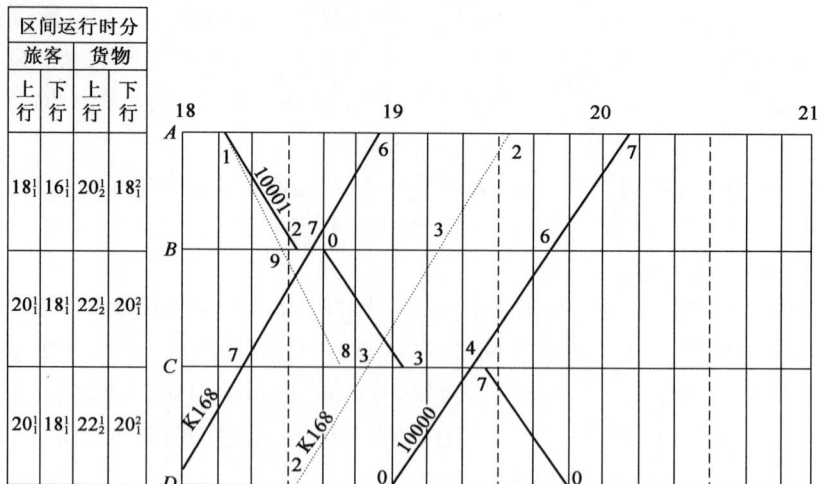

图 3-1　组织列车加速运行调整方法

2. 选择合理的会让站,加速放行列车

当有列车发生早点、晚点或停运、加开时,往往有变更会让、越行站的必要,以提高铁路运输质量和运输效率。

(1)有列车早点时

如图 3-2 所示,按运行图规定 22001 次在 C 站会 22002 次,让 K225 次,现由于 22001 次在 A 站早开 15min,此时可将 22001 次与 22002 次的会车地点改在 D 站,这样就不必在 C 站会 K225 次,提前到达终点,而 22004 次也能早到 A 站。在双线区段,适当组织列车早开,可以减少待避次数,进而有利于提高列车旅行速度。

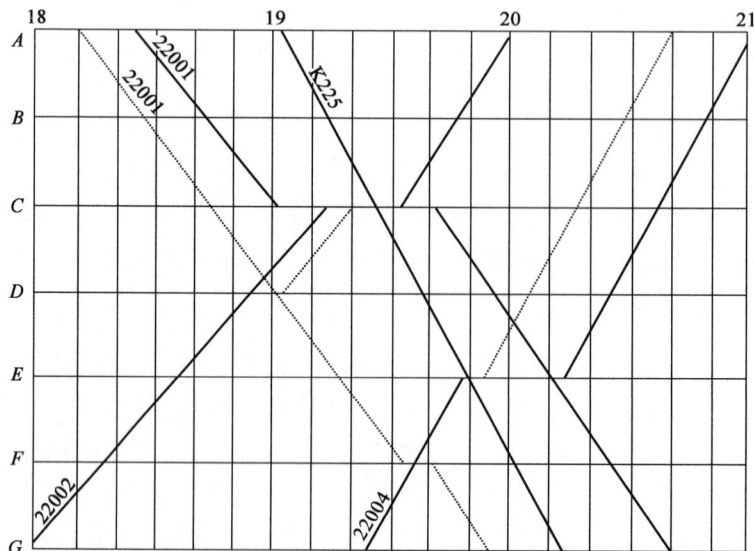

图 3-2　有列车早点时变更会让地点示意图

(2)有列车晚点时

如图 3-3 所示,11005 次图定在 18:50 到达 C 站停会 11006 次,但因 11005 次列车晚点

40min，此时可将会车地点由 C 站改为 B 站，这样就保证了 11006 次列车的正点运行。

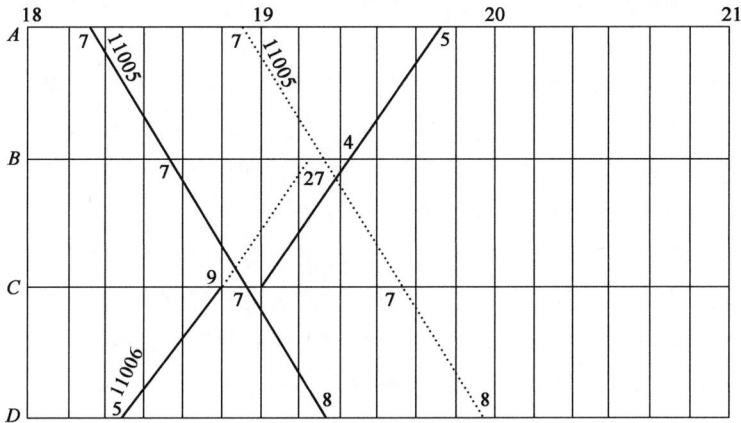

图 3-3　有列车晚点时变更会让地点示意图

3.组织列车进行快速、平行作业，缩短列车在站作业时间

一般来说，列车在运行途中往往要进行一些技术作业。例如，旅客列车在途中要进行旅客上下、行包装卸等客运作业，摘挂列车要进行车辆甩挂等作业。当遇有列车发生晚点或加开、停运需要压缩某列车的停站时间时，列车调度员要事先周密计划部署，与车站和司机提前联系说明情况，取得有关人员的支持，组织快速平行作业，压缩列车在站作业时间，保证列车正点运行。

如图 3-4 所示，按运行图计划规定 40415 次摘挂列车在 B 站作业并等会 T208 次旅客列车，在 C 站也要进行甩挂作业。现因 T208 次列车晚点，若仍按图定计划在 B 站等会 T208 次列车，就会大大延长 40415 次列车在站的停留时间，造成该列车晚点。此时为了保证 40415 次列车的正点运行，列车调度员应有预见性地组织 B 站采取各种措施(如提前准备好待挂车辆，尽可能进行平行作业等)抓紧 40415 次列车的作业，压缩其在 B 站的作业停留时间，提前开到 C 站等会 T208 次。这样既保证了 40415 次在 C 站的正常作业时间，也使其能按图定时间正点到达终点。

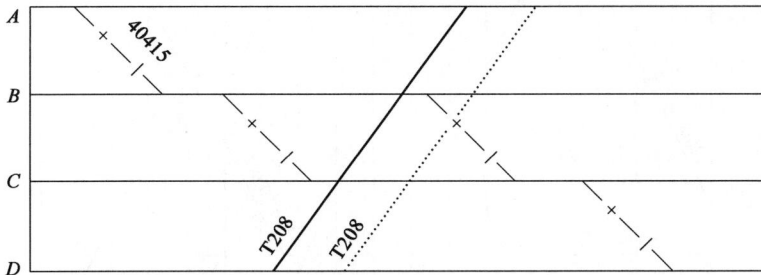

图 3-4　缩短列车在站停车时间示意图

4.组织反方向行车及列车合并运行

(1)在双线区段组织列车反方向行车

双线列车反方向运行，是列车调度员调整列车运行的一种方法。它是充分运用现有技

术设备,提高区间通过能力,组织列车按图行车的有力措施。调整列车运行时,为了避免列车晚点及作业需要,根据不同方向的列车密度,选择有利时机,可组织适当的列车反方向行车。

组织列车反方向行车时,因其属于非正常行车组织办法,不安全因素较多,因此列车调度员要检查督促车站及有关人员注意行车安全,严格按有关作业程序和要求进行组织。旅客列车仅在正方向区间的线路封锁施工、发生自然灾害或因事故中断行车等特殊情况下,经铁路局集团公司调度所值班主任准许,方可组织反方向运行。

如图 3-5 所示,按运行图规定 42158 次列车要在 C 站待避 2416 次,又要会 25665 次,现 25665 次因故停运,同时 42158 次在 B 站的甩挂作业量较大,在此种情况下,列车调度员可组织利用下行线的空闲时间,在保证安全的前提下,组织 42158 次列车在 C—B 区间反方向运行,这样就可以保证 42158 次摘挂列车在 B 站有充分的作业时间,并保证其正点运行。

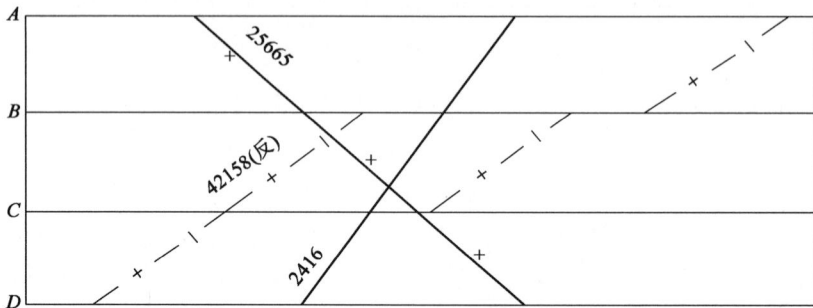

图 3-5　组织列车反方向运行示意图

（2）组织列车合并运行

如图 3-6 所示,将两个在途列车(包括单机)合并成一条运行线运行,是列车调度员在调整列车运行时,为了缓和区间通过能力和车站到发线使用紧张时采取的一种运行调整方法。一般是对单机、小运转列车或牵引辆数较少而前方又无作业的列车采用此方法。

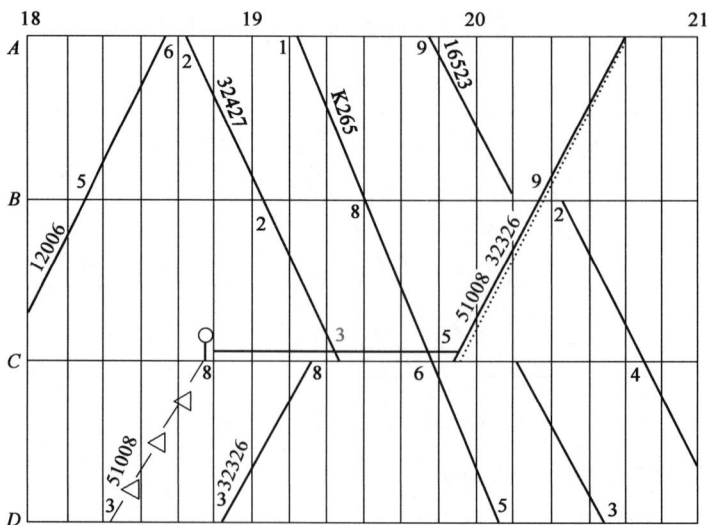

图 3-6　组织列车合并运行示意图

将单机 51008 次与 32326 次列车合并,不但节省了一条运行线,而且可以增加 32326 次列车的牵引力。当技术站接车线路紧张时,把编组辆数较少的列车(如摘挂列车、小运转列车等)保留在技术站附近的中间站,与同方向的次一列车合并运行,可以缓和接车线路紧张的矛盾。

单元二 CTC 调度指挥

学习任务

1. 了解 CTC 调度组织机构的基本设置。
2. 熟悉 CTC 调度员的岗位职责、作业内容及工作标准。
3. 掌握 CTC 非正常情况下的调度处理。

问题引导

CTC 调度员的作业标准有哪些? CTC 非正常情况下,如何进行调度处理?

知识学习

本单元所涵盖的内容紧密承接单元一所讲述内容,主要讲述 CTC 调度组织机构的基本设置,CTC 调度员的岗位职责、作业内容及工作标准,CTC 非正常情况下的调度处理。其中 CTC 调度员的作业内容及工作标准、CTC 非正常情况下的调度处理这两个模块内容较多,且具有一定的难度。

一、CTC 调度组织机构

调度所每个 CTC 调度区段一般设列车调度员、助理调度员、综合维修调度员。列车调度员是主要的行车指挥人,助理调度员和综合维修调度均受列车调度指挥。

例如,济南铁路局集团公司的调度机构设置如下:胶济线纳入 CTC 控制的车站共计 32 个,全长 364.6km,划分为三个调度区段:①青岛—高密(含)区段,管辖 CTC 控制车站 12 个;②高密—淄博区段,管辖 CTC 控制车站 14 个;③淄博(含)—乎陵城区段,管辖 CTC 控制车站 6 个。其中姚哥庄和蔡家庄站为无行车人员值守车站(简称"无人站",下同)。管内陇海线纳入 CTC 控制的车站共计 11 个,全部由西陇海调度区段管辖,其中杨楼和李庄站为无人站。胶济、陇海线全线均为双线区段,其中淄博—临淄、即墨—高密为四线区段。四线区段的三、四线为低速线。除青岛站、青岛西站、东风站的独立调车场外,胶济线青岛—平陵城间、陇海线徐州西—虞城县间所有正线、到发线、集中联锁的调车线纳入 CTC 控制。胶济线纳入 CTC 控制的调度区段设济南枢纽、胶济二、胶济一台三个列调台。济南铁路局集团公司列调台如图 3-7 所示。

每个 CTC 调度区段设列车调度员、助理调度员、综合维修调度员各 1 名。CTC 区段的车

图 3-7　济南铁路局集团公司列调台

站设车站值班员、助理值班员,根据需要设信号员(长)、调车区长;无人站设综合维护人员。在高密站设置应急行车人员,负责姚哥庄和蔡家庄两个无人站在非常站控和各种非正常情况时的行车组织工作;在黄口站设置应急行车人员,负责杨楼和李庄两个无人站在非常站控和各种非正常情况时的行车组织工作。

再如郑州铁路局集团公司,其管内陇海线郑徐段在应用 CTC 调度集中控制系统前,车站共计 18 个,划分为两个调度区段:①陇海东台调度集中指挥区段,占杨—谢集(不含谢集),管辖调度集中控制站、场 12 个;②商丘地区台调度集中

指挥区段,谢集至张阁庄,管辖调度集中控制站、场 6 个。其中罗王、内黄集站设为仅保留一名值守车站值班员的车站(简称无人车站)。除商丘运转场、开封运转场两个站的独立调车场外,陇海线张阁庄至占杨各站所有正线、到发线、调车线全部纳入 CTC 控制。对商丘客场、商丘运转场、商丘直通场、开封运转场、开封客场,在列车调度员无法兼顾的情况下,采取列车调度员确定列车运行线与各站确定接发车股道相结合的方式,共同确定列车运行计划。陇海东调度台、商丘地区调度台分别设列车调度员、助理调度员、综合维修调度员各 1 名。调度集中区段的车站车务部门仍按原岗位设置行车人员,无人车站仅设两名车务人员担当值守车站值班员,倒班轮流值守车站。对无固定调车机车的车站,根据各站实际调车作业量的大小按需要可增设一至两名助理值班员,完成本务机车在车站的调车作业。

二、CTC 调度员的岗位职责、作业办法及工作标准

(一)CTC 调度员的岗位职责

1. 列车调度员的职责

(1)列车调度员是本调度区段行车工作的统一指挥者,履行《铁路运输调度规则》规定的职责。

(2)指挥助理调度员通过 CTC 系统正确操纵所辖区段内各站信号设备,指挥综合维修调度员及时、正确地编发调度命令(行车凭证),并进行检查确认。

(3)负责与计划、机调、客调等工种联系,及时、正确地在运行图上标注图表信息。

(4)负责使用列车无线调度通信设备向车站值班员、司机发布口头指示。

2. 助理调度员的职责

(1)接受列车调度员的领导。

(2)根据列车调度员下达的列车运行计划,随时监控管辖各站列车进路和调车进路的排列情况,必要时直接操纵车站信号设备。作业中,主动与列车调度员联系,优化作业组织。

(3)中心操作方式下,担任车站的调车领导人,根据日班计划、列车编组、车站现在车、装卸车进度等信息,及时编制调车作业计划,向车站和司机传送调车作业计划。

（4）中心操作方式下，及时确认、修改列车编组顺序表、车站站存车等信息。

（5）负责分散自律控制模式下各种操作方式的转换，并在行车设备检查登记簿内登记。

3. 综合维修调度员的职责

（1）接受列车调度员的领导。

（2）及时发布列车运行、设备施工、检修等的调度命令及有关行车凭证。加强与施工调度员、供电调度员的联系，组织兑现月度施工方案和天窗修计划。

（3）遇 CTC 设备故障、施工、检修时，在行车设备检查登记簿或行车设备施工登记簿内与 CTC 电务值班人员办理登记、销记手续。

（4）协助助理调度员监控管辖各站列车进路和调车进路的排列情况。

（5）对需要人工排列的进路，与助理调度员执行"二人确认制度"。

（二）调度员的作业内容

1. 确认制度

（1）调度命令确认制度

综合维修调度员按照列车调度员的指示及时草拟调度命令，但在发布之前须经列车调度员审核确认。

（2）人工排路确认制度

遇 CTC 系统不能自动触发信号，人工排列进路时，助理调度员操作完毕后，在综合维修调度终端上会出现对话框，需经综合维修调度员确认后，信号才能触发。

（3）接发车股道确认制度

遇超限、超长列车及有特殊要求指定股道的列车运行时，列车调度员要按照列车属性和要求，正确设定接发车股道，助理调度员对设定的股道要认真确认。

2. 调度命令

（1）列车调度员在发布调度命令、口头指示时，除严格按照《技规》《行规》有关规定办理外，对在中途运行的列车，当无线传送系统作用良好时，可直接用其向有关列车司机发布、转达指挥列车运行的命令或口头指示。

（2）列车调度员遇使用无线传送系统无法向司机发布调度命令，或因条件所限来不及直接向列车司机发布命令时，应使列车在关系区间前的车站停车交付调度命令。

（3）列车调度员使用无线传送系统向列车司机发布调度命令时，列车司机接受命令确认无误后必须及时签认。若司机对调度命令内容有疑问时，须立即使用列车无线调度电话向列车调度员询问。

（4）列车司机通过无线传送系统接受调度命令后，应按命令要求，使用列车无线调度电话向重联司机转达调度命令内容。重联机车司机接受本务司机传达的调度命令后，须将调度命令号码及主要内容记录于《乘务日志》《司机手册》记事栏内。

（5）无调度命令无线传送系统或调度命令无线传送系统故障时，向司机发布的调度命令，由综合维修调度员发给有关站段（所、室），由受令站段（所、室）负责转达。当乘务人员已出乘时，应发给列车始发站或进入关系区间前的停车站由其交付，如来不及必须在进入关

系区间前停车交付。作为行车凭证的调度命令,由综合维修调度员向车站发布后,由关系区间前或关系车站的车站值班员(无人站为综合维护人员或应急行车人员)负责向司机转达(交付)。

(6)列车调度员(综合维修调度员)除按照《技规》《行规》《铁路运输调度规则》等有关规章规定需发布调度命令外,在CTC控制模式下,遇下列情况,还应发布调度命令。

①自动闭塞设备故障停用时,采用调度命令行车法行车(此命令应交给司机、车站值班员或综合维修人员)。

②遇CTC设备故障或设备"天窗"维修、施工的情况,需要转入非常站控时(此命令应交给司机、车站值班员或综合维修人员)。

③在站内无空闲线路的情况下,接入符合《技规》规定的列车。

3.行车设备施工和检修

(1)遇CTC设备需进行施工、检修作业时,电务值班人员与车站值班员或综合维修调度员联系,取得同意后方准进行施工、检修作业,并在行车设备施工登记簿(行车设备检查登记簿)内办理登、销记手续。

(2)CTC控制方式下,遇行车设备施工、检修时,助理调度员可根据需要指示车站转为车站控制模式。

(3)因运输特殊要求和《技规》规定,对无人站的行车设备需进行联合检查时,由综合维修人员负责组织工务、电务、水电等相关部门进行设备联合检查,将检查结果记录于行车设备检查登记簿内,并向列车调度员汇报,对发现的问题由相关单位、部门尽快解决。

三、CTC调度员作业标准

(一)基本概念

基本进路:指按下进路始端和终端两个按钮后,所排列出的一条运行上较合理的列车或调车进路,也称为优先进路。

变更进路:除基本进路外,所能排出的运行进路。

始端按钮和终端按钮:在排列列车或调车进路时,从进路的始端先按下的按钮称为始端按钮,进路终端处后按下的按钮称为终端按钮。

(二)接发车股道设置

列车调度员(助理调度员)要按照列车属性和特殊要求,正确设定接发车股道。

股道自动选择(默认股道)的原则:

(1)图定车次使用图定股道。

(2)非图定车次或不按图定径路运行的列车,股道设置必须满足以下条件:

①计划通过的列车,默认正线(如人工修改为侧线通过,客货列车需人工办理)。

②到开、始发、终到的列车,默认到发线(如人工修改为正线到开,货运列车可自触,但客运列车需设定技术停点才自触)。

③股道必须空闲,即不能使用已被另一列车计划使用的股道。

④默认的股道必须满足《站细》中各站规定的条件。

当系统无法找到合适的默认股道时,需调度员人工指定股道。

(三)CTC自动排路的时机和条件

(1)接车进路自动触发。根据不同等级列车运行的位置,提前若干闭塞分区办理,以济南铁路局集团公司胶济线为例,相关规定如下:

①动车组提前9个闭塞分区。

②特快旅客列车通过,提前6个闭塞分区。

③其他旅客列车通过,提前5个闭塞分区。

④行包、货物列车、单机和路用列车通过,提前4个闭塞分区。

⑤旅客列车停车,提前4个闭塞分区。

⑥行包、货物列车、单机和路用列车停车,提前3个闭塞分区。

相邻车站间闭塞分区数不足时,车站作为一个分区处理。

(2)发车进路自动触发。

①遵循计划发车的先后顺序。

②满足《技规》规定的前方区间空闲间隔条件。

③根据预计出发时间,客车提前5min办理,货车提前1min办理。

(四)接发客运列车(以及比照客运列车办理的其他列车)线路的规定

(1)客运列车应接入固定线路。如变更接车线路时,列车调度员要及时下达计划,并提前通知车站。

(2)特快旅客列车应在正线上通过,其他通过旅客列车原则上应在正线上通过。

(3)原规定为通过的客运列车由正线变更为到发线接车及特快旅客列车遇特殊情况必须变更基本进路时,在具有GSM—R条件的CTC控制模式下,无线传输系统良好,不必预告司机;在非常站控模式下或无线传输系统故障,应预告司机;如来不及预告,应使列车在站外停车后,再开放进站信号机,接入站内。

(五)接发超长列车

与《技规》原规定办法相同。

(六)接发超限列车

挂有超限货物车辆的列车称为超限列车。超限等级分为一级、二级和超级三种。

(1)超限货物车辆的挂运须有调度命令,在班计划内确定,助理调度员和车站值班员应根据装运超限货物车辆的电报和调度命令规定的限制与要求,办理接发列车和调车作业。

(2)车站在超限货物车辆挂运前,报告列车调度员,请求调度命令,命令下达并交付司机后,方可组织发车。

(3)助理调度员在接发列车时,要认真核对各站接发车股道的设置。

(4)超限列车应接入固定线路。

办理超限货物列车进路:遇运行条件中有区间禁会的超限货物列车,在进入禁会区间的前方站,助理调度员必须确认相对方向区间空闲后,人工办理进路。

（七）接发救援列车

车站转为车站控制模式，由车站按有关规定办理；无人站，列车调度员应立即通知行车应急人员尽快赶赴该站，协助综合维修人员办理接发列车。

（八）接发装载特种货物列车

在接发装载特种货物列车时，应根据专门会议的布置，车站指派专人负责。列车调度员应下达调度命令，确定接车股道及进路准备办法，助理调度员要认真核对接发车股道，确保接发列车的绝对安全。

（九）专运、军运列车

专运、军运列车根据专运文件或命令要求，助理调度员提前人工触发列车进路。

（十）列车在站内停车再开

（1）在站无作业的列车（军用列车及特别指定的列车除外）在站内（包括未全部进、出站）停车，不超过20min时，按以下办法开车：

①司机操纵列车停车时，司机应将停车原因及时报告车站值班员和列车调度员，待停车原因消除后，司机根据信号显示起动列车。

②其他乘务员使用紧急制动阀或显示停车信号使列车停车时，其他乘务员应将停车原因及时报告车站值班员和列车调度员，由该乘务员按规定发车。

③车站接发列车人员使列车在站内临时停车时，由车站按规定发车。

④因等信号，造成列车停车时，信号开放后，司机根据信号显示起动列车。

⑤其他情况致使列车在站内临时停车时，车站值班员（综合维修人员）应会同司机等查明停车原因，在列车具备运行条件后，由车站值班员（综合维修人员）通知司机继续运行。

（2）除上述情况外及停车超过20min的，车站均由车站会同司机，按规定手续经简略试验后发车；无人站比照区间办理。

（十一）重型轨道车运行办法

（1）开行重型轨道车时，轨道车司机应将使用目的、运行地点、运行速度及其他注意事项，向车站值班员（综合维修调度员）提出申请，由车站值班员转报列车调度员发布调度命令后执行。

（2）列车调度员同意重型轨道车开行时，须向有关站及司机发布命令，命令内容包括开行车次及运行注意事项。

（3）重型轨道车在站内作业时，车站值班员（助理调度员）应将经由股道和注意事项向司机传达清楚，司机凭调车信号作业，并认真执行要道还道制度和确认制度。摘挂车作业时，按本务机车调车作业办理。在站停车时，由司机做好防溜工作。

（4）重型轨道车原则上在本段管内或施工区段内使用，经铁路局集团公司调度所批准。跨局运行时，需有国铁集团令。

（5）重型轨道车在CTC控制区段运行时，应配备机车"三项设备"和无线传送装置。若未安装无线传送装置或无线传送装置故障，列车调度员应通知各站按规定执行车机联控。

（十二）轻型车辆及小车使用办法

（1）轻型车辆及小车，原则上只准在施工作业时和昼间使用，不按列车办理，小车可利用列车间隔或跟随列车后面运行，在任何情况下不得影响列车正常运行。

（2）在夜间或降雾、暴风、雨雪时仅限于消除线路故障或执行特殊任务时使用，但必须有照明及停车信号，此时轻型车辆应按列车办理。

（3）轻型车辆禁止在列车后面运行。

（十三）下列情况，禁止办理相对方向同时接车和同方向同时发、接列车

除遵守《技规》有关规定外，在 CTC 自动排路时，每条列车进路均有其影响的时间范围，时间范围有重叠的进路，系统按同时接发列车处理。如胶济线设定的时间范围是：接车进路（自预计到达时间减5min，至预计到达时间加30s）、发车进路（自预计出发时间减3min，至预计出发时间加2min）、通过进路（自预计到达时间减5min，至预计出发时间加2min）。

（十四）分路不良区段作业办法

轨道电路是以铁路线路的两根钢轨作为导体，两端加以电气绝缘或电气分割，并且接上送电和受电设备构成的电路。列车是以通过轮对短路两侧钢轨切断电气回路而反映列车占用此区段轨道电路的。如果钢轨轨面或轮对踏面生锈严重，造成列车轮对不能可靠短路钢轨，即切不断该铁路区段的电气回路，就称为轨道电路分路不良。轨道电路分路不良，具体反映在行车室控制台上，有车占用时，光带不红，轨道继电器不落下，值班员无法确认。这将造成运输安全隐患，严重威胁铁路行车安全。

（1）对分路不良区段，由电务人员按规定在电脑终端的站场平面图上用特殊线条对分路不良区段进行明示化，并在行车设备检查登记簿内登记。

（2）对未确认与已确认空闲的分路不良区段采用不同的显示方式，如胶济线的办法是对未确认空闲的分路不良区段采用闪烁显示方式，已确认空闲的分路不良区段采用稳定显示方式。对闪烁显示的分路不良区段，各站要及时确认区段空闲后，将闪烁显示改为稳定显示。对在中心控制方式下的无人站，由车站综合维修人员确认分路不良区段空闲后，通知助理调度员将闪烁显示改为稳定显示。

（3）由 CTC 系统自动排路时，经由未确认空闲分路不良区段的进路或向分路不良股道接车的进路排列前，由系统负责给出提示，助理调度员必须根据提示，确认分路不良区段空闲后，方可通过系统自动排列该进路。经由已确认空闲分路不良区段的进路由系统自动排列该进路。列车通过后，要重新确定分路不良区段空闲。

（4）助理调度员人工排列经由未确认空闲的分路不良区段的进路时，必须严格执行以下规定：

①办理列车进路前，必须通知车站检查，确认与进路有关的所有分路不良轨道区段的线路空闲和邻线机车、车辆在警冲标内方停妥后，方可准备进路。

②调车作业时，询问并得到调车人员或司机汇报机车、车辆出清道岔轨道电路区段时，方可扳动道岔，开放信号。

③在轨道电路分路不良的区段上停放车辆或在不能封闭的货物线办理调车作业时，车

站值班员(助理调度员)必须在车务终端(调度站、场操作终端)的站场平面图上做好表示(红光带),确保安全。

④遇有轨道电路分路不良,列车或车列通过后进路漏解锁、白光带不消失,必须通过车站确认列车或车列确已安全通过该区段后,方可进行区段人工解锁。

(十五)变更进路的办法

(1)已开放的进站信号机,三显示自动闭塞区间当列车进入第二接近区段(特快旅客列车、动车组为第一接近区段)后,禁止关闭信号、变更进路(遇特殊情况除外)。四显示自动闭塞区间当列车已进入第三接近区段(特快旅客列车、动车组为第一接近区段)时,禁止关闭信号、变更进路(遇特殊情况除外)。

(2)双线区段的车站,禁止办理经由同一咽喉两正线间八字渡线道岔的列车变更进路。

(3)双线区段的车站,原规定为正线通过的列车临时变更进路(直进侧出、侧进直出、侧进侧出)时,须经列车调度员准许,并由助理调度员通知车站值班员(无人站由助理调度员)预告司机;如来不及预告时,应使列车在站外停车后,再开放信号机,接入站内。如须经道岔侧向运行时,应根据实际经过道岔的状况,按《技规》相应的规定,经列车调度员准许后发布命令,限速运行。

(十六)站内无空闲线路时接车办法

在站内无空闲线路的特殊情况下,在CTC控制方式下,列车调度只准办理接入为排除故障、事故救援、疏解车辆等所需要的救援列车、不挂车的单机、动车及重型轨道车。由车站按《技规》《行规》办理。无人站:列车调度员在办理上述列车接车时,须使用列车无线调度电话将事由向司机交代清楚后,用调车信号锁闭进路,并下达"准许列车越过关闭的进站信号直接进入有车线,要求列车注意运行"的调度命令。该列车司机应根据列车调度员交待的有关事由和命令,并以不超过20km/h的速度直接进站,随时注意停车。

(十七)引导接车办法

凡进站、接车进路信号机不能使用或在双线区段由反方向开来列车而无进站信号机时,应使用引导信号或派引导人员接车。有人站转入车站控制,由车站按有关规定办理。无人站,由助理调度员按以下方式办理。

使用引导信号接车时办理方式有两种:一种是先将引导进路上的道岔锁在规定位置后,开放引导信号,简称引导进路锁闭;另一种是将全咽喉道岔锁在规定位置后,开放引导信号,简称引导总锁闭。

(1)引导进路锁闭方式:助理调度员先将引导进路上的道岔扳至规定位置,然后按操作程序使用引导按钮,则引导进路上的白光带点亮,引导信号开放,进站信号机复示器同时点亮红色和白色表示灯。

如果进路上有个别轨道区段故障时,也可按引导进路锁闭方式办理,但故障区段不能实现引导锁闭,仍点亮红光带,故必须在开放引导信号前,将属于故障区段的道岔实行人工锁闭。若开放引导信号后或列车行进中轨道区段故障恢复,则该区段立即能实现引导锁闭,点亮白光带。轨道电路故障均能按此种方式开放引导信号。

此种引导进路锁闭方式可以实现"敌对照查锁闭",即不能向已排列了敌对进路的股道开放引导信号,也不能向已办理了引导接车的股道再办理列车、调车进路。

进站信号机内方第一轨道电路区段良好,引导信号开放后即可松手,当机车车辆第一轮对压入信号机内方时,引导信号自动关闭;如果进站信号机内方第一轨道电路区段故障,办理引导进路时,在站场图的引导按钮上方应该有15s延时表示,如果助理调度要保持引导信号的持续开放,在15s内必须再次办理引导进路操作,重新开始另一个15s延时,直到列车进入进站信号机内方。

引导列车沿进路通过后,进路仍处于锁闭状态,白光带继续点亮,当助理调度与车站综合维修人员确认列车已全部进入股道后,方可使用总人工解锁按钮解锁进路,进路解锁后白光带熄灭。

引导信号开放后,如果要关闭信号,可使用总人工解锁按钮进行解锁。进站信号开放后按下引导信号按钮无效,不会干扰正在开放的列车信号。但当进站信号机内方带调车信号机时,如调车信号开放(接车进路兼调车信号机相同),按下引导信号按钮,便将调车信号关闭,但不能开放引导信号。电路未修改之前,按压引导信号按钮影响开放信号。

(2)引导总锁闭方式:如果道岔失去表示或向非接车线路引导接车时,采用引导进路锁闭方式不能开放信号,可采用引导总锁闭方式。办理方法是助理调度员在使用引导总锁闭按钮前,应指示车站综合维修人员将进路上的道岔扳至规定位置,经确认后再按操作程序使用引导总锁闭按钮,引导信号开放,进站信号机复示器同时点亮红色和白色表示灯。

引导总锁闭按钮所辖咽喉内的所有道岔被单锁,道岔文字变红。再次引导总锁闭时,道岔文字还原到引导总锁闭前的状态。

应当注意,采用这种引导锁闭方式,开放引导信号后,道岔与信号没有联锁关系,即道岔位置是否正确、进路是否空闲、敌对进路是否办理等条件均由车站综合维修人员来确认,保证安全。

进站信号机内方第一轨道电路区段良好,引导信号开放后即可松手,当机车车辆第一轮对压入信号机内方时,引导信号自动关闭;如果进站信号机内方第一轨道电路区段故障,办理引导进路时,在站场图的引导按钮上方应该有15s延时表示,如果助理调度员要保持引导信号的持续开放,在15s内必须再次办理引导进路操作,重新开始另一个15s延时,直到列车进入进站信号机内。

使用这种引导锁闭开放引导信号接车时,车站值班员须在确认列车已全部进入股道后,方可再次操作引导总锁闭按钮,本咽喉区道岔即解锁。引导信号开放后,如果要关闭信号,可再次操作引导总锁闭按钮,引导信号立即关闭,本咽喉区道岔原锁闭道岔全部解锁。

(3)如人工引导时,引导人员前往接车后,不准变更接车顺序和接车进路。

四、CTC 非正常情况下的调度处理

(1)遇 CTC 设备故障或设备"天窗"维修、施工,需要转入非常站控方式时,车站与列车调度员需分别登记。

在 CTC 控制方式下,车站值班员发现危及行车安全的情况时,应立即按下非常站控按钮

将控制方式转为非常站控,并及时报告列车调度员。

在非常站控方式下,由车站值班员组织车站行车人员办理接发列车,无人站由综合维修人员组织应急行车人员办理接发列车。无人站在转入非常站控方式后,且应急行车人员未赶到该站,遇列车在车站接发时,由综合维修人员负责办理接发车手续。对无人站,从CTC控制方式转为非常站控方式时,列车调度员(助理调度员)应及时通知应急行车人员赶往无人站。

(2)办理反方向行车:双线双向(反向大区间)自动闭塞区段,遇反方向接发列车时,在列车调度员的指挥下,综合维修调度员须按规定向车站和机车乘务员发布反方向运行的调度命令,列车占用区间的凭证为发布反方向运行的调度命令和出站信号机显示的进行信号(绿色灯光),并确认反方向发车进路表示器的白色灯光(未装设反方向发车进路表示器时,由发车人员口头通知司机和运转车长)。助理调度员每次变更列车运行方向前,必须与车站值班员共同确认站间区间空闲。

(3)无联锁接发车办法。有人站转入车站控制由车站按有关规定办理。对于无人站,助理调度员在设备故障或停电时,应立即通知应急行车人员尽快赶赴该站,按有关规定办理。

(4)调度员控制发车进路,遇特殊情况须取消发车进路。

①助理调度员应先通知车站值班员,由车站值班员通知发车人员;如发车人员已显示发车指示信号,而列车尚未起动时,还应通知司机,收回行车凭证。无人站,助理调度员应使用列车无线调度电话通知司机。

②助理调度员必须在得到车站值班员(无人站为司机)可以取消进路的汇报后,再取消发车进路。

(5)列车由区间退行的接车办法。

CTC控制方式下,在不得已情况下列车必须退行时,列车司机应使用列车无线调度电话将情况及时向列车调度报告并取得同意后,方准组织列车退行。列车调度接到列车退行的报告后,应将列车退行情况提前告知该站车站值班员(综合维修人员),注意列车运行情况,并根据车站线路占用情况,开放进站信号机或按引导办法将列车接入站内(车站控制模式时指示车站办理)。转入非常站控方式后,车站值班员(综合维修人员)接到列车退行报告时,须按《技规》《行规》及有关规定办理。

①货物列车退行,有随乘流动调车组时,由流动调车组人员在退行车列的前端,结挂简易紧急制动阀,经简略试验后,登车负责瞭望;无随乘流动调车组时,由列车调度员指派车站胜任人员担当,对无人站可指派其他车站胜任人员担当。

②在分散自律和中心控制下,已准许退行的列车,退行一个或多个闭塞分区停车后,在变更向前进方向运行时,助理调度员须在接到退行列车到达前方站的汇报后,方可放行后续列车。

(6)列车冒进信号的处理。

有人站转入车站控制方式,由车站按有关规定办理。无人站按以下方式办理:

列车冒进进站(接车进路)信号机后,待接车条件具备后,助理调度员指派综合维修人员以调车方式将列车领入站内;列车冒进出站(发车进路)信号是否需退回线路内,按助理调度员的指示办理。退回时,无运转车长值乘的列车由助理调度员指派综合维修人员以调车方式领回线路内;如不退回,发车时发给司机绿色许可证,直接开往区间。

（7）发生挤道岔时的处理。

当发生挤道岔时,助理调度员应指示车站转入非常站控模式或 CTC 分散自律模式下的车站控制方式,由车站值班员或综合维修人员按有关规定办理。助理调度员还应通知行车应急人员尽快赶赴无人站,协助综合维修人员工作。

（8）在分散自律模式列车调度员控制列车进路时,由于轨道电路故障导致进路不能正常解锁时,助理调度员必须与车站联系,在确认列车整列到达、通过或出站后,方可人工解锁遗留的列车或调车进路。

（9）在 CTC 分散自律模式的车站控制方式下,轨道电路停电恢复时,车站值班员（或综合维修人员）必须使用列车无线调度电话与司机联系,在确认站内列车和调车停稳后,按压电解锁按钮一次性解锁。

（10）CTC 控制方式下,列车调度员遇站内轨道电路因故出现红光带时,有人站通过车站值班员通知车站及工、电有关人员检查,无人站通过综合维修人员通知有关人员检查,车站值班员（综合维修人员）按规定在行车设备检查登记簿内登记。检查确认故障区段（线路）空闲或排除障碍物后,车站值班员（综合维修人员）应将检查结果向助理调度员汇报。

助理调度员根据现场汇报情况,确认故障区段（线路）空闲,单操道岔准备进路,确认进路正确,并对进路上故障区域内的道岔施行单独锁闭后,方可开放引导信号接车或向机车乘务员传送绿色许可证（或调度命令）办理发车。必要时应及时通知车站值班员（综合维修人员）转入非常站控方式。

（11）CTC 控制方式下,列车调度员遇站内道岔或区段轨道电路失去表示时,有人站通过车站值班员通知车站及工、电有关人员检查,无人站通过综合维修人员通知有关人员检查,车站值班员（综合维修人员）按规定在行车设备检查登记簿内登记。检查确认道岔（区段）空闲或排除障碍物后,车站值班员（综合维修人员）应将检查结果向助理调度员汇报。助理调度员根据现场汇报情况,确认道岔（区段）空闲,单操道岔准备进路,并通知车站值班员将进路上的故障道岔、分动外锁闭道岔及邻线上防护道岔摇（单操）到所需位置加锁后,确认进路正确,接车时向司机和车站值班员（综合维修人员）发布引导接车的调度命令,方可使用引导总锁闭开放引导信号接车或向机车司机传送绿色许可证办理发车。必要时应及时通知车站值班员（综合维修人员）转入非常站控方式。

（12）CTC 控制方式下,遇进站（接车进路）信号机故障时,车站值班员（列车调度员）应根据系统报警,及时通知列车调度员（车站值班员）,由车站值班员（综合维修人员）在行车设备检查登记簿内进行登记,并通知工、电务人员迅速赶赴现场进行故障排除,必要时应转入非常站控方式操作。在工、电务人员未排除故障,但又需要在该车站办理接车作业时,列车调度员向司机和车站值班员（综合维修人员）发布引导接车的调度命令,指示助理调度员及时正确地以列车按钮准备接车进路或转入非常站控方式后通过车站值班员（综合维修人员）准备接车进路,确认进路准备妥当后,开放引导信号接车。

（13）CTC 控制方式下,遇出站信号机故障时,车站值班员（列车调度员）应根据系统报警,及时通知列车调度员（车站值班员）,由车站值班员（综合维修人员）在行车设备检查登记簿内进行登记,并通知工、电务人员迅速赶赴现场进行故障排除,必要时应转入非常站控

方式。在工、电务人员未排除故障前,需要在该车站办理发车作业时,列车调度员指示助理调度员及时正确地以列车按钮准备发车进路或转入非常站控方式后通过车站值班员(综合维修人员)准备发车进路,确认进路准备妥当后,向机车司机传送绿色许可证,通知车站发车。

(14)CTC控制方式下,遇向非到发线接车时,列车调度员(助理调度员)通过调度监控终端确认接车线路空闲,对非集中区线路通知车站确认线路空闲后,向车站发布非到发线接车的调度命令,单操道岔或以调车按钮准备进路(非集中区通知车站准备进路,并将进路上有关道岔及邻线上防护道岔加锁),确认接车进路正确后,向司机和车站值班员(综合维修人员)发布引导接车的调度命令,方可使用引导总锁闭开放引导信号接车。

(15)CTC控制方式下,遇从非到发线发车时,列车调度员向车站发布非到发线发车的调度命令,助理调度员以调车按钮准备进路(非集中区通知车站准备进路,并将进路上有关道岔及邻线上防护道岔加锁),确认发车进路正确后,方可向机车乘务员传送非到发线发车的调度命令和绿色许可证,通知车站发车。

(16)非常站控方式下,采用电话闭塞法行车时,车站值班员(综合维修人员)须与邻站办理闭塞手续。如邻站为中心控制或分散自律控制模式时,须与列车调度员(助理调度员)办理闭塞手续。列车调度员(助理调度员)与车站值班员(综合维修人员)办理电话闭塞,应及时将发出或收到的电话号码记录登记在《行车日志》内。遇调度电话、列车无线调度电话不通时,闭塞法的变更或恢复,应由该区间两端站的车站值班员(综合维修人员)确认区间空闲后,直接以电话记录办理。

(17)进路解锁和取消的原则是谁办理谁解锁。

(18)电气化区段各站,对停电线路及恢复供电线路,有人站车站值班员应按照列车调度员的调度命令及时在CTC系统内进行标注,无人站由助理调度员进行标注,并报告列车调度员;列车调度员要认真进行确认,并及时调整列车运行计划。列车运行计划下达后,车站值班员(助理调度员)要认真确认接车股道,防止电力机车接入无电线路。

(19)列车调度员遇一台或几台调度终端CTC系统故障时,可切换到其他作用良好的调度终端上继续作业,并及时通知电务值班人员抢修。遇所有调度终端CTC系统故障时,须立即通知各站转入车站控制模式,通过调度集中电话及时向各站下达阶段计划,并且转入人工铺画列车运行图组织指挥行车模式,通知电务值班人员抢修,通知应急行车人员赶赴无人站组织行车作业。车站组织作业时,可由车站自律机按原已收到的列车运行调整计划继续自动执行,直到列车运行调整计划执行完毕,此时车站值班员(综合维修人员)应加强监控,发现问题立即转入非常站控。车站值班员(综合维修人员)应及时向列车调度员报点。

(20)列车调度员遇调度终端CTC通信故障时,须立即通知各站转入车站控制模式,通过调度集中电话及时向各站下达阶段计划,并通知电务值班人员抢修,通知应急行车人员赶赴无人站组织行车作业。车站组织作业时,可由车站自律机按原已收到的列车运行调整计划继续自动执行,直到列车运行调整计划执行完毕,此时车站值班员(综合维修人员)应加强监控,发现问题立即转入非常站控。车站值班员(综合维修人员)应及时向列车调度员报点。

(21)车站值班员(列车调度员)发现车站与调度所间CTC通信故障时,应及时通知列车调度员(车站值班员),并通知电务值班人员进行抢修,由车站在车站控制模式下组织车站作业。此时,可由车站自律机按原已收到的列车运行调整计划继续自动执行,直到列车运行调整计划执行完毕。列车调度员接到车站值班员(综合维修人员)的汇报后,应及时使用调度集中电话向该站下达阶段计划。遇车站是无人站时,列车调度员还应马上通知应急行车人员赶赴无人站组织行车。车站值班员(综合维修人员)要及时向列车调度员报点。

(22)车站有一台车务终端故障,另一台车务终端作用良好时,车站值班员(综合维修人员)应切换到作用良好的车务终端继续作业,同时向列车调度员汇报,并及时通知电务人员处理。

(23)车站所有车务终端故障时,车站值班员(综合维修人员)应立即转入非常站控方式,向列车调度员汇报,并通知电务人员处理。列车调度员接到车站值班员(综合维修人员)的汇报以后,应及时向该站下达阶段计划。遇车站是无人站时,列车调度员还应马上通知应急行车人员赶赴无人站组织行车。车站值班员(综合维修人员)要及时向列车调度员报点。

学习检测

1. 什么是基本进路? 什么是变更进路?
2. 简述 CTC 列车调度员的职责。
3. 简述股道自动选择的原则。
4. 简述接发客运列车线路的规定。
5. 简述变更进路的办法。

单元三　车站行车组织

学习任务

1. 了解车站行车组织基本内容。
2. 熟悉 CTC 车站行车组织办法。
3. 掌握 CTC 车站调车作业组织方法。

问题引导

CTC 车站行车组织方法有哪些特点? CTC 车站调车作业组织方法有哪些特点?

知识学习

本单元主要讲述车站行车组织基本内容,重点内容为 CTC 车站行车组织办法及 CTC 车站调车作业组织方法,其中 CTC 车站行车组织办法这部分内容对行车岗位主要工种车站值班员、信号员的岗位职责及具体工作流程要求较高;CTC 车站调车作业组织方法对车站调车作业相关内容有一定的要求,建议学生加强上述方面知识的储备。

一、车站行车组织概述

根据 CTC 的作业特点,车站分为有人站和无人站。

CTC 控制区段设有分散自律控制与非常站控两种模式。分散自律控制模式下,只有控制指令不同来源,没有中心与车站控制权的转换,系统根据列车运行调整计划自动控制列车进路,根据调车作业计划自动控制调车进路,并具备人工办理进路的功能;非常站控模式是脱离 CTC 控制转为车站控制台(计算机联锁终端)人工控制的方式,调度中心不具备直接控制权,系统具备 TDCS 功能。

各铁路局集团公司对 CTC 的操作方式也分别做了一些补充规定,如济南铁路局集团公司对分散自律控制模式又分为三种操作方式(表3-1):中心操作方式、车站调车操作方式及车站操作方式。

分散自律控制模式的三种操作方式 表 3-1

操 作 方 式	进 路	调度操作权限	车站操作权限
中心操作方式	列车进路	有	无
	调车进路	有	无
车站调车操作方式	列车进路	有	无
	调车进路	无	有
车站操作方式	列车进路	无	有
	调车进路	无	有

纳入 CTC 控制的车站,其功能和作用与以往并没有太大的差别,工作内容与以往的车站基本相同,主要差别体现在 CTC 下的具体操作上,概括起来主要包括以下几点:

(1)在 CTC 模式下,进路的控制主要由车站自律机依据调度中心下达的列车运行调整计划自动生成列车进路指令,通过合法性、时效性、完整性和无冲突性的检查后转变为命令,适时下传给本站联锁设备执行。而传统模式的进路控制由车站值班员人工排列和解锁。

(2)在 CTC 模式下接发列车作业主要由调度员控制,车站值班员则不再负责办理,只起到监控的作用。

(3)在 CTC 模式下阶段计划的概念逐步模糊,调度员做出的列车运行调整计划随时下达,车站工作人员根据该计划做好相应的准备,而不再是传统模式下每 3~4h 才下一次计划。

(4)CTC 模式下,车站在输入调车作业计划时,增加了钩时分的内容。

(5)由于 CTC 系统的功能特点,可实现不办理客货运业务、调车作业量较小、列车和调车进路由调度中心远程控制的车站行车岗位无人化,从而出现了传统模式下不存在的一个概念——无人站。

(6)由于出现了无人站,需要增加应急行车人员负责无人站在非常站控和各种非正常情况时的行车组织工作。

(7)CTC 系统能实现现行行车设备检查登记簿(运统-46)全部内容的电子化管理,完成综合维修计划的申请、接收,维修施工的联系、要点、登记和销记等。

(8)由于作业组织方式的变化,车站在进行客运作业组织和行包作业组织时,车站值班员需要与调度员加强联系,随时了解到发线占用的情况。

(9)在非正常情况下的作业,CTC的模式调度员必须参与进去做相应的操作。例如,在道岔无表示时,必须现场人工确认并采取相关安全措施,由调度办理引导总锁闭,开放引导信号;经现场人工确认列车整列到达后,取消引导总锁闭或转为非常站控模式后由车站办理引导接车。

二、CTC车站行车组织方法

(一)CTC车站行车人员主要工作

1. 车站值班员职责

在CTC控制方式下,负责接听行车电话、接收调度命令、监视车务终端或控制台显示。根据列车调度员(助理调度员)指示,亲自或指派人员对站内线路进行检查、确认,向机车乘务员、运转车长转交调度命令、递交行车凭证。

未设车站调度员(调车区长)、作业量较大的车站,车站值班员负责担任车站调车领导人,组织办理车站调车作业。在非常站控方式下,负责组织完成车站接发列车作业。

在分散自律模式下遇信联闭设备故障时,根据调度员指示,负责接发列车进路的检查、准备,及时向调度员汇报;遇清扫道岔时,负责与调度员联系相关道岔的转换事宜。

2. 信号员(长)职责

按照车站值班员的命令,正确及时地准备接发车进路的工作。根据调车作业计划,正确及时地准备调车作业进路。协助车站值班员,通过车务终端或控制台监视列车运行和调车作业动态。监视设备状态,发生故障时及时向车站值班员汇报。

(二)CTC车站行车作业组织方法

1. 车站行车作业组织方法

分散自律调度集中区段,有关行车工作由该区段列车调度员直接指挥。该系统分散自律控制的基本模式是用列车运行调整计划自动控制列车运行进路,同时在分散自律条件下调度中心具备人工办理列车、调车进路,车站具备人工辅助办理列车进路、完全办理调车进路的功能,即只有控制指令不同来源,没有调度中心与车站控制权的转换,分散自律控制模式下,原车站微机联锁控制台不起作用。非常站控模式下车站与调度集中系统控制脱离,转为车站传统人工控制的模式,调度中心不具备直接控制权,系统车务终端不起控制作用。

(1)车站接发车工作组织的日常要求

调度集中控制范围内的车站接发列车,以列车运行调整计划自动控制为基本方式,以调度员人工控制为辅助方式。

分散自律调度集中系统以日班计划为依据,人工和自动调整列车运行计划,经列车调度员批准后适时下达到车站自律机执行。车站自律机依据列车调度员下达的列车运行调整计划自动生成列车进路指令,通过合法性、时效性、完整性和无冲突性的检查后转变为命令,适时下传给车站联锁设备执行。车站自律机因故无法排列基本进路时,系统自动报警,调度台可以对某一次列车进路进行人工干预,列车调度员应指示助理调度员通过控制工作站排列

接发列车进路,但须受分散自律安全条件控制。

对于有特殊运行要求的列车由列车调度员依照相关管理规定特别设置,并产生相应的列车运行调整计划。

分散自律控制模式下,车站值班员应通过车务终端监督列车运行,可随时查询上一班及当班列车运行情况、本站及相邻上下行方向各两个车站的列车运行调整计划和进路内容。车务终端应于列车在相邻两站开车、通过时,立即向车站值班员发出车站、车次及到开(通过)时刻警示信息。列车接近时,车务终端应用语音提示某次列车第几接近。车站值班员通过监督列车运行和车务终端的语音提示,按照《站细》规定及时通知助理值班员立岗接车。

接发在车站办理客运业务的列车及快速、特快旅客列车通过时,车务终端应于列车在接车方向相隔邻站开车(通过)、邻站开车(通过)、压上接近区段三个时刻分别发出车站、车次及到开(通过)时刻等警示信息。车站值班员通过监督列车运行和车务终端的语音提示,按照《站细》规定及时停止影响接发列车进路的调车作业,通知助理值班员、客运人员立岗接车,站内平过道应提前派人到岗监护。

局界口站与邻局车站间办理预告和报点时,由调度员与邻局车站值班员以电话办理。接发特快旅客列车及速度为 200km/h 动车组时,车站值班员间应按规定执行"告知"程序。接发超限、超长、军特运等有特殊要求的列车时,车站值班员间应按规定以电话通知相关注意事项。

禁止办理相对方向同时接车和同方向同时接发列车的具体规定,必须纳入分散自律安全控制条件。遇相对方向不能同时接车或同方向不能同时接发列车时,由系统提示,列车调度员确定接发列车顺序。

由助理调度员人工办理接发列车进路,相对方向不能同时接车时,先接列车全部进入接车线后,助理调度员应得到机车司机列车停妥的报告后,方准办理相对方向列车的接车进路。

车站值班员确认列车完整性之后向列车调度员汇报。列车调度员、助理调度员和综合维修调度员使用带密码的按钮时,应在行车设备检查登记簿内进行登记。

(2)车站接发列车线路的规定

在设有隔开设备的车站,列车调度员或车站值班员(应急车站值班员)在人工控制操作办理相对方向同时接车或同方向同时发接列车,需要彼此隔开时,须将接车线末端的进路开通隔开设备。

人工控制操作办理接发客运列车、挂有超限货物车辆列车时,列车调度员(助理调度员)须按规定的固定线路办理;车站值班员(应急车站值班员)须按《站细》规定的固定线路办理。

特快旅客列车应在正线通过,其他通过列车原则上应在正线通过。

原规定为通过的客运列车由正线变更为到发线接车及特快旅客列车遇特殊情况必须变更基本进路时,在列车调度员(助理调度员)人工控制办理的情况下,由列车调度员(助理调度员)使用列车无线调度电话直接告知列车司机,如来不及告知,应使列车在站外停车后,开放信号机,再接入站内。在办理有旅客乘降、行包装卸作业的旅客列车时,应接入靠站台的固定线路。

（3）车站发车作业工作组织

发车前，检查确认进路道岔位置正确、影响进路的调车作业已经停止后，方可开放出站信号机，交付行车凭证，在旅客上下、行包装卸和列检作业完成后，指示发车或发车。

发车进路准备妥当，行车凭证已交付，出站（进路）信号机已开放，发车条件完备后，车站值班员（助理值班员）方可显示发车信号或向运转车长显示发车指示信号。

运转车长得到发车指示信号后，确认列车已完全具备发车条件，方可向司机显示发车信号。

司机必须确认占用区间行车凭证及发车信号或发车表示器显示正确后，方可起动列车。

因曲线等关系，司机难以确认运转车长发车信号时，经铁路局集团公司指定的车站，可由发车人员直接向司机显示发车信号。

单机、动车、重型轨道车及无运转车长值乘的列车，均由发车人员直接向司机显示发车信号。

通信记录装置良好的车站，单机、动车、重型轨道车及无运转车长值乘的列车，准许使用列车无线调度通信设备发车。

（4）车站接发列车的特殊规定

如下情况禁止办理相对方向同时接车和同方向同时发接列车：

①进站信号机外制动距离内，进站方向为超过6‰的下坡道，而接车线末端无隔开设备。

②在接、发旅客列车的同时，接入列车运行监控记录装置或轨道车运行控制设备发生故障的列车、制动力部分切除的动车组列车而接车线末端无隔开设备。

相对方向不能同时接车时，应先接后面有续行列车的列车、停车后起动困难的列车或不适于在站外停车的列车。遇两列车不能同时接发时，原则上应先接后发。车站应将不能办理相对方向同时接车和同方向同时发接列车的情况纳入《站细》。

（5）车站行车作业方法补充说明

CTC模式下车站行车作业流程，接发车用语，接发列车进路准备办法，确认接车线路空闲办法，信号开放、关闭时机和确认开闭状态的办法，车站直接接发车办法，接发超长、超限和其他有特殊要求的列车的办法，相对方向同时接车和同方向同时发车的规定等，可以参照非CTC模式的车站行车作业办法，各站根据实际情况，在编写《站细》时做具体规定。

2.无人站行车作业组织方法

列车调度员可以通过控制工作站远程操纵无人站的所有控制按钮，但严禁无人站值守的车站值班员在分散自律控制模式下操控车务终端的任何控制按钮。调度员需对调度集中控制的道岔实行单独锁闭或解除单锁时，应及时通知助理调度员办理。

无人站对停留超过20min的列车，应进行列车自动制动机简略试验，有运转车长的列车由运转车长负责，无运转车长的列车由车辆乘务员负责，无车辆乘务员的列车由司机自行试风。遇有特殊情况，司机、运转车长（车辆乘务员）应及时与助理调度员联系；无法与助理调度员直接联系时，应及时与综合维护人员联系。无人站司机凭出站信号机显示（行车凭证）开车。

在无人站，列检人员和相关人员到站检查处理故障车、事故车作业完毕后，必须做好停留车辆的防溜措施，并与应急车站值班员办理防溜措施的检查、登记、交接手续。在无人站，

摘车时列车司机负责将随车有关票据交予该站值守的车站值班员并签字交接,故障车、事故车列检处理后,应将车辆回送单据让车站值班员办理签字交接,列车挂车时,由车站值班员与列车司机办理随车票据(包括车辆回送单据)的交接手续。

无人站在电务应急抢修中心人员未到达该站前,列车调度员(助理调度员)通过应急车站值班员准备接发列车进路时,原则上不得在该站办理列车的会让作业。在未转入非常站控模式时,遇到上述情况,列车调度员须将"准许列车越过关闭的信号机运行(或发车)"的调度命令向该站车站值班员(应急车站值班员)一并发布,车站接发车人员应注意列车运行。

(三)CTC 车站故障处理

1. 非常站控模式行车组织方法

(1)非常站控模式相关的 CTC 设备

①在调度终端、车务终端、车站微机联锁控制台上设置控制模式状态表示灯。

a. 红灯:非常站控表示灯。

b. 绿灯:CTC 控制表示灯。

c. 黄灯:允许转回 CTC 控制表示灯。

②非常站控模式按钮密码加封并带计数器,设置在车站计算机联锁控制台。正常状态为分散自律控制模式,破封按下为非常站控模式。

车站值班员应对非常站控按钮的使用和密码的保存负责,并严禁非工作人员操作。电务人员检修时,必须按规定进行联系登记。

③分散自律控制模式转向非常站控模式不检查任何条件,但向列车调度员进行提示报警。非常站控模式转回分散自律控制模式系统检查以下条件:

a. 调度集中系统设备正常。

b. 非常站控模式下没有未完成的按钮操作。

在满足上述条件时,允许转回 CTC 控制,表示灯亮灯后,操作非常站控按钮,转回分散自律控制模式,否则操作无效。

④在分散自律控制模式下,除非常站控按钮和接通光带按钮外,车站微机联锁控制台其他按钮的操作均不起作用;在非常站控模式下,调度台控制工作站和车务终端所有操控按钮均不起作用。

(2)非常站控模式下的行车组织

①非常站控模式下的行车组织基本要求。

在非常站控模式下,车站的行车工作由车站值班员统一指挥,划分车场的车站,各车场的行车工作由该车场值班员统一指挥;无人站行车指挥工作由应急行车人员担任,但必须执行列车调度员命令。

调度集中区段应保持在分散自律控制模式下,由调度中心对区段内的信号设备进行集中控制、对列车运行直接指挥和管理。但遇到下列情况,应立即由分散自律控制模式转换为非常站控模式:

a. 调度集中设备故障。

b. 发生危及行车安全。

c.设备天窗维修、施工需要转为非常站控模式。

d.必须转为非常站控模式的特殊情况。

需要转入非常站控模式时,由车站值班员按下非常站控模式按钮,转换为非常站控模式。

遇危及行车安全等紧急情况需转换为非常站控模式时,车站值班员应立即按下非常站控模式按钮将车站控制模式转为非常站控模式,同时报告列车调度员,无人站还应通知应急行车人员迅速赶往车站。

使用非常站控模式按钮应按规定在行车设备检查登记簿内登记。

无人站原则上不得转为非常站控模式,但站段要针对无人站制定非常站控模式下的应急预案,组织相对固定的应急行车人员。当无人站有计划必须转为非常站控模式时,列车调度应提前通知应急行车人员前往无人站,待应急行车人员到岗后,由值守的车站值班员进行模式转换的控制操作。遇紧急情况,由无人站值守的车站值班员进行模式转换的控制操作,同时通知应急行车人员迅速赶往车站。

②非常站控模式下的行车闭塞。

作业方式和过程与非 CTC 模式相同。

(3)非常站控模式下的列车运行(接车与发车)

①在非常站控模式下,非调度集中区段与调度集中区段的相邻两站间办理接发列车作业时,由车站值班员与邻站办理预告闭塞手续,无人站由应急行车人员办理接发列车作业。

对无人站,从分散自律控制转为非常站控模式后,调度员应及时通知应急行车人员赶往无人站。

②非常站控模式下的车站与分散自律控制模式下的相邻站,非调度集中区段与调度集中区段的相邻两站间办理接发列车作业时,由车站值班员与邻站办理预告闭塞手续。

邻站调度集中系统根据列车运行调整计划自动向非调度集中车站和非常站控模式车站发送预告请求,车站值班员同意接车时,调度集中系统自动排列该次列车的发车进路,开放出站信号;不同意接车时,调度集中系统严禁排列该次列车的发车进路和开放出站信号,并向调度员报警,调度员与车站值班员电话联系确认。

③非常站控模式的车站向调度集中区段分散自律控制模式下的车站已办妥列车预告手续,需要取消预告时,必须与调度员联系,取得调度员的同意后,方可取消预告。调度员对调度集中系统自动向非调度集中车站、非常站控车站已办妥的列车预告需要取消时,必须通过电话与非调度集中车站、非常站控模式车站值班员联系,取得车站值班员的同意后,方可取消预告,并按照列车运行调整计划向车站重新下达阶段计划。

④在不得已情况下列车必须退行时,列车司机应使用列车无线调度电话将情况及时向列车调度员报告并取得同意后,方准组织列车退行。列车调度员接到列车退行的报告后,应将列车退行情况提前告知该站车站值班员,注意列车运行,并根据车站线路占用情况,开放进站信号机或按引导办法将列车接入站内。转入非常站控模式后,车站值班员接到列车退行报告时,按有关规定办理。

货物列车退行时,由列车调度员指派车站胜任人员在退行列车的前端安装简易紧急制动阀,经简略试验后,登车负责瞭望。

（4）行车设备施工和检修

在调度集中控制范围内的线路、道岔上进行作业或检修信号、联锁、闭塞设备,影响其使用时,相关单位事先须在综合维修终端的行车设备检查登记栏内登记,无人站由列车调度签认或由综合维修调度员取得列车调度员同意后签认,有人车站由列车调度和车站值班员共同签认后,方可开始。

对调度集中设备需进行施工、检修作业时,应在"天窗"点内进行。电务人员与车站值班员和综合维修调度员联系,取得同意后方准进行施工、检修作业,并在行车设备检查登记簿内办理登、销记手续。

因运输特殊要求和《技规》规定,对无人站的行车设备需进行联合检查时,由综合维护人员负责组织工务、电务、水电等相关部门进行设备联合检查,将检查结果记录于行车设备检查登记簿内,并向列车调度员汇报,对发现的问题由相关单位、部门尽快解决。

2. CTC 故障处理措施与设备维护

（1）CTC 故障处理措施

非正常情况接发列车作业,列车调度员必须参与组织和指挥,如:

①轨道电路停电恢复时,列车调度员应指示车站值班员（或助理调度员）使用列车无线调度电话与司机联系,在确认站内列车和调车车列停稳后,由车站值班员按压上电解锁按钮一次性解锁,并报告列车调度员。

②遇列车因故障压标影响其他列车会让或作业时,列车调度员应使用列车无线调度电话及时通知列车司机向前移动进入接车线内,通知不到时,应指示车站值班员及时通知列车司机。

③进站（进路）信号机故障时接车:

进站信号机正常开放后,因故障临时关闭且不能重新开放,进路在锁闭状态时,由调度人工开放引导信号接车。

进站信号机故障后准备接车时,调度员应指示车站值班员排列调车信号锁闭接车进路,调度员确认进路正确后,人工开放引导信号接车。无法排列调车信号锁闭进路时,调度员应指示车站值班员单操锁闭进路上的有关道岔及防护道岔准备进路,并通过接通光带确认进路正确后,人工开放引导信号接车。调度员确认列车通过后,应指示车站值班员解除进路上的道岔单锁。无人站由列车调度员指示助理调度员准备接车进路。

引导信号不能开放时,调度员应指示车站值班员指派胜任人员人工引导接车。

（2）CTC 设备维护

①CTC 设备施工、检修作业,必须纳入月度施工计划。CTC 设备施工、检修作业时,电务值班人员与车站值班员（综合维护人员）或综合维修调度员联系,取得同意后方准进行施工、检修作业,并在行车设备施工登记簿行车设备检查登记簿内办理登、销记手续。

②因运输特殊要求和《技规》规定,对无人站的行车设备需进行联合检查时,由指定车站负责组织工务、电务、水电等相关部门进行设备联合检查,将检查结果记录于行车设备检查登记簿内,并向调度员汇报,对发现的问题由相关单位、部门尽快解决。

③当站内行车设备因施工改造发生变化时,电务部门应与设备运用同步维护修改调度集中系统中的相关参数,否则不准使用该设备。车务部门还应及时对《站细》有关内容进行

补充和修改。

三、CTC 车站调车作业组织原则和方法

（一）CTC 车站调车作业的组织原则

调度集中控制范围内的调车作业均应纳入分散自律安全条件控制。分散自律安全条件控制分为人工直接操作与计划自动执行两种方式。人工直接操作方式的调车进路采用一钩（一条进路）一办；计划自动执行方式是系统根据调车作业计划自动办理调车进路。有固定调车机车的车站，调车组除负责完成本站的调车作业外，还应随乘机车负责完成调车机车固定作业区段内其他车站的调车作业。

CTC 车站调车作业的组织原则有如下几点：

（1）调车作业计划是保证实现阶段计划的调车具体行动计划。车站值班员（助理调度）应根据列车运行调整计划、列车编组信息、站存车信息、调车机车及线路运用等情况，提前编制调车作业计划。

（2）中间站利用本务机车调车作业，调车领导人应使用系统提供的附有车站示意图的调车作业通知单。调车指挥人应通过车务终端获得附有车站示意图的调车作业通知单，并亲自向列车司机交递和传达。

（3）调车领导人编制完调车作业计划后，通过调度命令无线传送系统下达到相关作业列车。调车组及作业机车司机通过车务终端或调度命令无线传送系统获得调车作业通知单。

（4）计划自动执行方式下进行的调车作业，除只变更车辆辆数外，严禁变更调车作业计划。因故需要变更调车作业计划时，必须通知调车指挥人停止调车作业后，听取调车指挥人调车作业情况的汇报，重新编制调车作业计划。

（5）为保证调车作业不干扰列车运行调整计划的执行，分散自律控制模式下的调车作业，在办理与列车运行调整计划相关的调车进路时，均应人工输入钩作业预计时分，否则不能办理。在办理与列车运行调整计划无关的调车进路时，可不输入钩作业预计时分。调度集中系统应能根据调车进路、车列长度、《站细》规定等提出钩作业参考时分。

（6）计划自动执行方式下进行调车作业，在具备 GSM－R 条件下，作业机车司机在作业中应根据调车指挥人的指挥，在每一钩作业动车前，通过无线通信设备向调度集中系统发出调车请求，待调车信号开放后，方准动车。未装设调度命令无线传送系统或系统故障时，必须转为人工直接操作方式办理调车作业，调车指挥人和机车司机按规定与有关人员执行调车联控用语。

（二）CTC 车站调车作业组织方法

1. 车站调车作业组织

车站调车作业组织如图 3-8 所示。

（1）在有人车站，由车站人员以人工直接操作方式办理调车作业。

（2）在调度集中控制的站线上进行的调车作业，原则上有人车站由车站值班员担当调车领导人。

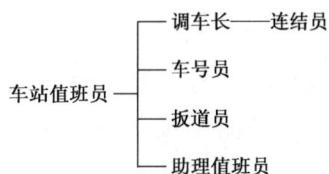

车站值班员　├── 调车长 ── 连结员
　　　　　　├── 车号员
　　　　　　├── 扳道员
　　　　　　└── 助理值班员

图 3-8　车站调车作业组织

（3）调车作业由调车长单一指挥。在无固定调车组的车站，利用本务机车调车作业时，可由助理值班员担任指挥工作。

2.调车作业计划的编制、下达和变更

（1）调车作业计划的编制

①调车作业计划是保证实现阶段计划的调车具体行动计划。调车作业计划的编制由车站值班员（助理调度员）根据阶段计划和现车分布状况、到达列车编组确报、各装卸地点作业进度及调车机车工作动态等情况和有关规定提前进行编制。

②调车作业计划的编制，应确定编组列车使用的空重别、去向别、车流数量、作业使用的股道、作业种类和顺序、隔离限制、计算列车质量、计长，以保证及时解编和腾空到发线，按编组计划编车，按运行图正点发车。

③编制调车计划要充分合理地运用车站技术设备和先进工作方法，做到解体照顾编组、解体照顾送车、在固定线路使用的基础上活用线路，以及合理"开口"，使车站调车作业既能密切配合，又能高效地进行。

④调车计划编制完后，由助理调度员直接向车站值班员、调车长、信号员送达布置，有关人员要认真复诵。调车长负责向连结员、司机传达。

（2）调车作业计划的下达

①编制完调车作业计划后，下达到相关车站的自律机，并通过调度命令无线传送系统下达到相关作业机车。调车组及作业机车司机通过车务终端或调度命令无线传送系统获得调车作业通知单。调车指挥人通过车务终端取得调车作业通知单后，要及时与助理调度员联系，听取有关作业布置和注意事项。

编制完调车作业计划后，应与调车指挥人亲自交接；亲自交接确有困难时，在《站细》内规定。在具备 GSM - R 条件下，可通过该系统直接下达到相关作业机车。

②无调度命令无线传送系统及调度命令无线传送系统故障时，助理调度员将编制的调车作业计划连同注意事项通过 CTC 向车站值班员（应急行车人员）进行布置，车站值班员（应急行车人员）签收后，按规定程序向有关作业人员传达。

（3）调车作业计划的变更

①在 CTC 控制区域内进行调车作业，原则上不得变更调车作业计划，确需变更作业计划时，必须停止调车作业，由调车领导人重新修改调车作业计划，进行重新传送（交接），调车指挥人向所有参加作业的人员传达清楚后开始调车作业。

②利用本务机车调车作业时，调车作业计划一经下达，原则上不准变更。如必须变更时，不论钩数多少，都要重新编制书面计划，停车向有关人员传达，确认明了后，收回原计划方可开始作业。

③在岔线内调车，遇实际与计划不符时，可由调车长制订计划，作业完成后应及时向车站值班员汇报计划变更和车辆停留情况。

3.调车作业工作方法

（1）车站调车操作方式或车站操作方式下，车站值班员应依据调车计划以及现场调车作业情况，在车务终端输入调车作业计划或直接排列调车进路。排列调车进路时，须在按压进路按钮后输入调车钩作业预计时分(非 CTC 控制范围除外),由车站自律机自动判别是否排列进路。

(2)中心操作方式下,由助理调度员提前编制调车作业计划下达车站自律机执行。调车指挥人员于每一钩作业动车前,必须使用列车无线调度通信设备向助理调度员要道,无法与助理调度员直接通信时,通过应急行车人员向助理调度员要道。

(3)分散自律控制下调车作业时,助理调度员(车站值班员、应急行车人员)与作业机车司机要加强联控。

(4)助理调度员于调车作业完成后,应通过司机或车站值班员(应急行车人员)详细了解列车编组情况,及时确认、修改列车编组信息,并将信息传送至前方有关作业站,同时确认、修改作业车站站存车信息。

(5)车站调车作业完成后,车号员(车站值班员、调车区长)应及时确认、修改列车编组顺序表(运统-1),并向助理调度员报告或按规定传送列车编组情况,亲自或通过其他人员确认、修改站存车信息。无人站由应急行车人员及时修改列车编组顺序表(运统-1),并向助理调度员汇报,助理调度员应及时确认、修改车站站存车情况。

(6)在中心操作方式下,调车信号因故障不能开放时,助理调度员须在调车进路准备妥当的情况下,使用列车无线调度通信设备口头通知调车指挥人和司机作业(无法直接通信时,通过应急行车人员通知),调车指挥人和司机根据助理调度员"准许越过关闭的调××信号机进行调车作业"的通知,进行作业。

(7)在中心操作方式下,助理调度员遇不能向车务终端传送下达调车作业计划以及不能使用列车无线调度通信设备传达布置调车作业计划的情况时,必须转入车站操作方式或车站调车操作方式后进行调车作业,必要时转入非常站控模式。对无人站及时通知应急行车人员到站作业。

(8)在中心操作方式下,调车作业中遇调车机车不能出清轨道电路,需原路返回时,助理调度员确认道岔开通位置正确,并用道岔按钮锁闭道岔后,方准同意。调车指挥人必须得到助理调度员的允许(无法直接通信时,通过应急行车人员得到)并口头通知司机进路道岔开通情况后,显示起动信号;调车司机凭调车指挥人的口头通知和起动信号动车。

(9)越出站界调车。

①分散自律控制下,需越出站界调车时,在车站调车操作方式下,车站必须提前向助理调度员提出调车作业申请,经助理调度员同意后方可办理;中心操作方式下,助理调度员根据实际情况办理。

②助理调度员在办理越出站界调车时,确认调车进路准备妥当后,使用列车无线调度通信设备通知车站和司机(无法直接通信时,通过车站值班员、应急行车人员通知),准许司机、调车指挥人越出站界调车作业。作业列车司机、调车指挥人必须根据开放的调车信号越出站界调车作业,越出站界调车作业完成后,调车指挥人须及时向助理调度员汇报。

(三)无人站调车作业组织方法

(1)无人站必须停办客货运业务,除故障车的甩挂作业外,不得办理调车作业。

(2)在无人站,由助理调度员直接办理或由系统自动进行控制调车作业。

(3)无人站由助理调度员担当调车领导人,在非常站控模式下,由值守的车站值班员担

当调车领导人,值守的车站值班员担任调车的指挥工作。

(4)助理调度员应通过操作终端,加强对调车作业占用正线、到发线情况的监视,必要时通知车站停止调车作业。

(5)对无人站临时甩挂故障车的调车作业,由助理调度员通知应急行车人员到站担当调车作业;对无人站有计划的调车作业,助理调度员应提前通知应急行车人员到站。

(6)在无人站调车作业完毕后,对摘下的车辆,调车作业人员必须按规定做好防溜措施,并在无人站车辆防溜登记簿内登记。

(7)无人站车站行车室必须在固定位置配备足够良好的车辆防溜器具,调车指挥人每次作业时、列检及相关人员处理故障车或事故车时,必须与综合维护人员办理防溜器具使用或交回的清点交接手续。

学习检测

1. 简述车站值班员职责。

2. 什么情况下禁止办理相对方向同时接发车作业?

3. 如何处置进站(进路)信号机故障时的接车?

4. 越出站界调车时的处置措施是什么?

5. 简述非常站控模式下的行车组织基本要求。

模块四　列车运行组织和运行调整

模块引导

本模块应重点掌握的知识内容有：列车临时停运时的处理要求，列车临时恢复运行时的处理要求，军用车辆选扣基本要求，超限超重车辆日计划编制要求，"三不接"原则，"三不挂"原则，超长及重载列车管理办法。

本模块学生应重点掌握的技能是进行列车运行调整；学习分析影响列车运行秩序的干扰因素；掌握进行列车运行调整的基本原则、基本目标；掌握列车运行调整计划的编制方法；掌握高速铁路列车运行调整的基本方法。故建议教师安排列车运行调整课程设计，以提高学生进行列车运行调整的实际动手操作技能。

单元一　列车运行组织

学习任务

1. 学习列车停运、恢复运行的有关规定。

2.学习超限超重运输的有关规定。

3.学习超长重载运输的有关规定。

4.学习限速车辆挂运的有关规定。

5.学习工程路用列车运行组织的有关规定。

问题引导

列车可以停运吗？什么是超限、超重、超长、重载运输？超限、超重、超长、重载列车和工程路用列车如何组织运行？

知识学习

本单元主要讲述列车运行组织方面的基本内容，主要涉及列车停运、恢复运行的有关规定，铁路超限超重运输等方面的知识。本单元所讲述的内容，要求学生对《铁路技术管理规程》及铁路货运方面的知识有详细的了解，建议学生在学习本单元所讲述内容时加强对相应知识的熟悉和巩固。

一、列车停运、恢复运行

(一)列车临时停运

(1)下列列车原则上不得临时停运，必须停运时，须经铁路局集团公司调度生产副主任批准：

①挂有重点军用物资及七八辆车辆的列车。

②挂有装载鲜活、易腐、剧毒品、超限货物车辆的列车。

③挂有使用机械冷藏车装运货物的列车及快运货物的列车。

④五定班列的列车。

(2)临时停运列车时的注意事项：

①选择距离终到站或分界站较近的车站。

②选择对列车会让、调车作业、旅客乘降等影响较小的车站。

③对挂有剧毒品货物的列车，应在发布命令的同时，指定车站转告公安人员注意看管。

④停运列车中挂有军用车辆时，计划员应通知军运调度员。

⑤挂有鲜活、易腐、剧毒品、超限货物、军用车辆的列车因特殊情况必须停运时，原则上是本班停运，本班恢复运行；若特殊情况需要交班时，接班调度员要及时安排，停运时间原则上最长不得超过12h。

⑥临时停运列车的编组单，由该区计划调度员、列车调度员分别保管，须交班时，计划调度员、列车调度员应向接班者当面交清。

⑦计划调度员、列车调度员必须在运调11甲和列车运行图中标临时停运列车的车次、编组、停运时间，停班主任对停运的列车要在对应设备上标清楚。

⑧列车调度员安排列车临时停运时，须向列车司机、车站值班员发布调度命令。

⑨机车调度员对临时停运列车的机车要合理安排。

（二）列车临时恢复运行

（1）有计划恢复运行的停运列车，调度所在下达调度日班计划时通知所属车辆段，派列检人员进行技术检查后，方准开车。临时恢复运行的停运列车来不及派列检人员检查时，按（2）办理。

（2）临时恢复运行的停运列车，或加挂零星车辆时，在设有装卸检修所的车站，应由车站提前通知检车人员检查闸瓦插销，在检查齐全后方准开车；未设装卸检修所的车站，由车站派员检查闸瓦插销是否齐全。

（3）凡纳入日班计划恢复运行的停运列车，均视为有计划解除的停运列车。计划员在下达日班计划时，必须将停运列车的停运站、车次、计划恢复运行的时间通知所属车辆段，由车辆段派人检查车辆，并将检查情况及时通知车站值班员。车站值班员转报调度所计划调度，调度所计划调度根据车站值班员的报告确定是否将停运列车恢复运行。

（4）凡未纳入日班计划恢复运行的停运列车均视为临时恢复运行的列车。恢复运行时计划调度应严格按（2）办理。

（5）中间站加开的直达、直通列车临时停运后，恢复运行时运行到前方第一个技术站计划调度员应通知行车台调度员，由行车台调度员安排技术作业。

（6）恢复运行的停运列车在运行区段内有甩挂作业的，运行到前方第一个技术站，计划调度员认为有必要进行技术作业的，由计划调度员通知行车台调度员，行车调度台调度员安排车站进行技术作业。

（7）无论有计划恢复运行的停运列车还是临时恢复运行的停运列车，都必须严格按《技规》《行规》规定执行。

二、超限、超重运输

超限、超重车辆及挂有超限、超重车辆的列车归口特运调度室管理。

特运调度室接到车站挂运请示或邻局预报后，应根据超限超重货物运输批示电报核对挂运请求或预报内容，按照《铁路超限超重货物运输规则》及相关规定，制定具体运行条件。

（一）超限、超重车辆日（班）计划的编制

超限、超重车辆的挂运必须纳入调度日（班）计划。纳入日（班）计划的主要内容包括：挂运日期及车次等。值班特运调度员在每日 14:30（2:30）前，向有关计划调度员提供下一班挂运通知书。计划调度员必须审核挂运通知书并签名，并据此编制日（班）计划。

日（班）计划编制完成后，于 17:30（5:30）前，向管辖范围内的编组站、区段站下达。

计划调度员负责向相邻铁路局集团公司通报分界站交接工作。交接计划内容为：

（1）开行（挂运）车次、预计分界站交接时分。

（2）铁路局总公司、自局超限超重货物运输批示电报号码。

（3）车种、车型、车数。

（4）发站、到站、品名。

（5）有关注意事项。

（二）列车运行掌握

超限、超重列车及挂有超限、超重车辆的列车，除受建筑限界或其他不利因素影响时可指定径路绕道运输外，应经由最短径路运输。

运行上有限制条件的超限、超重车辆，除有特别指示外，禁止编入直达、直通列车。

超限、超重列车及挂有超限、超重车辆的列车，应按《车站行车工作细则》规定的线路办理到发或通过。遇特殊情况需要临时变更线路时，须得到铁路局集团公司调度批准。

特运调度员于每日 10:00（22:00）前将本班超限、超重的限速车辆运行条件，以《超限超重车辆挂运通知单》一式两份，分别送交计划调度员和列车调度员，相互签认。并负责向相邻铁路局集团公司特运调度员通报。

列车调度员根据特运调度员送交的《超限超重车辆挂运通知单》，及时拟写调度命令，命令内容包括车次、运行区段、辆数等，运行条件应包括：

（1）限速＿＿＿＿＿ km/h。

（2）行经 300m 及其以下半径曲线，限速＿＿＿＿＿ km/h。

（3）进出站经侧向道岔限速＿＿＿＿＿ km/h，禁止侧向通过＿＿＿＿＿号以下道岔；禁止通过＿＿＿＿＿号以下道岔。

（4）＿＿＿＿＿站至＿＿＿＿＿站间区间会车限速＿＿＿＿＿ km/h。

（5）＿＿＿＿＿站至＿＿＿＿＿站间禁止在区间会车。

（6）＿＿＿＿＿站至＿＿＿＿＿站间禁止在区间会特快旅客列车和特快行邮列车。

（7）CTCS-2 区段在＿＿＿＿＿区间禁止与动车组交会（含动检车）。

（8）禁止接入有高站台的线路。

（9）各站按《站细》规定的线路接发。

（10）＿＿＿＿＿站至＿＿＿＿＿站间禁止在区间与挂有装载超限货物、超限的车辆的列车会车。

列车调度员拟写的调度命令，必须经计划调度员审核确认无误并签认后，由列车调度员向有关站段、机车司机、运转车长发布。

超限超重列车及挂有超限超重车辆的列车应严格执行"三不接"和"三不挂"。

分界站"三不接"：

（1）分界站无计划不接。

（2）无《超限超重车辆挂运通知单》不接。

（3）《超限超重车辆挂运通知单》内容与现车不符不接。

铁路局集团公司管内"三不挂"：

（1）日（班）计划未安排不挂。

（2）无《超限超重车辆挂运通知单》不挂。

（3）《超限超重车辆挂运通知单》内容与现车不符不挂。

列车调度员要严格按规定的运行限制条件正确组织超限超重列车及挂有超限、超重车辆的列车的运行，值班主任、计划调度员、军特调度员要跟踪掌握超限、超重列车及挂有超限、超重车辆列车实际运行情况。

对国家重点工程和国防建设急需运输的特大型设备和需要派人监护、检测运行的重车，可开行超限、超重货物专列。对超限、超重货物专列,调度所应根据领导指示,指定专人全程盯控,确保专列安全。

三、超长重载运输

(一)超长列车管理办法

货物列车长度超过列车运行图规定换算长度时为超长列车。

超长列车禁止编挂装有超限货物的车辆、限速的机车车辆以及在运行中有其他特殊要求的车辆。开行超长列车跨及邻局时,应征得对方同意,并纳入调度日班计划。超长列车在始发前,列车调度员以书面命令下达有关站和机车司机及运转车长。

单线区段不准相对开行超长列车。在特殊情况下,经采取保证安全正点措施后,由铁路局集团公司调度值班负责人批准。超长列车长度未超过接车站接车线有效长时,不按超长列车办理接发;非超长列车长度超过接车站接车线有效长时,车站按超长列车办理接发。

办理闭塞或预告时,应向接车站说明列车换长。办理接发车时,车站值班员应布置安全注意事项。超长列车原则上在中间站应办理通过。必须停车会让时,应严格按《技规》规定办理。尾部未进入进站信号机时,不得办理区间开通手续。

(二)重载列车管理办法

列车重量按运行图规定的牵引定数超81t,连续运行距离超过机车规定区段1/2的货物列车为重载列车。

开行重载列车时,列车调度员应将开行车次、列车重量、计划开行及分界站交接时间纳入调度日班计划。日班计划编制完成后,于17:30(5:30)前,向管辖范围内的编组站、区段站、客运段(需要运转车长时)下达。

计划调度员负责向相邻铁路局集团公司通报分界站重载列车交接工作的事项。通报的内容为:

(1)开行(挂运)车次、预计分界站交接时分。

(2)重载列车交接列数。

(3)有关注意事项。

列车调度员应加强对重载列车的运行掌握,严格按照《行车调度工作规则》(简称《调规》)第51条规定的列车等级调整列车运行。按日班计划规定的时间组织分界口交接。

为防止重载列车运行途中坡停,列车调度员不得以重载列车机外停车作为调整列车运行的措施。

四、限速车辆挂运

(一)限速车辆日(班)计划的编制

限速车辆须根据机车车辆挂运电报挂运。限速车辆必须纳入调度日(班)计划。纳入调度日(班)计划的主要内容包括挂运日期及车次等。计划调度员日(班)计划编制完成后,于17:30(5:30)前,向管辖范围内的编组站、区段站、客运段(需要运转车长时)下达。

计划调度员负责向相邻铁路局集团公司通报分界站交接工作。交换计划内容为：

（1）开行（挂运）车次、预计分界站交接时分。

（2）车种、车型、车数。

（3）发站、到站、品名。

（4）有关注意事项。

（二）限速车辆的列车运行掌握

限速车辆的列车运行掌握，比照超限、超重列车及挂有超限、超重车辆的列车运行掌握。

五、工程路用列车运行组织

（一）路内工程路用列车组织办法

（1）无限制运行条件的工程路用列车

由所属单位按规定提前2天向铁路局集团公司调度所发电报提出上线运行申请。车辆上线运行前，由值班主任（副主任）根据所属单位联系人员提请电报，负责将相关事宜布置给有关计划员，纳入日（班）计划，列车调度员根据调度日（班）计划及时铺画3~4h列车运行调整计划。

（2）有限制运行条件的工程路用列车

由所属单位按规定提前2天向铁路局集团公司调度所发电报提出上线运行申请。车辆上线运行前，由值班主任（副主任）根据所属单位联系人员提请电报，负责将相关事宜布置给有关计划员，纳入日（班）计划，列车调度员根据调度日（班）计划及时铺画3~4h列车运行调整计划并向司机、始发站及运行前方所有车站发布运行条件的调度命令。

（3）工程路用列车跨区段运行

始发站管辖区段计划调度员负责确定车次，并与相邻区段计划调度员进行交接；需要带道司机时，由相关机车调度员负责安排。

（4）临时开行工程路用列车

因设备故障抢修及其他紧急任务需要临时开行工程路用列车时，由值班主任根据业务处的请求做出安排，列车调度员发布调度命令，按临时加开办理。

（5）需经分界站交出的工程路用列车

计划调度员除根据开行电报将路用列车运行纳入调度日（班）计划外，在与邻局计划调度员交换计划时，必须通报路用列车开行车次、交出时间及其他特别注意事项。

（6）指定临时由分界站接入的工程路用列车

必须经值班主任（副主任）批准，列车调度员核对三项设备良好、三证齐全、带道人员到位，具备上线条件后，纳入3~4h运行调整计划后，方可接入放行。

（7）无运行电报、未纳入调度日（班）计划的工程路用列车

无运行电报、未纳入调度日（班）计划的工程路用列车不准由分界站接入。有运行电报、并纳入调度日（班）计划的工程路用列车由分界站接入前，列车调度员必须核对三项设备良好、三证齐全、带道人员到位，具备上线条件后，纳入3~4h运行调整计划后，方可接入放行。

不论工程路用列车有计划还是临时请求上线运行，列车调度员都必须亲自或通过车站

值班员确认列车司机有无本区段内运行的限制条件。司机如无本区段运行的限制条件时,列车调度员须向司机发布本区段限制运行条件的调度命令后,方准安排上线运行。路用列车跨区段运行时,各列车调度员须分别向司机发布本区段限制运行条件的调度命令。

(二)路外工程路用列车组织办法

路外工程路用列车上线运行前,由所属单位填写《铁路局施工、维修专用车辆上线运行申请单》交调度所施工调度室,经施工调度员审核,确认具备上线运行条件后,送交相关计划及列车调度员。

计划调度员应将路用列车运行纳入调度日班计划。

列车调度员根据调度日班计划和施工调度员送交的申请单将工程路用列车上线运行纳入 3~4h 列车运行调整计划。

其他运行组织办法按路内工程路用列车运行组织办法办理。

铁路局施工、维修专用车辆上线运行申请单格式样表如表4-1 所示。

铁路局施工、维修专用车辆上线运行申请单格式 表4-1

局调度所	行车台:			填报日期: 年 月 日			
申请单位				申请人:		联系方式:	
—	本务	重联	补机	换长	三项设备	三证情况	备品
机车型号、编号							
司机姓名							
副司机姓名							
添乘登乘人员							
编组情况							
上线计划及工作内容							
是否偏载							
是否超载							

单元二 列车运行调整

学习任务

1. 学习列车运行调整计划编制的方法。
2. 了解列车运行计划与列车运行调整计划编制过程的异同。
3. 学习列车运行调整基本原则。
4. 学习列车运行调整的方法。

问题引导

正常情况下,列车按列车运行图运行。一旦运行秩序被打乱,如何进行列车运行调整?

🏭 知识学习

本单元主要讲述列车运行调整计划方面的内容,包括编制运行调整计划的步骤、基本原则、调整目标、不同情况下的调整基本方法。通过本单元的学习,要求学生重点掌握列车调度员进行列车运行调整的基本方法。

列车运行图对旅客列车和货物列车在车站的到发时刻、停站时分以及区间运行时分均作了具体规定。但是,在日常运输组织工作中,由于货流和车流常发生变化,专运列车的开行、线路施工、气候影响、列车运缓、旅客上下超过图定停站时间、设备故障、自然灾害、行车事故以及调度不当等,经常会使列车发生停运、加开、早点、晚点的情况,使每天实际开行的客货列车对数、运行时刻等与列车运行图的规定有出入。另外,一趟列车的正点运行,不仅与车站的工作有关,而且往往会涉及几个区段、几个路局,其中若有一个环节的工作做得不够,就会影响列车的安全正点运行。因此,在保证列车安全运行的前提下,组织列车按列车运行图正点运行,提高列车运行正点率,加速机车车辆周转,全面完成日(班)计划任务是列车运行调整的目的。各级调度机构均应设立专人负责列车运行调整工作。

列车运行调整的目的在于安全地实现本调度区段列车工作计划规定的车流输送任务,使晚点列车尽可能恢复正点,最大限度地减少晚点和早点列车对其他列车正点到达的影响,保证按图行车的良好运行秩序,提高货物列车的旅行速度。

一、列车运行干扰因素分析

首要因素是在我国客运专线运营初期跨线列车多,存在车速差影响;而且在我国跨线列车与本线车速差通常较大。列车运行过程中不可避免地会受到车速差的影响,进而导致在列车实际运行过程中,在很大程度上由不同种类的列车的车速差而产生运行秩序的紊乱。对于采用"高中混行""客货混行"行车模式的客运专线,影响因素既有高速列车自身的晚点,也有从普通铁路跨线上客运专线的晚点中速列车的干扰;而后者是列车运行的一个主要干扰,它的晚点规律取决于其在普通线路上的波动积累;高速线上运行的各种列车也会出现晚点,但其晚点规律是由高速线上的运行情况决定的。同时,不同技术标准的客运专线之间的列车跨线运行也会引起一定程度的互相干扰。这种速差随着高速列车、中速列车及货物列车所占比例的不同将产生不同程度的干扰。另外,维修天窗的设置、调度指挥机构设置、客流特征、站线的使用及列车运行区间长度等其他一些基本影响因素也会从不同的角度以及以不同程度影响列车运行。

二、列车运行调整基本原则

(一)安全生产原则

在列车调度指挥工作中,必须坚持安全生产原则,正确指挥列车运行。不能发布没有安全保障依据的命令和指示。当得到有关危及行车安全的信息时,要正确、及时、妥善处理,以保证旅客列车的安全为重点,组织列车安全运行。

（二）按图行车原则

列车正点率是铁路运输产品质量的重要技术指标,也是铁路运输组织管理水平的综合反映。只有按图行车,才能保持正常的运输秩序,进而保证列车的正点率。

（三）单一指挥原则

铁路行车工作是一个由互相联系、互相影响的多部门、多单位、各工种所组成的完整系统。在这个系统中,各部门、各单位、各工种间的紧密联系和协调一致,对于保证行车安全和运输效率有着决定性的意义。铁路行车调度是为适应铁路行车特点而设置的铁路行车工作的统一指挥者。在列车运行调整工作中,与行车有关的人员,必须服从所在区段当班列车调度员的集中统一指挥。其他任何人不得发布与行车有关的命令和指示。

（四）下级调度服从上级调度原则

在列车运行组织与调整过程中,相邻调度台、相邻局之间应保持紧密联系,以保证列车的正常交接。对出现的问题,双方要主动协商解决,当出现意见不一致的情况时,由上一级调度进行仲裁。调度台间由值班主任解决;局间分界站出现的问题,由国铁集团解决。一经上级调度决定,有关人员必须无条件执行。

（五）按等级进行调整原则

列车调度员要按列车运行图指挥列车运行,当列车不能按列车运行图运行时,除特殊情况外,要按先客后货、先跨局后管内的原则和下列规定等级顺序调整,如表4-2所示。

列 车 运 行 等 级

表4-2

序列	内　容	序列	内　容	序列	内　容
1	最高运行速度为300～350km/h 的动车组旅客（检测）列车（简称动车组,下同）	9	普通旅客慢车	17	直达货物列车
2	最高运行速度为200～250km/h 的动车组	10	行包列车	18	直通货物列车
3	直达特快旅客列车	11	军用列车	19	冷藏列车
4	特快行邮列车	12	"五定"班列（定点、定线、定车次、定运到时间、定运价）	20	自备车列车
5	特快旅客列车	13	快运货物列车	21	区段货物列车
6	快速旅客列车	14	2万t组合重载货物列车	22	摘挂列车
7	快速行邮列车	15	1万t组合重载货物列车	23	超限超重货物列车
8	普通旅客快车	16	单元重载货物列车	24	小运转列车

单机、路用列车应根据用途按指定条件运行。开往事故现场救援、抢修、抢救的列车应优先办理。专运和特殊指定的列车,按指定的等级运行。

三、列车运行调整的目标

(1)对出发或接入的正点列车,应保证其按规定时刻运行。

(2)尽最大努力使晚点列车恢复正点。

(3)对无法恢复正点的晚点列车,应尽量使其旅行时间不超过规定的旅行时间,即保证其顺延正点。

(4)完成或超额完成本班交车、装车、卸车等工作任务。

四、列车运行调整计划的编制

由于铁路线路行车量一般较大,列车调度员通过编制 3~4h 的列车运行调整计划来实现列车运行的正确组织。列车调度员通过运行调整计划,计划与指挥本区段内列车的运行,及时向车站下达发车计划和会让、越行计划;向主要站段和相邻调度台进行列车到达预确报;促使行车人员密切配合、协调动作,保证实现调整计划,质量良好地完成日班计划规定的任务。列车运行调整,是在列车偏离基本图规定的运行线运行时,通过各种组织手段使其恢复按图行车的措施,是列车调度员行使指挥职责的具体体现。列车运行调整是通过编制列车运行调整计划来完成的,列车调度员通过列车运行调整计划行使指挥意图,以便实现列车工作计划。

列车运行调整计划是对未来几小时的列车运行、会让、甩挂作业等所做的具体安排。阶段时间的长短与调度台辖区的列车运行时间有关,辖区越长,列车运行时间越长,阶段的时间也应越长,其时间长度以能实现或有助于实现对某一或某些列车的调整意图为宜,多数为 3~4h。

每班分三个阶段进行编制与下达列车运行调整计划,并在每个阶段开始前一小时下达。三个阶段的划分如下:18:00(6:00)—22:00(10:00),22:00(10:00)—2:00(14:00),2:00(14:00)—6:00(18:00)。

(一)编制前资料收集

编制调整计划需掌握的基本资料包括基本运行图、列车工作计划、列车基本信息、区段基本信息以及运行图基本数据等。

列车调度员在编制 3~4h 列车运行调整计划前,应认真缜密地进行调查研究,通过各种联系方法与邻台(所)及有关站段互通情报,收集第一手资料。尤其是接班后第一个列车运行调整计划,交接班后容易产生脱节现象,造成不良后果。为保持计划的连续性,防止问题的发生,一方面要求列车调度员从整体的观点出发,编制最后一个调整计划时认真负责、考虑周密、下达齐全,关键问题一定要布置清楚,打好交接班基础。另一方面,要求接班调度员提前详细了解情况,接班后尽量按上一班的计划进行调整,必要时也尽量部分进行调整,避免全盘否定。

列车调度员收集的主要资料有:

(1)区段各站现在车分布情况(空车分车种、重车分去向)、装卸车进度和到发线占用情况。

(2)邻所(台)及本区段客、货列车实际运行情况,尤其注意早晚点列车的接入时间。

(3)编组站、区段站的到发线运用及待发列车准备情况。

(4)摘挂列车编组内容、作业进度和前方站的作业计划。

(5)区间卸车及施工计划。

(6)机车整备、机车交路及调车机车、小运转机车换班作业情况。

(7)其他有关情况及领导指示。

(二)调整计划编制

在编制列车运行调整计划时,一定要从全局的角度出发,认真贯彻国家运输政策和运输调整原则。既要保证重点,又要做好全面安排。对正点列车要按列车运行图做出运行计划,对晚点列车与早点列车按下列要求做出列车运行调整计划:

(1)保证安全前提下,用最大的旅行速度运行,尽快使晚点列车恢复正点运行,做到"接晚不增晚,晚点赶正点"。

(2)确定合理的会让站和越行站。

(3)最大限度地使用区间通过能力。

(4)保证必要的车站间隔时间及区间运行时分。

编制调整计划时,一般应优先保证旅客列车正点,按邻区段接入的时间顺序铺画;对直达、直通列车应尽量加速放行;安排技术站向区间发出超过图定列车对数的列车时要格外注意不使列车超过一定限度;安排摘挂列车运行计划时,在保证车辆甩挂条件下,尽量插档子运行;同时,应注意本区段始发直达列车的车流接续情况和机车交路,保证良好的运行秩序。

在运行图上铺画计划运行线时,采用正铺与倒铺相结合的方法如图4-1所示。

42206次列车计划在G站进行摘挂车作业量比较多,什么时间开才能赶到D站会K519次客车,如果从G站开始铺划,往往时间算不准而返工,若采取从D站向G站倒铺,一次铺出G站19:09必须开车。采取正铺与倒铺相结合的方法铺划节省了时间。

编制调整计划,一般采取"满表铺线、分段细铺"的方法。"满表铺线"就是一次铺画6h以上的计划。"分段细铺"就是以3~4h为一个阶段,在"满表铺线"的基础上,根据列车运行的变化情况,详细地编制列车运行调整计划。这样可以使阶段和阶段衔接紧密,也容易发现矛盾,找出列车运行实绩的最理想状态,能够按列车计划运行图行车,正点出发,正点到

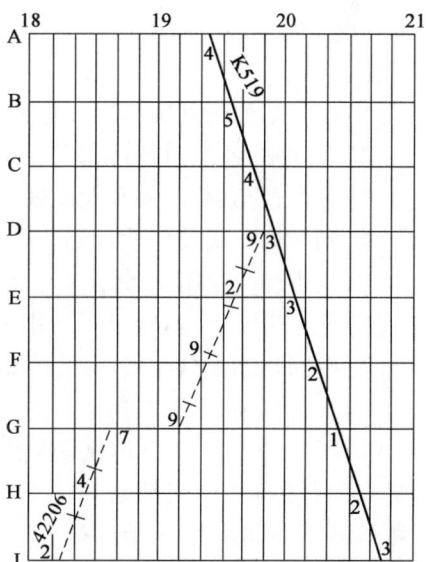

图4-1　倒铺列车运行线示例

达;由于实际列车运行过程中不可避免地要受到在编制计划运行图中所没有预见到的各种外来因素的干扰,导致偏离计划运行图,存在计划无效能力,从而有必要通过对列车运行计划重新铺画的方式来尽快恢复列车的有序运行状态,提高执行有效能力。列车计划运行图与列车运行调整计划之间既有联系又有区别:先有列车计划运行图,后有列车运行调整计划,且前者是在理想条件下编制的一种静态离线列车运行计划,向社会以时刻表的形式公布;后者是以列车运行计划为依据,根据现实列车运行环境来编制阶段计划,进而进行动态实时的在线调整,其目标是快速处理在运行过程中可能出现的各种干扰,尽可能减少偏离,避免或缩小事件影响范围,确保尽可能地按图行车,如表4-3所示。

列车运行计划与列车运行调整计划编制过程比较　　表4-3

比 较 项 目	列车运行计划(时刻表)	列车运行调整计划(实时)
主要目标	设计优化的列车时刻表	对列车运行实施优化控制
有效性时限	几年以上	仅在列车运行受干扰的一段时间内
编制过程中可调整幅度	任意的调整	仅在既有时刻表的基础上做一些小的改动
运行条件	通常是理想状况	列车运行受干扰的情况下
预测的时间范围	很长一段时间内	最多在几小时内
预测的空间范围	整个大的交通网络	枢纽或小的网络范围内

（三）下达实施

列车调度员在阶段计划编制完成后,要及时下达给各站段。根据具体情况,可采取集中、分段或个别的方式下达计划。应向基层站、段执行者交代清楚,使其明确计划意图,做到心中有数。基于新的阶段运行图,对股道、动车组及乘务员计划进行相应调整。下达的主要内容有:

(1)技术站列车到发车次、时刻、机车型号、编组内容及辆数。

(2)中间站会让、越行计划及相关注意事项。

(3)重点列车、超限列车及限速列车运行注意事项。

(4)摘挂列车甩挂作业计划。

(5)途中卸车及施工计划。

(6)调车机车、小运转机车运用和重型轨道车运行计划。

(7)中间站始发列车的车流来源、出发时刻及机车、运转车长的安排。

(8)其他事项,如上级指示、重点工作等。

列车运行调整计划下达仅仅是组织计划实现的开始。列车运行调整具有很强的实时性要求,制订调整计划都是在一个有限的时段内进行,且在调整计划实施过程中,要根据列车运行的实际情况予以修正;常常是一个计划未完全实现就必须制订下一个调整计划。在执行计划的过程中,列车调度员要随时注意列车运行情况的变化,随时监督列车的运行,以便发现问题,及时采取调整措施,保证列车按计划安全正点运行。列车运行调整流程如图 4-2 所示。

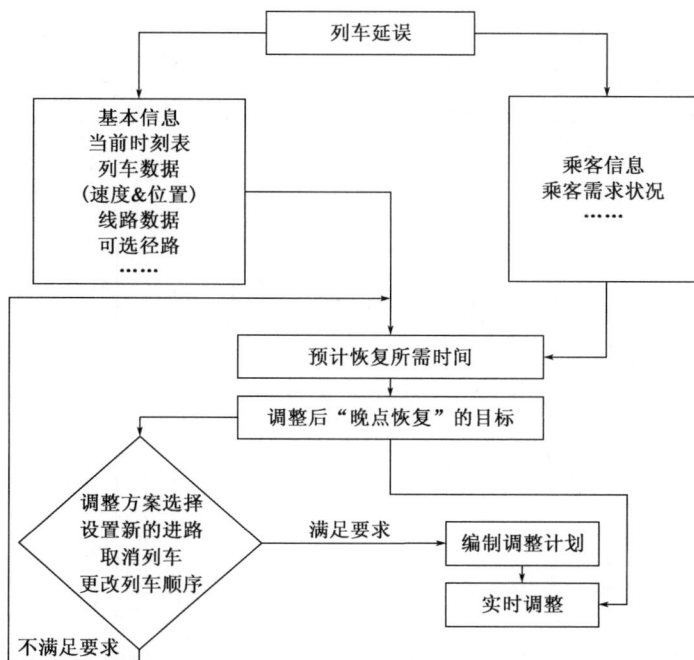

```
                        ┌──────────────┐
          ┌────────────▶│   列车延误    │◀───────────┐
          │             └──────────────┘            │
          │                                         │
 ┌────────────────┐                        ┌────────────────┐
 │   基本信息      │                        │                │
 │   当前时刻表    │                        │   乘客信息      │
 │   列车数据      │                        │  乘客需求状况    │
 │  (速度&位置)    │                        │    ……          │
 │   线路数据      │                        │                │
 │   可选径路      │                        └────────────────┘
 │    ……          │                                │
 └────────────────┘                                │
          │                                         │
          │        ┌──────────────────┐            │
          │        │  预计恢复所需时间  │◀───────────┘
          │        └──────────────────┘
          │        ┌──────────────────┐
          │        │ 调整后"晚点恢复"的目标│
          │        └──────────────────┘
          │                │
     ┌────────────┐        │        满足要求   ┌──────────────┐
     │ 调整方案选择 │────────┼──────────────────▶│  编制调整计划  │
     │ 设置新的进路 │        │                   └──────────────┘
     │ 取消列车    │        │                   ┌──────────────┐
     │ 更改列车顺序 │        │                   │   实时调整     │
     └────────────┘        │                   └──────────────┘
     不满足要求
```

图 4-2 列车运行调整流程

五、列车运行调整的方法

(一)组织列车按允许速度运行

列车运行图规定的列车运行速度一般都比线路允许速度低。在列车实际运行中,为了恢复正点,或为了赶到指定地点进行会让,或为了赶机车交路,或为了技术站的车流接续,或为了赶分界口交车或装卸车,可以让机车乘务员在不超过线路允许速度的前提下提高列车运行速度(俗称"贴线运行")。在采取这种措施时,应注意以下问题:

(1)机车类型和其技术状态是否允许。

(2)列车司机的思想状态和技术水平有无可能。

(3)列车的重量、长度及其编组内容是否适于提高速度。

(4)线路平面和纵断面有无使列车提高速度的条件。

(5)当地的气候条件,有无风、雪、雨、雾等天气的影响。

当都具备提高列车运行速度的条件后,再与司机商议,说明调整意图,提出赶点要求。只有在司机同意的情况下,方可采取这种方法。在向司机提出赶点的要求后,一定要为其创造条件,切不可发生让赶点列车等信号或机外停车等情况。

提高列车运行速度,缩短区间运行时分,必须按计划进行。列车调度员向司机提出赶点要求时,应说明赶点分钟数或到达某站的时分,不能无条件地、盲目地提出赶点要求,以免破坏列车运行调整计划的整体安排或影响其他列车。列车调度员要严格履行向司机提出的保

证条件,不使赶点列车在计划停车地点以外临时停车。遇特殊情况,不得已在计划停车地点以外停车时,应及时向司机说明原因。

如图4-3所示,在某单线区段,按运行图规定10001要在B站停会K168次,实际工作中因K168次晚点36min,影响10001次的正点运行。列车调度员预先了解到这种情况后,经过周密的计算分析,提前在A站通知10001次司机并征得同意,要求在A—B、B—C两区间"赶点"4min,至C站会K168次。

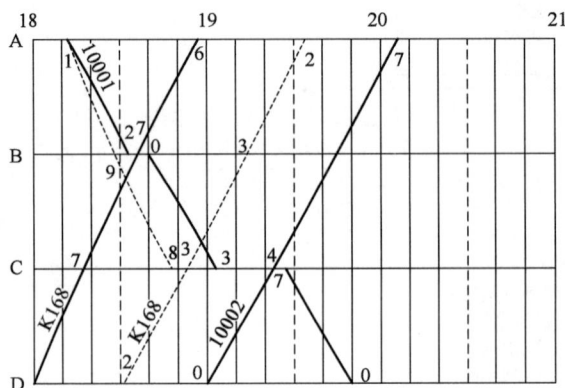

图4-3　组织列车加速运行(实线为计划线,虚线为调整线)

(二)选择合理的会让站

当有些列车发生早点、晚点时,或出现列车的停运、加开时就不能再在列车运行图规定的会让站组织列车会让,应选择更合理的会让地点,以提高列车运行正点率。

1. 以提高列车运行正点率为目标选择会让站

选择会让站时,首先需考虑提高列车运行正点率。

2. 同等级列车发生矛盾时的处理

当某一列车晚点时,应严格按列车等级进行调整,即先跨局后管内,先客后货。以不影响高等级列车运行为前提,选择合理的会让站。若晚点的列车与同等级正点的旅客列车发生矛盾时,一般应晚点列车让正点列车先行,远程列车让近程列车先行(因远程列车尚有较多的恢复正点的机会),有条件时,也可让正点列车待避晚点列车,然后再组织因待避而暂时晚点的列车恢复正点,以提高列车正点率。

3. 变更会车地点的规律性

当下行列车晚点较多时,会车地点向上行方向移动;上行列车晚点较多时,会车地点向下行方向移动。当晚点程度不能恰好使会车地点移动一个或一个以上区间时,则可组织对向列车途中赶点或早点始发,以适应调整列车运行的需要。若列车晚点不多时,则可组织该晚点列车加速运行,恢复正点。当停车等会的列车晚点而晚点时间不多时,可以通过变更会车方式的办法使晚点列车恢复正点。应当注意的是,采用这种调整措施时,应以被影响列车晚点不多,且其离终到站尚远,途中能加速运行为条件。否则,仍应移动会车地点,以免晚点列车影响其他列车正点运行。

同样道理,当下行列车早点较多时,会车地点应向下行方向移动;上行列车早点较多时,会车地点应向上行方向移动。如早点程度不能恰好使会车地点移动一个或一个以上区间时,则可组织早点列车加速运行压缩区间运行时分或更早一些始发,以适应运行调整的需要。若列车早点不多时,则可组织对向列车加速运行,维持图定会车地点。

如图4-4所示,T72次特快晚点29min于21:27通过C站,影响了31007次列车正点运行。如31007次改为在C站等会T72次,到达C站的时间是21:25,不足2min。列车调度员在阶段计划中决定31007次在A—B和B—C区段各赶点1min,通过B站,赶到C站会T72次。

在具体组织时,列车调度员将这一调整计划及时通知了31007次和T72次司机及A、B和C站值班员,使列车于21:23赶到C站,与T72次会车后,于21:30从C站出发,从而保证了31007次列车正点运行(图4-4)。

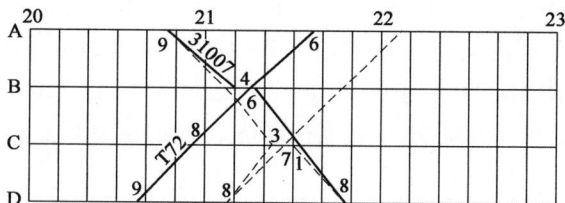

图4-4 指示列车赶到指定车站会车

4.有列车早点时

如图4-5所示,按运行图规定22001次在C站会22002次,让K225次,现由于22001次在A站早开15min,此时可将22001次与22002次的会车地点改在D站,这样就不必在C站会K225次,提前到达终点,而22004次也能早到A站。在双线区段,适当组织列车早开,可以减少待避次数,进而有利于提高列车运行速度。

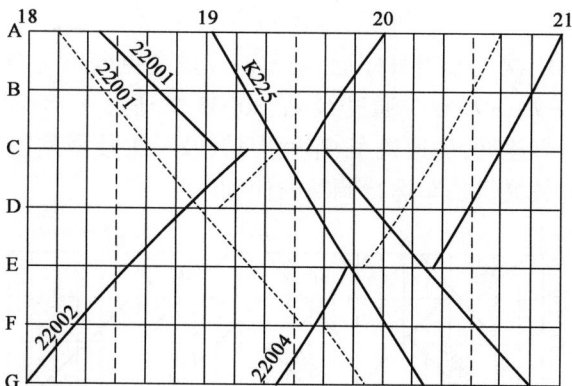

图4-5 有列车早点时,变更会让地点示意图

5.有列车晚点时

如图4-6所示,11005次图定在18:57到达C站会让11006次,但因11005次列车晚点

40min,此时可将会车地点由 C 站改为 B 站,这样就保证了 11006 次列车的正点运行。

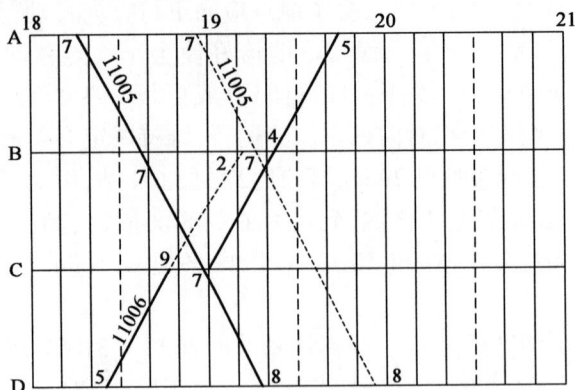

图 4-6　有列车晚点时,变更会让地点示意图

如图 4-7 所示,31001 次图定 16:02 在 G 站停车等会 31002 次,由于预计晚点 8min 到达 G 站,列车调度员在列车运行调整计划中改为 31002 次提前 2min 从 B 站出发,于 16:05 到达 G 站等会,让 31001 次 16:09 通过 G 站,正点到达终点 B 站,31002 次在 G 站于 16:11 分出发,晚点 6min(包括起动附加时分),有望在到达 A 站前恢复正点。

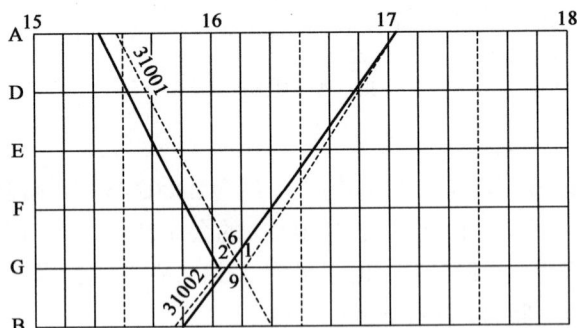

图 4-7　变更列车会让方式

如图 4-8 所示,30001 次列车当日停运,列车调度员变更列车交会方式,组织 30004 次通过 G 站,30003 次通过 F 站,30006 次通过 G 站,30005 次通过 F 站,早点终到 B 站。列车早点终到可以提高列车运行速度,加速机车、车辆周转,及早为技术站提供出发车流;列车运行早点则可以为列车调度员提供列车运行调整的便利。

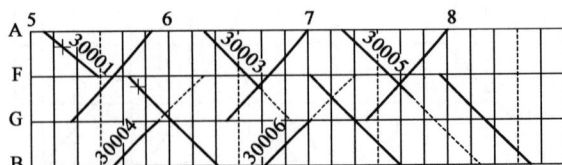

图 4-8　利用停运列车运行线提高运速

列车调度员在列车运行调整中,正确地规定会车地点和会车方式,不只能够加速列车的放行,而且能够良好地执行机车周转图。相反,不正确的变更会车地点和会车方式,将会造

成列车运行缓慢,降低旅行速度,甚至会打乱机车周转图。在决定变更会车地点或会车方式之前,一定要全面考虑,权衡利弊,分析它对其他列车运行及整个区段内的运行情况有哪些影响,作出合理的选择。

(三)变更列车越行地点

当列车发生早点或晚点时,往往有变更越行地点的必要。列车调度员要根据具体情况,选择合理的越行地点,以保证列车正点运行,或使晚点列车恢复正点运行。一般遇有下列情况之一时应变更越行地点:

(1)前行列车在各区间内连续运缓,将影响后行列车正点运行。

(2)晚点的旅客列车,或运行条件高于货物列车的专用列车赶上货物列车。

(3)有迅速放行个别列车的特殊指示。

越行地点选择在两个非困难区间之间的车站,这样可以缩短站停时间,为晚点列车运行创造有利条件。

如图4-9所示,10002次图定在E站技术作业停站12min,在B站待避K76次。由于邻区段接入晚点37min,列车调度员将待避地点改在E站,11:11由E站出发,12:08通过B站,减少晚点25min到达A站。

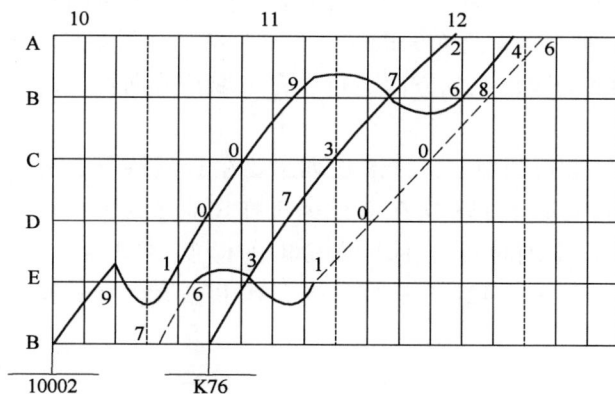

图4-9　变更越行地点使列车技术停站与待避相结合

(四)组织列车在车站进行平行作业

一般来说,列车在运行途中往往要进行一些技术作业。例如,旅客列车在途中要进行旅客上下、行包装卸等客运作业,摘挂列车要进行车辆甩挂等作业。当遇有列车发生晚点或加开、停运需要压缩某列车的停站时间时,列车调度员要事先周密计划部署,与车站和司机提前联系说明情况,取得有关人员的支持,组织快速平行作业,压缩列车在站作业时间,保证列车正点运行。

该措施的关键是车站的计划和组织工作,如调车作业计划编制合理、作业准备充分,调车作业速度加快等。

如图4-10所示,按运行图计划规定40415次摘挂列车在B站作业并等会T208次旅客列车,在C站也要进行甩挂作业。现因T208次列车晚点,若仍按图定计划在B站等会T208次列车,就会大大延长40415次列车在站的停留时间,造成该列车晚点。此时为了保证40415

次列车的正点运行,列车调度员应有预见性地组织 B 站采取各种措施(如提前准备好待挂车辆,尽可能进行平行作业等),抓紧 40415 次列车的作业,压缩其在 B 站的作业停留时间,提前开到 C 站等会 T208 次。这样既保证了 40415 次列车在 C 站的正常作业时间,也使其能按图定时间正点到达终点。

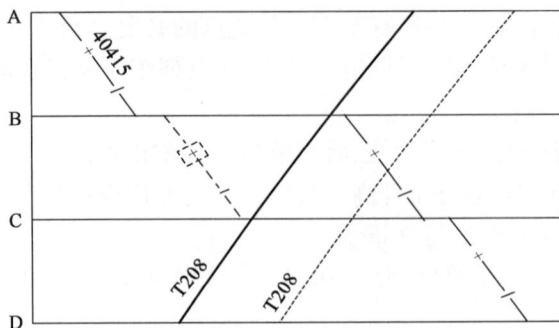

图 4-10 缩短列车在站停留时间示意图

(五)组织列车反方向行车

在双线区段,当一条区间正线进行施工,或者发生事故短时间不能行车时,为避免发生堵塞和疏解列车,可采取反方向行车的措施。有时为使某一列车赶到某站,也可以利用上下行列车运行密度不同的间隙组织反方向运行。在采取反方向运行的调整措施时,应特别注意行车安全。

如图 4-11 所示,按运行图规定,42158 次列车要在 C 站待避 2416 次,又要会 25665 次,现 25665 次因故停运,同时 42158 次在 B 站的甩挂作业量较大。在此种情况下,列车调度员可组织利用下行线的空闲时间,在保证安全的前提下,组织 42158 次列车在 C—B 区间反方向运行,这样就可以保证 42158 次摘挂列车在 B 站有充分的作业时间,并保证其正点运行。

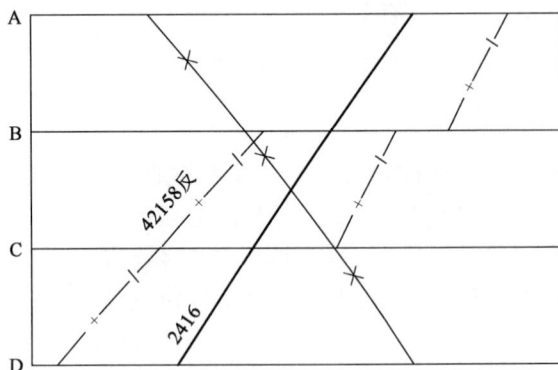

图 4-11 组织列车反方向运行示意图

列车调度员在组织反方向行车时,应注意以下问题:

在组织反方向行车时,一般应反向开行重量比较轻的列车(摘挂列车或小运转列车)及单机。因为在使用引导信号或由引导人员以手信号引导接车时,为保证列车进站的安全,列车应以不超过 20km/h 的速度进站,并应随时做好停车的准备,以防万一进路准备错误或进路上有障碍物时,可以在短距离内立即停车。重量比较轻的列车或单机因故停车及停车后启动均较方便,不容易耽误对向列车。

（六）组织列车合并运行

在区间通过能力较大的区段,当列车密度太大,或编组站接车线路使用紧张时,组织列车合并运行是运行调整中比较有效的办法。采取该措施时,应注意两个列车的辆数加总(或换长加总)不大于股道容车数;合并后列车运行前方最好不再有甩挂作业和其他作业;合并后如果超长,各站接发列车时应按超长列车办理,最好不要等会(单线区段)或待避其他列车。

如图 4-12 所示,将单机 51008 次与 32326 次列车合并,不但节省了一条运行线,而且可以增加 32326 次列车的牵引力。当技术站接车线路紧张时,把编组辆数较少的列车(如摘挂列车、小运转列车等)保留在技术站附近的中间站,与同方向的次一列车合并运行,可以缓和接车线路紧张的矛盾。

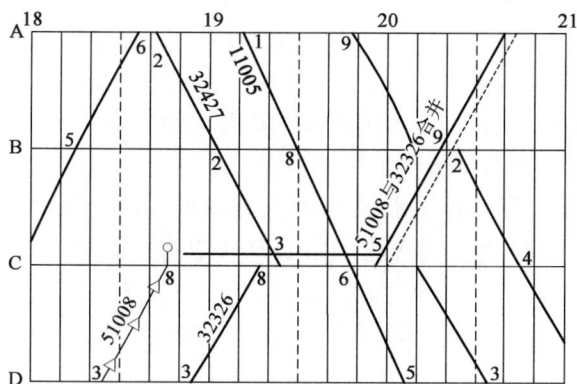

图 4-12　组织列车合并运行示意图

（七）摘挂列车运行组织的特殊方法

摘挂列车主要是为中间站服务的,停车次数多、甩挂作业多、列车等级低,列车运行组织难度大,在调度指挥工作中,往往要用较多的精力进行组织。运行调整的方法,除上述各种方法外,还可以采用一些特殊的组织措施:

（1）当各中间站的待挂车辆较多、一次难以挂走时,应按货物性质和作业难易、车流的急需程度,分别选择挂运。在列车的最后作业站,可在司机同意的情况下,组织超轴,但应注意在前方站尽量不再停车,并注意不能因该列车超轴而影响其他列车,特别应避免在旅客列车前抢点开车。

（2）在有调车机车的区段,应组织调车机车和摘挂列车配合作业,加速摘挂列车的运行。

（3）组织摘挂列车在设备比较好的车站为设备较差、作业不方便的车站挑选车组,减少列车在条件差的车站的停留时间。

（4）充分利用现有设备,加速甩挂作业。

（5）组织其他列车赶点,为摘挂列车运行腾出空当。

(八)跨台客运组织

遇晚点的旅客列车跨及数个调度区段时,通过联台铺点,分头采取调整措施。

六、高速铁路列车运行调整

由于列车运行受天、地、人、车等各种因素的影响,运行时间偏离,停站时间延长,以致打乱正常运行秩序的情况时有发生,这就要求要实时地调整列车运行计划。因此,编制列车运行调整计划、进行列车运行实时调整是列车调度子系统最主要的功能,也是体现列车调度工作质量的关键。

多种速度共线运行的运输组织模式将使得我国高速铁路列车运行组织与非高速铁路及其他国家高速铁路列车运行组织有较大的差异,也使得我国高速铁路列车运行调整问题有其自身的特点。

从列车运行干扰分析看,上线晚点列车将是高速铁路列车运行的主要干扰,导致高速铁路与普通铁路衔接地区的行车组织工作成为整个高速铁路行车组织工作的一个重点,对于列车运行调整来说,就是上线晚点列车如何调整的问题。从国外高速铁路实际运营经验看,高速铁路只要与其他线路衔接,其衔接点的运输组织工作就需要高度重视。例如法国高速铁路,由于采用高速列车下高速线运行的运营方式,其行车组织工作的困难不在高速线本身而在于延伸线路与高速线路的协调;德国高速铁路各大枢纽站引入方向多,各方向列车的良好接续就成为德国高速铁路行车组织工作的重点。

另外,由于受到经济条件和技术水平的限制,我国的高速动车组在一定时期内不可能有较多的备用动车组,高速列车运行紊乱必然导致动车组折返交路的紊乱,特别是在列车密度较大、高速动车组采用不固定区段使用方式时,问题会更突出。再者,由于不同速度混行,列车车速差大,运行图上高速列车的均衡到发性差,一定程度上也会影响动车组的良好接续。因此,当列车运行紊乱时,高速动车组的合理高效运用将成为高速铁路列车运行调整的另一个重点。

学习检测

1. 简述列车运行调整的原则。
2. 列车运行调整计划的主要内容是什么?
3. 列车运行调整计划是如何编制的?
4. 组织列车早点到达的目的是什么?
5. 组织反方向行车时应注意的问题有哪些?

拓展内容

列车运行调整课程设计任务书

一、资料

(1)某铁路线路情况如图 4-13 所示:A 站向 F 站方向为下行。

下行 →

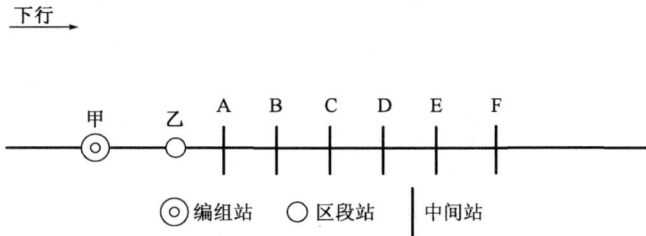

图 4-13 铁路线路示意图

（2）区段技术特征。

A 站至 F 站间为双线自动闭塞区段，B 站至 E 站间各站均有 6 条到发线（上下行各 3 条，均能停放重载列车）。旅客列车 A 站至 F 站间上下行纯运行时分均为 100min，每一区间的纯运行时分为 20min，各站起停附加时分别为 1min、2min，无特殊说明旅客列车各站均按通过掌握；货物列车 A 站至 F 站间上下行纯运行时分均为 125min，每一区间的纯运行时分为 25min，各站起停附加时分别为 2min、3min，旅客列车以外其他的运行时分均按货物列车掌握。客货追踪间隔时间为 8min，停车后办理闭塞（预告）至开车作业时间标准 2min。客车在 A 站、F 站均为通过，货车在 A 站、F 站均为始发。

下行列车：

K21 A 站 9:25 过，B、D、E 站办客停车 2min；

K1115 A 站 10:00 过，B、C、E 站办客停车 2min；

21001 A 站 10:25 开，41801 A 站 10:50 开；

90001 A 站 11:15 开；

T41 A 站 11:30 过，C、D、E 站办客停车 2min；

32231 B 站 12:12 到、12:15 开；

Z55 A 站 12:05 过，B、C、E 站办客停车 2min。

上行列车：

K22 E 站 9:25 到，9:28 开，B、C 站办客停车 2min；

10002 F 站 9:40 开；

K1116 F 站 10:00 过，B、C、E 站办客停车 2min；

T8 F 站 10:40 过，B、C、D 站办客停车 2min；

41002 E 站 11:20 到、11:26 开；

Z56 D 站 12:10 通过，B、C、E 站办客停车 2min；

33006 E 站 12:15 到、12:20 开；

72502 F 站 12:30 开，D 站停车作业 30min 开；

K24 F 站 12:50 过，B、C、E 站办客停车 2min。

二、情境设计

（1）21001 司机 10:40 汇报机车故障停车，需要处理。10:52 汇报处理完毕可以动车。

（2）32231 运行至 B—C 区间后发现区间有大雾，瞭望距离不足 200m，汇报后减速运行，到达 C 站后，运缓 5min。大雾未影响其他列车。

（3）Z55 到达 D 站后，由于上下旅客多，在站停留 6min 后开车。

（4）10002 运行至 E—D 区间后，司机汇报接触网挂异物，可降弓运行。到达 D 站后区间运缓 10min。10002 通过异物地点后设备单位处理完毕，未影响其他列车。

（5）33006 运行至 D—C 区间后报告有机车异音，需到前方站停车处理，经 40min 后司机汇报处理完毕可以开车。

根据上述内容完成运行图的铺画和调整。

三、设计任务书内容

第一章　绪论

概述列车运行图铺画和运行图调整的重要意义及本次课程设计的基础资料。

第二章　列车运行图

（1）基于上述资料，铺画完整的 A 站至 F 站资料提供所有车次列车运行图。

（2）列车运行图指标计算。

（3）本人对该图的自我评价。

第三章　列车运行图的调整

（1）基于上述列车运行图，运用所学列车运行图调整的方法铺画各车次特殊情况下调整后的列车运行情况。

（2）基于各车次列车运行调整图，统筹安排形成完整的调整后运行图。

第四章　个人小结

总结此次课程设计的收获、体会，有哪些不足之处等。

模块五　调度命令

知识目标

1. 掌握需发布调度命令的情况。
2. 学习发布常用调度命令的有关规定。
3. 熟悉常用调度命令用语。

技能目标

1. 会根据情况判断何时需发布调度命令。
2. 会按规范用语编制调度命令。
3. 会分析案例中调度命令的错误所在及其危害。

素质目标

1. 培养调度指挥工作的大局观。
2. 培养冷静分析、当机立断地发布调度指挥命令的意识。
3. 培养按规范用语编制调度命令的能力。

模块引导

调度命令对于列车调度员的重要性正如武器对于战士的重要性一样,是无论如何强调都不过分的。

单元一讨论了调度命令的有关规定,如需发布调度命令的各种情况,发布调度命令有哪些规定,调度所各工种调度命令号码的规定,行车调度命令卡控制度有哪些要求,规范调度命令有哪些要求等。其中,对需发布调度命令的各种情况、发布调度命令的基本规定、行车调度命令卡控制度等内容要求学生熟练掌握,严格遵守,灵活运用。

单元二详尽讲解了全部 27 类标准调度命令用语,并列举了大量实际现场的调度命令使用案例,详细分析了使用中的各类错误,以便学生通过对案例分析的学习,真正能提高调度指挥列车运行的能力和水平。

单元一　调度命令的有关规定

学习任务

本单元要求作为一名列车调度员,能根据情况判断何时需发布调度命令,当机立断地发布何种调度命令。了解发布调度命令时要遵守哪些方面的规定。了解调度所按各工种、台分配指定调度命令号码的规定,掌握调度命令循环、日期、保管时限的规定。熟悉行车调度命令卡控制度和规范调度命令的各项要求。

问题引导

何谓调度命令?何时需要发布调度命令?发布规范的调度命令有哪些规定?

知识学习

一、需发布调度命令的情况

调度命令是调度员处理日常行车工作中有关问题及在非正常情况下组织指挥行车有关部门、单位和人员办理行车工作、指挥作业方法和安全注意事项的带有约束性的指令。它是行车各部门具体办理行车工作的重要根据,是调度员组织指挥行车工作和安全生产的必要手段。

指挥列车运行的命令和口头指示,只能由列车调度员发布。列车调度员在发布命令之前,应详细了解现场情况,并听取有关人员意见。

遇表 5-1 所列情况,须发布调度命令。

行车调度命令模块　　　　　　　　　　　　　　表 5-1

序号	命令项目	受　令　者	
		司机	车站值班员
1	封锁、开通区间		○
2	向封锁区间开行救援列车、路用列车	○	○
3	临时变更或恢复原行车闭塞法	○	○
4	双线反方向行车、由双线改为单线或恢复双线行车	○	○
5	变更列车径路	○	○
6	发出在区间内停车或由区间返回的列车	○	○
7	开往区间内岔线的列车	○	○
8	发出临时由区间内返回后部补机的列车	○	○
9	列车需临时降弓运行	○	○

续上表

序号	命 令 项 目	受 令 者	
		司机	车站值班员
10	因行车设备故障、灾害或施工,以及列车中挂有限速的机车车辆等,需要使列车临时限速运行(纳入运行揭示调度命令或本务机车、动车组自身设备原因限速时除外)	○	○
11	动车组列车空调失效需打开部分车门限速运行	○	○
12	车站使用故障按钮、总辅助按钮		○
13	超长列车或列车挂有装载超限货物的车辆	○	○
14	单机附挂车辆	○	○
15	半自动闭塞区间,超长列车头部越过出站信号机(未压上出站方面的轨道电路)发车	○	○
16	在非到发线上接发列车	○	○
17	调度日(班)计划以外,临时加开或停运列车(单机除外)	○	○
18	双线区间在区间内进行跨线装卸作业时,对开入其邻线的列车	○	○
19	双线区间在区间内有除雪机、起重机工作时,对开入其邻线的列车	○	○
20	双线区间在区间内发生冲突、脱轨、火灾、爆炸事故,对开入其邻线的列车	○	○
21	列尾装置故障(丢失)的货物列车继续运行	○	○
22	改按天气恶劣难以辨认信号的办法行车或恢复正常行车	○	○
23	动车组列车转入或退出隔离模式(被救援时除外)	○	○
24	动车组列车在列控车载设备控车和列车运行监控装置控车之间人工转换	○	○
25	临时利用本务机车调车作业	○	○
26	利用天窗施工、维修作业		○
27	施工、维修作业较指定时间延迟结束		○
28	运行揭示调度命令与实际限速、行车方式或设备不符时	○	○
29	正线、到发线接触网停电或送电(接触网倒闸、跳闸后试送电、向中性区送电或弓网故障排查除外)		○
30	正线、到发线接触网停电后准许登顶作业	○	○
31	双管供风旅客列车运行途中改为单管供风	○	○
32	列车调度员认为有必要记录的上述以外的命令	有关人员	

注:1.划○者为受令人员。

2.天窗维修作业在指定的时间内完成并销记后,列车调度员不再发布维修作业结束恢复行车的调度命令。

3.动车组列车改按列车运行监控装置方式运行需将列控车载设备隔离时,列车调度员仅发布改按列车运行监控装置方式行车的调度命令。

4.因调车作业动车组控车模式转换,不发布调度命令。自动站间闭塞法行车转为半自动闭塞法行车及转回的调度命令,可不发给司机。

上述调度命令如涉及其他单位和人员时,应同时发给这些单位和人员。

列车调度员向司机发布调度命令时,应在列车进入关系区间(车站)前向司机发布或指定车站向司机交付,如来不及时应使列车停车进行发布或交付。

对于需向司机发布的调度命令,列车调度员可使用调度命令无线传送系统或按规定使用语音记录装置良好的列车无线调度通信设备向司机发布。由车站交付的调度命令,车站值班员可使用调度命令无线传送系统或按规定使用语音记录装置良好的列车无线调度通信设备向司机转达。

对跨局的列车,接车铁路局集团公司列车调度员可委托发车铁路局集团公司列车调度员发布调度命令。更换机车或变更限速条件时,应由有关铁路局集团公司列车调度员重新发给相关调度命令。途中乘务人员换班时,应将调度命令内容交接清楚。

使用计算机、传真机、调度命令无线传送系统发布调度命令时,命令接受人员确认无误后应及时反馈回执。使用电话发收调度命令时,应填记调度命令登记簿,指定受令人员中一人复诵,并记明发收人员姓名及时刻。

上述调度命令,如涉及其他单位和人员时,应同时发给。

列车调度员向司机发布调度命令时,应发给有关站段(所、室),由受令站段(所、室)负责转达。当乘务人员已出乘时,应发给列车始发站或进入关系区间前的停车站由其交付,如来不及而必须在进入关系区间前交付时,通过列车应停车交付。

对跨局的列车,接车铁路局集团公司列车调度员可委托发车铁路局集团公司列车调度员发布调度命令。更换机车或变更限速条件时,应由有关铁路局集团公司列车调度员重新发给机车所担当全区段的调度命令。途中乘务人员换班时,应将调度命令内容交接清楚。

发收调度命令时,应填记调度命令登记簿(《技规》附件七),指定受令人员中一人复诵,并记明发收人员姓名及时刻。使用计算机、传真机、无线传送系统发布调度命令时,命令接受人员确认无误后应及时反馈回执。在具备良好转接设备和通信记录装置的条件下,可根据国铁集团有关规定,使用列车无线调度通信设备向司机发布、转达调度命令或口头指示。

二、发布调度命令的有关规定

国铁集团、铁路局集团公司调度人员在组织指挥日常运输工作中,应及时发布与运输有关的调度命令,下级调度以及行车有关人员必须坚决执行。

发布调度命令应做到:

(1)指挥列车运行的命令和口头指示,只能由列车调度员发布。

旅客列车的加开、停运、折返、变更径路及车辆甩挂的命令,经铁路总公司、铁路局集团公司客运调度分别报告值班处长、值班主任同意签字后,由客运调度员发布。

(2)调度命令发布前,应详细了解现场情况,听取有关人员的意见,书写命令内容、受令处所必须正确、完整、清晰。

(3)采用计算机发布调度命令时,必须严格遵守"一拟、二签(按规定需领导、值班主任签发)、三下达、四确认签收"的发布程序。受令人必须认真核对命令内容并及时签收。

(4)采用电话发布调度命令时,必须严格遵守"一拟、二签(按规定需领导、值班主任签发)、三发布、四复诵核对、五下达命令号码和时间"的发布程序办理。发布、接收调度命令时,应填记调度命令登记簿(《技规》附件七),并记明发收人员姓名及时刻。

(5)铁路局集团公司列车调度员发布行车命令,要一事一令,不得填写其他内容。遇有不正确的文字不准涂改,应圈掉后重新书写。使用常用行车调度命令用语时,不用字句圈掉,不用项圈掉项号。已发布的调度命令,遇有错、漏时,必须取消前发命令,重新发布。

注:一事一令是指对一个独立事件发布一个命令,该独立事件包括单因素事件和多因素事件两类。单因素事件是指不与其他工作发生关联的简单事件;多因素事件是指涉及两项及其以上工作内容,且因此及彼、因果相关、时间相连的复杂事件,可用一个调度命令下达。

设有双线双向闭塞设备的区间且作用良好,需要连续反方向行车时,可一次发布调度命令。

(6)不准以月度施工方案代替施工调度命令。施工主管部门(单位)要将次日施工计划,提前上报施工调度员。施工调度员应提前向行车有关单位发布施工计划调度命令,发布施工计划调度命令,不准夹带与受令处所无关的内容和命令。实际施工调度命令由列车调度员发布。

(7)施工封锁或开通的调度命令,列车调度员必须得到车站值班员的请求(CTC区段无车站值班员的车站,由施工单位负责人请求)后,方可发布。

(8)发布有关线路、道岔限速的调度命令,必须注明起止里程(包括站内线别、道岔号码)及时间。发布事故救援命令、月度施工计划或施工电报涉及限速的有关线路、道岔必须注明里程。

(9)指定时间段内的维修作业,车站值班员在维修作业完毕销记后应立即报告列车调度员,列车调度员不再发布维修作业结束恢复行车的命令。如需延长作业时间,须经列车调度员发布调度命令批准。

(10)跨局途中无停点旅客列车的行车命令,可由有关铁路局集团有限公司直接向两端铁路局集团有限公司机务、车务(列车)段下达。

(11)在具备良好转接设备和通信记录装置的条件下,对以下内容可使用无线调度电话向值乘司机发布、转达调度命令,遇限速运行的调度命令,指定由进入关系区间(站)前的第二个车站值班员提示司机。

①恢复原行车闭塞法。

②设有双线双向闭塞设备的区间且作用良好,双线反方向行车。

③按规定时间延迟施工或提前结束施工。

④有计划封锁施工开通后,指定限速要求的列车。

⑤有临时限速要求的列车。

⑥临时停运列车、加开单机。

⑦旅客列车以外的列车在非到发线上接车或发车。

⑧半自动闭塞区间,超长列车头部越过出站信号机(未压上出站方面的轨道电路)发车。

⑨进站(接车进路)信号机故障的引导接车。

⑩机车信号、列车运行监控记录装置、列尾装置故障。

⑪列车由列控车载设备方式人工控车转入隔离模式。

⑫列车退出隔离模式,人工转换为列控车载设备方式控车。

⑬动车组在区间被迫停车后,准许返回后方站。

⑭特殊情况下,不能在基本进路上接发动车组。

⑮铁路局集团有限公司规定可以利用无线调度电话发布、转达的调度命令。

(12)为确保列车运行安全和秩序,尽量采取不停车交付调度命令,具备调度命令无线传送系统的,应使用该系统向值乘司机发布调度命令;符合使用无线调度电话发布、转达调度命令的内容和条件时,应用无线调度电话发布、转达调度命令。不具备上述条件时,本区段有停车站,列车调度员在进入关系区间前的停车站交付调度命令;本区段无停车站,有关局可委托有停车站的所在局通过停车站向值乘司机和运转车长转发调度命令。委托局要向受委托局说明转发调度命令的内容和具体车次,受委托局在时间允许情况下,不得拒绝委托。如来不及,必须在列车进入关系区间前的车站停车交付调度命令。委托电话应具备良好的通信记录装置。

(13)在CTCS-2级区段,对于200km/h动车组运行,站内正线或区间遇有限速时,列车调度员必须提前用数据格式向相关车站列控中心发布限速的调度命令。

对临时产生的限速或提前发布的限速命令有变化时,应通过调度命令无线传送系统向列车发布限速的调度命令。

司机接到车站关于"列控中心故障或限速命令未正确设置"的通知后,按限速命令人工控制列车运行速度。

区间限速区长度超过6000m时,列车调度员应按区间限速下达限速命令。

限速速度分为5档:45km/h、60km/h、80km/h、120km/h、160km/h。当实际限速速度小于45km/h时,列车调度员按实际限速值填写数据格式,由司机按调度命令控车。

(14)使用调度命令无线传送系统、计算机或传真机发布行车调度命令,必须认真执行确认和回执制度。

(15)除《铁路技术管理规程(普速铁路部分)》规定的情况外,遇下列情况,列车调度员亦不发布调度命令:

①使用绿色许可证或半自动闭塞发车进路通知书发出列车时。

②自动闭塞区间一架通过信号机故障。

③旅客列车在技术停车站(不办理客运、通勤业务和技术作业)临时变更通过。

④使用引导信号接车(使用引导手信号除外)。

⑤站内采用调车方式救援。

⑥已发布运行揭示调度命令的变更旅客列车固定走行径路。

⑦接发动车组列车变更固定股道。

⑧区间内机车信号、列车运行监控装置(LKJ)、轨道车运行控制设备(GYK)发生故障,运行至前方站停车处理。

⑨列车退行。

⑩自轮运转特种设备自走行时因自身设备原因限速。

⑪旅客列车发生制动关门,依据旅客列车制动关门限速证明书限速;货物列车编入关门车数超过现车总辆数的6%,依据制动效能证明书限速。

三、调度所各工种调度命令号码的规定

下面以济南铁路局集团公司为例,调度所各工种调度命令号码规定如表5-2所示。

调度所各工种调度命令号码规定 表5-2

工种(台)	号码	工种(台)	号码
局令	3000～3499	备用车	3500～3599
违编	3600～3699	施工西台	3700～3849
施工东台	3850～3999	京九台	5000～5099
济德台	5100～5199	济南枢纽台	5200～5299
济泰台	5300～5399	泰兖台	5400～5499
兖徐台	5500～5599	兖菏台	5600～5699
兖日台	5700～5799	胶一台	5800～5899
胶二台	5900～5999	胶三台	6000～6099
烟新台	6100～6199	新泰台	6200～6299
胶济客专台	6300～6399	京沪机调一台	6400～6499
京沪机调二台	6500～6599	京九菏日机调	6600～6799
胶济机调	6800～6999	日勤机调	7000～7099
动车台	7100～7129	货调停限装	7130～7279
货调变更	7280～7529	货调日计划	7530～7579
客调台日计划、专运	7580～7879	客调台行包	7880～8179
特调台篷布	8180～8579	特调台自备车	8580～8679
特调台军用	8680～8999	特调台扩货	9100～9179
特调台冷藏车	9180～9279	特调台罐车	9280～9379
辆调	9380～9479	电调	9480～9579
辆调红外线	9580～9629	工务调度	9630～9679
电务调度	9680～9729	计划调度	9730～9759
集装箱调度	9800～9899	专运命令	9900～9999
预留	9760～9799		

(1)列调台、计划台、特调台篷布命令号码按日循环,如遇命令号码不够用时,在本台命令号码前加"0";其他各工种按月按分配号码循环使用。

(2)调度命令日期的划分,以0:00为界。调度命令循环号码的起讫时间,以18:00区分。

(3)各工种调度命令保管一年。

四、行车调度命令卡控制度

列车调度员发布调度命令要严格按照"一拟、二审核、三把关、四发布、五回执、六复核"的程序发布。

"一拟"：由列车调度员草拟(胶济二台由维修调度员草拟，济南枢纽台、胶济一台由助理调度员草拟)。

"二审核"：执行一人两次审核(CTC 调度台由列车调度员进行审核)。

"三把关"：由值班主任到调度台把关并签字。

"四发布"：使用计算机或电话进行发布(CTC 调度台由列车调度员进行发布)。

"五回执"：计算机发布时，列车调度员要紧盯受令单位是否全部签收；电话发布时，记录收令人姓名。

"六复核"：受令单位全部签收完毕后，列车调度员要使用调度电话呼出所有受令单位并指定其中一个单位复诵，复核无误后执行。

注：需要值班主任把关的调度命令主要有：

(1)旅客列车反方向运行。

(2)旅客列车变更路径。

(3)旅客列车的加开、停运、折返及车辆甩挂的命令。

(4)列车临时限速时(临时限速是指机车乘务员出乘后产生的限速)。

(5)CTCS-2 区段列控设置限速。

(6)改变行车办法的施工。

(7)超限货物列车运行。

五、规范调度命令的几点要求

(1)班计划的格式(表5-3)。

(74)附加调度命令　　　　　　　　　表5-3

命令号码：第　　号　　　　发令时间：　　　　　　　　　发令人：

受令处所		受令情况
命令内容	×月×日第×班班计划 一、临时旅客列车计划： 二、货物列车计划： 1.停运的货物列车： ××次、××次、××次、××次。 2.加开的货物列车： (1)××站—××站：××次、××次、××次； (2)××站—××站：××次、××次、××次。 3.变开的货物列车： ××次(××次)、××次(××次)。 三、重点事项： 四、其他客货列车按图执行	

（2）发布临时限速命令第二个提示站的解释（图5-1）。

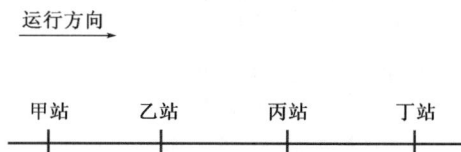

运行方向

甲站　　　乙站　　　丙站　　　丁站

图5-1　发布临时限速命令第二个提示站的解释

①区间限速：丙—丁站限速，列车进入限速地点前的第一个车站为丙站，第二个车站为乙站。

②站内限速：丙站站内限速，列车进入限速地点前的第一个车站为乙站，第二个车站甲站。

（3）超长、无列尾、挂有限速车辆调度命令跨台转发。

始发行调台命令：受令处所为沿途各站，命令内容为始发站至下一技术作业站。

其他相关台用始发行调台命令号码及命令内容原转（途中变更车次时需重新发布调度命令）。

（4）_____站至_____站间_____行线（含_____站_____道及_____端贯通道岔）的描述。

（5）电务施工停信、联、闭施工命令问题。

自_____时_____分（_____次列车到达_____站、_____次列车到达_____站）起至_____时_____分止，准许_____站进行电务施工，施工期间：

①_____站信号、联锁及 TDCS 设备停用，凭引导（手）信号接车。

②_____站至_____站间基本闭塞法停用，改用电话闭塞法。

有关行车凭证的交付和正线通过列车的引导按"施工特定行车"办法办理。

（6）天气恶劣，信号显示距离不足200m 时，该按天气恶劣难以辨认信号的办法行车，调度命令的受令处所为相关车站、列车司机（用列车调度电话）。

调度命令用语：

根据_____报告，_____站至_____站间信号显示距离不足200m，自接令时起，改按天气恶劣难以辨认信号的办法行车。

根据_____报告，_____站至_____站间信号显示距离已足200m，自接令时起，恢复正常行车。

（7）封锁区间并向封锁区间开行路用列车（适用于每端各进一列）的调度命令问题，由施工台在施工计划中注明停车点。

①受令处所：两端站、_____站交_____次司机及施工负责人。

②格式用语：因_____站至_____站间_____行线进行施工作业，自接令时（_____时_____分、_____次到_____站）起（至_____时_____分止），区间封锁。

③准许工务部门在_____km_____m 至_____km_____m 处施工。

④准许供电部门在_____km_____m 至_____km_____m 处施工。

⑤准许_____部门在_____km_____m至_____km_____m处施工。

准许_____站开_____次,进入封锁区间_____km_____m处防护点停车,(限速_____km/h,)按施工负责人的指示进行作业(返回_____开次),限_____时_____分到达_____站(限速_____km/h)。

准许_____站开_____次,进入封锁区间_____km_____m处防护点停车,(限速_____km/h,)按施工负责人的指示进行作业(返回开_____次),限_____时_____分到达_____站(限速_____km/h)。

(8)维修"V形天窗"作业(连续多个区间和车站)。

_____站(含)至_____站(含)间_____行线自_____次各站出站或到达起,准许各站及后方区间进行_____分钟维修作业(不包括本站的描述不用"不含"字样)。

(9)单个区间和车站维修作业仅限一个区间和一个车站。

(10)当日号码未用完,号码前不准加"0"。

(11)开通命令不准许用自×时×分开通字样,一律用"自接令时起"字样。

(12)不能用"自发令时起"要用"自接令时起"字样。

(13)调度命令遇有错、漏时必须取消前发命令,重新发布全部内容的调度命令。

(14)车站正线描述用罗马字,其他线路用阿拉伯数字描述。

(15)道岔号码描述不能用"#",要用汉字"号",如1号、3号、5号等。

(16)组织旅客列车赶点的用语:指定_____次列车积极组织,贴线运行。

(17)公里数描述:_____km_____m至_____km_____m;速度值描述:_____km/h。

(18)车站某某端道岔的描述示例

京沪(三、四)线德州—济南间:德州端、济南端(晏城北—北园间邯济线比照京沪线描述);

京沪(三、四)线济南—徐州间:济南端、徐州端;

水屯站:济南西端、徐州端;

京九线:衡水端、商丘端;

胶济线:青岛端、济南端;

邯济线:邯郸端、晏城北端;

蓝烟线:蓝村端、烟台端;

胶新线:胶州端、新沂端;

兖日线:兖州端、日照端;

新兖线:新乡端、兖州端;

辛大线:东风端、泰安(磁窑)端;

其他支线为终点站、衔接站某端(终点站的另一端描述为尽头端)。

学习检测

1.下列各种情况是否需要发布行车调度命令,为什么?

a. 非调度集中区段,自动闭塞区间,出站(发车进路)信号机故障时发出列车;

b. 非调度集中区段,自动闭塞区间,出站(发车进路)信号机停用时发出列车;

c. 在未设出站信号机的正线、到发线上,向自动闭塞区间发出列车;

d. 自动闭塞区间一架通过信号机故障(站间区间设有两架及以上通过信号机);

e. 旅客列车在技术停车站(不办理客运业务和技术作业)临时变更通过。

2. 采用计算机发布调度命令和采用电话发布调度命令有什么不同?为什么?

3. 采用哪些设备发布调度命令必须认真执行确认和回执制度?

4. 如遇命令号码不够用时,如何处理?

5. 列车调度员发布调度命令要严格按照什么程序发布,有什么具体要求?

单元二 常用调度命令用语及使用案例分析

学习任务

本单元培养列车调度员在熟悉常用调度命令用语的基础上,按规范用语编制调度命令的能力。通过分析调度事故案例中的错误,做到今后在调度实际工作中尽量减少和避免类似错误。

问题引导

常用的行车调度命令用语分为哪些种类?编制行车调度命令易犯哪些错误?

知识学习

一、常用行车调度命令模板

(一)封锁及开通区间

1. 封锁区间

_____站至_____站间_____行线因_____,自接令时(_____次列车到_____站)起(至_____时_____分止),区间封锁。

2. 开通封锁区间

根据_____站报告,_____站至_____站间_____行线_____完毕,(区间已空闲,)自接令时起区间开通。

(二)向封锁区间开行救援列车

1. 向封锁区间开行救援列车

(自接令时起,_____站至_____站间_____行线区间封锁。)

准许_____站(利用_____机车)开_____次列车,进入_____站至_____站间_____行线封锁区间_____km_____m处进行救援,将_____次列车推进(拉回)至_____站(返回开_____次列车)(按救援负责人的指挥办理)。

2.列车分部运行

根据_____站报告,_____次列车因_____,自接令时起_____站至_____站间_____行线区间封锁。

准许_____站利用_____机车开行_____次列车进入封锁区间_____km_____m处挂取遗留车辆,将_____次列车推进(拉回)至_____站(返回开_____次列车)。

(三)临时变更或恢复原行车闭塞法

1.停用基本闭塞法,改用电话闭塞法

自接令时(_____次列车到_____站)起,_____站至_____站间_____行线停用基本闭塞法,改用电话闭塞法行车。

2.恢复原行车闭塞法

自接令时(_____次列车到_____站)起,_____站至_____站间_____行线,恢复基本闭塞法行车。

3.停用自动站间闭塞法,改用半自动闭塞法

自接令时(_____次列车到_____站)起,_____站至_____站间_____行线停用自动站间闭塞法,改用半自动闭塞法行车。

4.由半自动闭塞法恢复自动站间闭塞法

自接令时(_____次列车到_____站)起,_____站至_____站间_____行线,恢复自动站间闭塞法行车。

5.双线反方向行车(未设双线双向闭塞设备或双线双向闭塞设备故障)

自接令时(_____次列车到_____站)起,_____站至_____站间_____行线停用基本闭塞法,改用电话闭塞法行车。准许_____次列车在_____站至_____站间利用_____行线反方向运行,_____次列车到_____站后,恢复_____行线基本闭塞法行车。

6.双线改单线行车(未设双线双向闭塞设备或双线双向闭塞设备故障)

自接令时(_____次列车到_____站)起,_____站至_____站间_____行线停用基本闭塞法,改用电话闭塞法,按单线行车。

7.恢复双线行车(未设双线双向闭塞设备或双线双向闭塞设备故障)

自接令时(_____次列车到_____站后)起,恢复_____站至_____站_____行线基本闭塞法,_____站至_____站间恢复双线行车。

8.列车反方向进入区间并运行至前方站(未设双线双向闭塞设备或双线双向闭塞设备故障)或发出由区间返回的列车

自接令时(_____次列车到_____站)起,_____站至_____站间_____行线停用基本闭塞法,改用电话闭塞法行车。准许_____站开_____次列车(反方向)进入区间_____km_____m至_____km_____m处_____,(返回开_____次列车)限_____时_____分前到_____站,本列到达后恢复基本闭塞法。

9.单线半自动闭塞或双线反方向越出站界调车

自接令时(_____次列车到_____站)起,_____站至_____站间_____行线停用基本闭塞法,改用电话闭塞法。准许_____站利用该区间越出站界调车,限_____时_____分前完毕,作业完毕后恢复基本闭塞法。

(四)双线反方向行车、由双线改为单线(设有双线双向闭塞设备)或恢复双线行车

1.双线反方向行车

自接令时(_____次到_____站)起,准许_____次(、_____次……)列车在_____站至_____站间利用_____行线反方向运行。

2.双线改单线行车

自接令时(_____次列车到_____站)起,_____站至_____站间_____行线改按单线行车。

3.恢复双线行车

自接令时(_____次列车到_____站后)起,恢复_____站至_____站间双线行车。

(五)变更列车径路

准许_____次列车由原运行径路,改经_____运行,各站按现时分办理。

(六)发出在区间内停车并运行至前方站的列车(使用基本闭塞法)

1.发出正方向进入区间内停车并运行至前方站的列车

准许_____站开_____次列车进入_____站至_____站间_____行线_____km_____m至_____km_____m处_____,限_____时_____分前到_____站。

2.发出反方向进入区间并运行至前方站的列车(设有双线双向闭塞设备)

自接令时(_____次列车到_____站)起,准许_____站开_____次列车反方向进入_____站至_____站间_____行线_____km_____m至_____km_____m处_____,限_____时_____分前到_____站。

（七）列车需临时降弓运行

自接令时起，_____站至_____站间_____行线（站内_____道）_____km _____m 至_____km _____m 处，降弓（限速_____km/h）运行。

（八）列车临时限速运行

1. 站内或区间临时限速

自接令时（_____时_____分）起至另有命令时（_____时_____分）止，_____站至_____站间_____行线_____km_____m 至_____km_____m 处限速_____km/h。

_____次列车运行至_____站至_____站间_____行线_____km_____m 至_____km_____m 处限速_____km/h。

2. 列车中挂有限速的机车、车辆

_____次列车在_____站挂有限速_____km/h 车辆（机车），运行至_____站。

3. 旅客列车车辆故障、动车组安装过渡车钩限速运行

_____次列车因空气弹簧故障（密接式车钩因故更换为 15 号车钩、动车组安装过渡车钩），限速_____km/h 运行。

（九）动车组列车空调失效需打开部分车门限速运行

_____次列车因空调失效打开部分车门限速 60km/h 运行，通过邻靠高站台的线路时限速 40km/h 运行。

（十）车站使用故障按钮、总辅助按钮

1. 半自动闭塞区段车站使用故障按钮

根据_____站_____申请，现查明_____站至_____站间_____行线区间空闲，准许_____站使用故障按钮办理闭塞机复原。

2. 自动闭塞区段车站使用总辅助按钮

根据_____站申请，现查明_____站至_____站间 行线区间空闲，准许_____站使用总辅助按钮改变闭塞方向。

（十一）超长列车或列车挂有装载超限超重货物的车辆

1. 货物列车超长

_____次列车换长_____，准许在_____站至_____站间超长运行。

2. 列车挂有装载超限货物的车辆

_____次列车挂有超限超重货物_____辆，_____站至_____站间运行条件如下：

（1）限速_____km/h；

（2）行经 300m 及其以下半径曲线,限速 _____ km/h;

（3）进出站经侧向道岔限速 _____ km/h,禁止（侧向）通过 _____ 号及其以下道岔;

（4）_____ 站至 _____ 站间区间会车限速 _____ km/h,……;

（5）_____ 站至 _____ 站间……禁止在区间会车;

（6）_____ 站至 _____ 站间……禁止在区间会 _____ 列车;

（7）禁止接（进）入有高站台的线路;

（8）各站按《站细》规定的线路接发;

（9）其他要求。

（十二）单机附挂车辆

准许 _____ 次列车在 _____ 站挂车 _____ 辆到 _____ 站,尾部车辆车号 _____。

（十三）半自动闭塞区间,超长列车头部越过出站信号机（未压上出站方面的轨道电路）发车

[半自动闭塞区间,超长列车头部越过出站信号机（未压上出站方面的轨道电路）发车,调度命令如下。]

准许 _____ 次列车在 _____ 道 _____ 行出站信号机开放情况下越过出站信号机发车。

（十四）在非到发线上接发列车

1. 在非到发线上接车

准许 _____ 次列车接入 _____ 站非到发线 _____ 道。

2. 半自动闭塞、自动站间闭塞区间在非到发线上发车

自接令时（_____ 次列车到 _____ 站）起,_____ 站至 _____ 站间 _____ 行线停用基本闭塞法,改用电话闭塞法行车,准许 _____ 次列车在 _____ 站非到发线 _____ 道发车,本列到 _____ 站后恢复基本闭塞法行车。

3. 自动闭塞区间在非到发线上发车

准许 _____ 次列车在 _____ 站非到发线 _____ 道发车。

（十五）调度日（班）计划以外,临时加开或停运列车（单机除外）

1. 临时停运列车

准许 _____ 次列车在 _____ 站停运,_____ 站至 _____ 站间加开 _____ 次列车,按现时分运行。

2. 临时加开列车

准许 _____ 站至 _____ 站间加开 _____ 次、_____ 次……列车,_____ 站至 _____ 站间加开 _____ 次、_____ 次……列车,按现时分运行。

3. 加开救援列车

_____站至_____站间加开_____次列车,(限速_____km/h,)_____站
_____时_____分开,按现时分办理。

(十六)双线区间在区间内进行跨线装卸作业,有除雪机、起重机工作,发生冲突、脱轨、
火灾、爆炸事故时,对开入其邻线的列车

(双线区间在区间内进行跨线装卸作业,有除雪机、起重机工作,发生冲突、脱轨、火灾、
爆炸事故时,对开入其邻线的列车,调度命令如下。)

因_____站至_____站间_____行线_____km_____m至_____km
_____m处_____,_____次列车注意运行。

(十七)行车设备故障

1. 列尾装置故障(丢失)的货物列车继续运行

根据_____站报告,_____次列车列尾装置故障(列尾主机丢失),(_____站负
责吊起尾部软管,)准运行至_____站,各站注意接车。

2. 货物列车列尾主机回送

指定_____次列车携带货车列尾主机_____台(回送)到_____站。

(十八)改按天气恶劣难以辨认信号的办法行车或恢复正常行车

1. 改按天气恶劣难以辨认信号的办法行车

根据_____报告,_____站至_____站间信号显示距离不足200m,自接令时起,
改按天气恶劣难以辨认信号的办法行车。

2. 天气转好,恢复正常行车

根据_____报告,_____站至_____站间天气转好,自接令时起,恢复正
常行车。

(十九)动车组列车转入或退出隔离模式(被救援时除外)

1. 列车将列控车载设备转入隔离模式

准许_____次列车将列控车载设备转入隔离模式。(运行至_____站后将隔离模
式退出,转换为列控车载设备方式行车。)

2. 列控车载设备由隔离模式退出,转换为列控车载设备方式行车

准许_____次列车将隔离模式退出,转换为列控车载设备方式行车。

(二十)动车组列车在列控车载设备控车和LKJ控车之间人工转换

1. 由列控车载设备行车转换为LKJ方式行车

准许_____次列车(在_____站)由列控车载设备方式行车转换为LKJ方式行车。
(运行至_____站后,由LKJ方式行车转换为列控车载设备方式行车。)

2. 由 LKJ 方式行车转换为列控车载设备行车

准许_____次列车(在_____站)由 LKJ 方式行车转换为按列控车载设备方式行车。

(二十一)临时利用本务机车调车作业

指定_____次列车本务机车在_____站进行调车作业。

(二十二)利用天窗施工、维修作业

其中施工作业见如下 1~3 所列;维修作业见如下 4~7 所列:

1. 封锁区间并向封锁区间开行路用列车(适用于每端各进一列)

_____站至_____站间_____行线因施工,自_____时_____分(_____次列车到_____站)起区间封锁,限_____时_____分施工完毕。

(1)准许工务部门在_____km_____m 至_____km_____m 处施工。

(2)准许供电部门在_____km_____m 至_____km_____m 处施工。

(3)准许_____部门在_____km_____m 至_____km_____m 处施工。

准许_____站开_____次列车,进入封锁区间_____km_____m 处停车,按施工负责人的指示进行作业,(返回开_____次列车,)限_____时_____分前到达_____站。

准许_____站开_____次列车,进入封锁区间_____km_____m 处停车,按施工负责人的指示进行作业,(返回开_____次列车,)限_____时_____分前到达_____站。

2. 自动闭塞区间路用列车跟踪进入区间后封锁施工

准许_____站开_____次列车跟随_____次列车按自动闭塞方式进入_____站至_____站间_____行线,在_____km_____m 处停车。_____次列车到达_____站后区间封锁。准许_____部门在_____km_____m 至_____km_____m 处施工,限_____时_____分施工完毕。_____次列车按施工负责人的指示进行作业,(返回开_____次列车,)限_____时_____分前到达_____站。

3. 信联闭施工(采用施工特定行车)

自_____时_____分(_____次列车到_____站)起,准许_____站至_____站间_____行线_____部门施工,限_____时_____分施工完毕,施工期间:

(1)站_____行进站(_____接车进路)信号停用。

(2)_____站_____道_____行出站(_____发车进路)信号停用。

(3)自_____时_____分(_____次列车到达_____站)起_____站至_____站间_____行线停用基本闭塞法,改用电话闭塞法行车。

(4)有关行车凭证的交付和正线通过列车的引导按"施工特定行车办法"规定办理。

4. 单个区间和车站维修作业

自_____次列车_____站出站(到达)(_____时_____分)起,准许_____

站(含、_____道、_____号道岔)至_____站(含、_____道、_____号道岔)_____行线进行_____分钟维修作业。

5.单线连续多个区间和车站维修作业

_____站(含、_____道、_____号道岔)至_____站(含、_____道、_____号道岔)间自_____次列车各站出站或到达起,准许各站及后方区间进行_____分钟维修作业。

6.双线维修"V形天窗"作业(连续多个区间和车站)

_____站(含、_____道、_____号道岔)至_____站(含、_____道、_____号道岔)间_____行线自_____次列车各站出站或到达起,准许各站及后方区间进行_____分钟维修作业。

7.维修"垂直天窗"作业

自接令时(_____次列车到达_____站、_____次列车到达_____站、_____次列车到达_____站……)起,_____站(含、_____道、_____号道岔)至_____站(含、_____道、_____号道岔)间上下行线准许各区间及站内进行_____分钟维修作业。

(二十三)施工、维修作业较指定时间延迟结束

根据_____站申请,准许_____站(含、_____道、_____号道岔)至_____站(含、_____道、_____号道岔)间_____行线施工(维修)延迟至_____时_____分结束。

(二十四)运行揭示调度命令与实际限速、行车方式或设备不符时

_____次列车前发_____号运行揭示调度命令取消,运行条件如下:

(1)_____站(含、_____道、_____号道岔)至_____站(含、_____道、_____号道岔)间_____行线_____km_____m至_____km_____m限速_____km/h。

(2)_____站至_____站间_____行线按基本闭塞法行车。

(3)施工结束后设备变化情况……。

(二十五)正线、到发线接触网停电或送电(接触网倒闸、跳闸后试送电、向中性区送电或弓网故障排查除外)

1.接触网有计划停电

根据供电调度_____号申请,自接令时(_____次列车到_____站)起,准许_____站(含)至_____站(含)间_____行线(_____km_____m到_____站至_____站间_____km_____m)接触网停电。

2.接触网故障停电

根据供电调度_____号通知,自接令时起,_____站(含)至_____站(含)间_____行线(_____km_____m到_____站至_____站间_____km

_____ m)接触网已停电。

3.接触网送电

根据供电调度 _____ 号通知, _____ 站(含)至 _____ 站(含)间 _____ 行线(_____ km _____ m 到 _____ 站至 _____ 站间 _____ km _____ m)接触网已恢复供电。

(二十六)正线、到发线接触网停电后准许登顶作业

根据供电调度 _____ 号通知, _____ 站(含)至 _____ 站(含)间 _____ 行线(_____ km _____ m 到 _____ 站至 _____ 站间 _____ km _____ m)接触网已停电,自接令时起,准许采取安全措施后进行登顶作业。

(二十七)双管供风旅客列车运行途中改为单管供风

准许 _____ 次列车在 _____ 站由双管供风改为单管供风运行至终到站。

(二十八)调度集中区段,由列车调度员办理接、发列车,作为行车凭证的调度命令

1.调度集中区段,由列车调度员办理发车,调度命令用作允许列车运行的行车凭证

(1)因 _____ 站至 _____ 站间 _____ 行线停用基本闭塞法,现查明 _____ 站至 _____ 站间 _____ 行线区间空闲,准许 _____ 次列车由 _____ 站发往 _____ 站。

(2)在 _____ 站 _____ 道出站(_____ 发车进路)信号机故障(未设出站信号机、列车头部越过出站〔 _____ 发车进路〕信号机)的情况下,准许 _____ 次列车由 _____ 道发车。

2.调度集中区段,由列车调度员办理接车,调度命令用作允许列车运行的行车凭证

因 _____ 站 _____ 行进站(_____ 接车进路)信号机故障,准许 _____ 次列车以不超过20km/h速度越过 _____ 站 _____ 行进站(_____ 接车进路)信号机进入 _____ 站 _____ 道。

(二十九)其他

(1)自接令时起取消前发 _____ 年 _____ 月 _____ 日 _____ 号命令。

(2)施工开通启用新版本 LKJ 数据涉及径路、线路允许速度变化列车。

_____ 次列车为施工开通启用新版本 LKJ 数据后第 1 列(或第 2 列、第 3 列……)列车:

①经由(_____ 线) _____ 站(含)至 _____ 站(含)间 _____ 行线运行。

②经由 _____ 站 _____ 道运行。

③运行至(_____ 线) _____ 站(含)至 _____ 站(含)间 _____ 行线 _____ km _____ m 至 _____ km _____ m 处限速 _____ km/h 运行(按线路允许速度 _____ km/h 运行)。

注:限速和线路允许速度在同一命令中最多只能包含一项;限速列车为施工开通后低于线路允许速度且未纳入运行揭示调度命令的第 1、2、3……列临时限速列车。

二、调度命令使用错误案例

1. 未使用《调规》附件二命令用语或使用错误(见表 5-4 ~ 表 5-8,其中受令情况中的某××为工作人员姓名)

案例 1 临时停运列车

表 5-4

命令号码:第 5110 号 　　　　　　 ×年×月×日 01:46:00.0 　　　　　　 发令人:

受令处所	黄 河 涯	受 令 情 况
命令内容	指令 41192 次黄河涯站终止,机车开 51003 次去济南西站。 分析: 《调规》附件 2 第 30 条临时停运列车:准许_____次在_____站停运,_____站至_____站间加开_____次,按现时分运行。 该命令应是:准许 41192 次在黄河涯站停运,黄河涯站至济南西站间加开 51003 次,按现时分运行。 受令处所:黄河涯站—济南西站间各站	赵× 01:47:00

案例 2 单个区间和车站维修作业

表 5-5

命令号码:第 5712 号 　　　　　　 ×年×月×日 11:52:16.0 　　　　　　 发令人:

受令处所	日照站并抄交施工负责人	受 令 情 况
命令内容	日照站,自发令时起,准许站内第 8 联锁区进行 40min 维修作业。 分析: 未按《调规》附件 2 命令格式发布 该命令内容应为:自接令时起,准许日照站站内第 8 联锁区进行 40min 维修作业	—

案例 3 单个区间和车站维修作业

表 5-6

命令号码:第 5016 号 　　　　　　 ×年×月×日 10:05:00.0 　　　　　　 发令人:

受令处所	菏泽,田水井	受 令 情 况
命令内容	菏泽站至田水井站间下行线自 T185 次田水井站到达起,准许区间进行 70min 维修作业。 　　分析: 《调规》标准格式: 　　自_____次_____站出站(到达)起,准许_____站至_____站区间及_____站站内进行_____min 维修作业。 　　此命令内容应为:自 T185 次田水井站到达起,准许菏泽站至田水井站间下行线区间进行 70min 维修作业	菏泽 邓×× 10:06:00 田水井 赵×× 10:06:00

案例4　单个区间和车站维修作业　　　　　　　　　　　　　表 5-7

命令号码:第5211号　　　　　×年×月×日 21:52:08.0　　　　　发令人:

受令处所	淄博,马尚	受令情况
命令内容	自接令时起 ,准许马尚站至淄博站下行线区间及马尚站、淄博站站内下行线 进行 90min 维修作业。 　分析: 　该命令应使用《调规》附件二第49 条——维修"V 形天窗"作业(连续多个区间和车站)的命令用语; 　正确命令为:马尚站(含)至淄博站(含)间下行线自接令时起,准许各站及后方区间进行 90min 维修作业	马尚 吴× 21:52:17 淄博 韩× 21:52:18

案例5　限速车辆挂运　　　　　　　　　　　　　　　　　　表 5-8

命令号码:第5301号　　　　　×年×月×日 04:30:00.0　　　　　发令人:

受令处所	党家庄,炒米店,崮山,张夏,青杨,万德,界首,大河,泰山,水屯,水屯,水屯	受令情况
命令内容	10137 次列车运行条件:限速 80km/h。 　分析: 　未使用常用行车调度命令用语,且无起始站。 　命令内容为:10137 次列车在济南西站挂有限速车辆_____辆,济南西站至徐州北站间限速 80km/h 运行	炒米店 郝×× 04:30:00 大河 孙×× 04:30:00 党家庄 李×× 04:30:00 界首 肖× 04:30:00 青杨 孙×× 04:30:00 水屯 陈× 04:30:00 泰山 耿× 04:32:00 万德 孙× 04:30:00 张夏 王× 04:30:00 崮山 盖×× 04:30:00

2. 命令内容有错漏(表 5-9 ~ 表 5-14)

案例1　开通封锁区间　　　　　　　　　　　　　　　　　　表 5-9

命令号码:第5415号　　　　　×年×月×日 13:03:35.0　　　　　发令人:

受令处所	泗水,鲁舒	受令情况
命令内容	根据泗水站报告,泗水站至鲁舒站间下行线工务施工完毕,自接令时起区间开通。 　分析: 　开通区间未注明区间已空闲 　《调规》附件二——开通封锁区间 　根据泗水站报告,泗水站至鲁舒站间下行线工务施工完毕,区间已空闲,自接令时起区间开通	泗水 柏×× 13:03:56 鲁舒 张× 13:03:48

案例 2　停用基本闭塞法,改用电话闭塞法　　　　　　　　　　表 5-10

命令号码:第 5208 号　　　　　×年×月×日 20:10:31.0　　　　发令人:

受令处所	济南东,黄台,历城	受令情况
命令内容	因黄台站进行微机联锁设备更换施工,自 K296 次列车到济南东站起,历城站至黄台站间、济南东站至黄台站间上下行线停用基本闭塞法,改用电话闭塞法行车。同时停用黄台站全站信号联锁设备、TDCS 设备。准许中铁十局电务公司进行施工。 　　施工期间: 　　(1)黄台站接车凭手信号引导; 　　(2)胶济上行列车,历城站在客场凭手信号一次性发车或通过,黄台站凭手信号一次性引导接车进入 I 场(原东场),凭手信号运行及发车;胶济下行列车,济南东站凭手信号运行及发车,黄台站凭手信号引导接车,在 I 场(原西场)凭手信号一次性发车或通过,历城站凭进站信号接车; 　　(3)正线办理列车通过或停车后再开的列车按"施工特定行车办法"办理行车。 　　分析: 　　1.无施工结束时间 　　2.行车办法(3)应是有关行车凭证的交付和正线通过列车的引导按"施工特定行车"办法办理	—

案例 3　接触网有计划停电　　　　　　　　　　　　　　　　表 5-11

命令号码:第 5234 号　　　　　×年×月×日 00:58:45.0　　　　发令人:

受令处所	王村,周村东,马尚,淄博,临淄	受令情况
命令内容	根据供电调度 T355 号申请,自接令时胶济上 行线临淄至淄博(含)至马尚(含)至周村东(含)至王村间(257 km660m 至 278km610m)及湖田至淄博站(含)至马尚(含)至周村东(含)至王村间(三线 270 km412 m 至上行 278km610m)接触网停电。 　　分析: 　　该命令应是:自接令时起,准许……停电	—

案例 4　封锁区间并向封锁区间开行路用列车(适用于每端各进一列)　表 5-12

命令号码:第 5814 号　　　　　×年×月×日 23:27:40.0　　　　发令人:

受令处所	沙岭庄,四方	受令情况
命令内容	因沙岭庄站至四方站间下行线(包括四方站下行正线及济方贯通道岔)进行换枕、大机捣固作业,自接令时起区间封锁。 　　准许沙岭庄站开 57005 次,进入封锁地段 8km500m 至 7km250m 处,按施工负责人的指示进行作业,限 14 日 3 时 00 分到达四方站。 　　分析: 　　该命令只有封锁起的时间没有封锁止的时间	沙岭庄 岳×× 23:28:09 四方 王× 23:27:47

案例 5　变更列车径路　　　　　　　　　　　　　　　　　　表 5-13

命令号码:第 5104 号　　　　　　　×年×月×日 06:02:00.0　　　　　发令人:

受令处所	禹城,晏城,十二里阁,桥南,桥南,桥	受 令 情 况
命令内容	准许 42071 次由原进路,改经京沪下行线进济南西站运行,各站按现时分办理。 　　分析: 　　《调规》标准格式:准许_____次由原_____进路,改经_____运行,各站按现时分办理。 　　此命令内容应为:准许 42071 次由原邯济线进路,改经京沪下行线运行去济南西站,各站按现时分办理	桥南 张×× 06:03:00 十二里阁 刘×× 06:03:00 禹城 张×× 06:03:00 晏城 石× 06:03:00

案例 6　双线反方向行车　　　　　　　　　　　　　　　　　表 5-14

命令号码:第 5601 号　　　　　　　×年×月×日 01:03:43.0　　　　　发令人:

受令处所	菏泽南运转,菏泽站并抄交 86211 次司机	受 令 情 况
命令内容	准许 86211 次在菏泽站至菏泽南运转站间利用上行线反方向运行。 　　分析: 　　命令不规范,缺少反方向开始时间。 　　《调规》的常用行车调度命令用语样式为:自接令时(_____次列车到_____站)起,准许_____次、_____次……在_____站至站间利用_____行线反方向运行。 　　正确命令为:自接令时(_____次列车到_____站)起,准许 86211 次在 菏泽 站至菏泽南运转站间利用上行线反方向运行	菏泽南运转 安×× 01:04:02 菏泽 李×× 01:03:57

3. 调度命令用词不规范(表 5-15)

案例 1　封锁区间并向封锁区间开行路用列车(适用于每端各进一列)　　表 5-15

命令号码:第 4405 号　　　　　　　×年×月×日 19:52:44.0　　　　　发令人:

受令处所	北园,东沙王庄	受 令 情 况
命令内容	因北园站至东沙王庄站间京沪四线(含北园站 2 股及北端 正线贯通道岔)进行大机维修作业,自 D56 次到东沙王庄站起至 22:55:00 分止,封锁。 　　准许北园站开 57004 次,进入封锁区段 481km500m 至 478km500m 处按施工负责人的指示进行作业,返回开 57003 次,限 22:55:00 到达北园站。 　　分析: 　　应以邻近技术站站名为一端的名称	—

4. 调度命令号码不正确(表 5-16)

案例 1　临时指定列车限速　　　　　　　　　　　　　　　　表 5-16

命令号码:第 05629 号　　　　　　　×年×月×日 08:27:29.0　　　　　发令人:

受令处所	巨野,龙堌集,大山头站交 28139 次司机	受 令 情 况
命令内容	28139 次运行至巨野站至龙堌集站下行线 209km300m 至 211km100m 处限速 45km/h。 　　分析: 　　未按规定适用调度命令号码,命令号码前多"0"	—

5. 命令内容违反有关规章规定(表5-17~表5-21)

案例1 封锁区间并向封锁区间开行路用列车(适用于每端各进一列) 表5-17

命令号码:第5700号　　　　　　×年×月×日 04:05:09.0　　　　　　发令人:

受令处所	温水,地方站并抄交施工负责人及57006次列车司机	受令情况
命令内容	因地方站至温水站间上行线进行卸枕作业,自4h40min起,至8h10min止,区间封锁。 　　准许地方站开57006次,进入封锁区间114km000m至113km000m处,按施工领导人的指示进行作业(返回开57007次),限8h10min到达地方站。 　　分析: 　　该命令违反《济南铁路局营业线施工及安全管理实施细则》第52条规定:提前发布封锁施工的调度命令,不得超过施工开始前30min	温水 崔×× 04:05:39 地方 李× 04:07:36

案例2 临时指定列车限速 表5-18

命令号码:第5710号　　　　　　×年×月×日 09:50:19.0　　　　　　发令人:

受令处所	郑旺,莒南,日照站并抄交J27108次司机	受令情况
命令内容	J27108次运行至莒南站至郑旺站间上行线211km700m至211km200m处限速25km/h。 　　分析: 　　此命令为漏交受令处所。 　　根据《调规》57条第13款及济安电〔2008〕306号文规定:对没有写入IC卡的临时限速调度命令,列车在进入限速地段前,调度员指定由限速地段前的第二个车站值班员提示列车司机。 　　此命令的受令处所应有坪上站	郑旺 庄× 09:51:15 莒南 李×× 09:50:33 日照 徐×× 09:52:21

案例3 临时指定列车限速 表5-19

命令号码:第5656号　　　　　　×年×月×日 14:56:23.0　　　　　　发令人:

受令处所	菏泽站并抄交T180次司机及运转车长,沙土集,巨野,大山头	受令情况
命令内容	T180次运行至菏泽站至沙土集站间上行线178km200m至179km300m处限速45km/h;运行至菏泽站至沙土集站间上行线180km500m至181km500m处限速80km/h;运行至菏泽站至沙土集站间上行线186km100m至187km200m处限速45km/h;T180次运行至菏泽站至沙土集站间上行线(包括沙土集站菏泽端上行线)188km300m至189km150m处限速80km/h。 　　T180次运行至巨野站至大山头站间上行线228km600m至230km400m处限速25km/h。 　　分析: 　　此命令为漏交受令处所。 　　根据《调规》第57条第13款及济安电〔2008〕306号文规定:对没有写入IC卡的临时限速调度命令,列车在进入限速地段前,调度员指定由限速地段前的第二个车站值班员提示列车司机。 　　此命令的受令处所应有龙堌集站	菏泽 邓×× 14:57:21 沙土集 程×× 14:58:15 巨野 杨×× 14:58:14 大山头 朱×× 14:59:03

案例4　临时指定列车限速

表5-20

命令号码:第5679号　　　　　×年×月×日 14:51:25.0　　　　　发令人:

受令处所	巨野,大山头,济宁西,菏泽站并抄交 B82446 次司机、 抄交 T180 次司机及运转车长	受令情况
命令内容	B82446 次运行至巨野站至大山头站间上行线 234km200m 至 235km600m 处限速 45km/h; 　　运行至济宁西站至济宁站间上行线(包括济宁西站兖州端贯通道岔)265km500m 至 267km950m 处限速 45km/h。 　　T180 次运行至济宁西站至济宁站间上行线(包括济宁西站兖州端贯通道岔)265km500m 至 267km950m 处限速 25km/h。 　　分析: 　　1. 不是一事一令 　　2. 受令处所中少龙堌集站、嘉祥站	巨野 魏×× 14:53:26 大山头 许×× 14:52:05 济宁西 张×× 14:52:00 菏泽 彭×× 14:51:39

案例5　班计划

表5-21

命令号码:第5303号　　　　　×年×月×日 07:30:00.0　　　　　发令人:

受令处所	济南南,党家庄,炒米店,崮山,张夏,青杨,万德,界首,大河,泰山,水屯, 水屯,水屯,水屯,水屯,水屯,水屯,水屯,水屯	受令情况
命令内容	班计划中增加:DJ5505 运行。 　　分析: 　　此命令违反《调规》第57条第5款之规定:已发布的调度命令,遇有错、漏时,必须取消前发命令,重新发布	炒米店 郝×× 07:30:00 大河 孙×× 07:30:00 崮山 王×× 07:30:00 党家庄 李×× 07:30:00 济南南 沙×× 07:30:00 界首 刘×× 07:30:00 青杨 孙×× 07:30:00 水屯 陈×× 07:30:00 泰山 耿×× 07:30:00 万德 孙×× 07:30:00 张夏 王×× 07:30:00

6.命令内容中有错字或多字漏字(表5-22～表5-36)

案例1　临时指定列车限速

表5-22

命令号码:第4014号　　　　　×年×月×日 18:16:00.0　　　　　发令人:

受令处所	阳谷;任祥屯	受令情况
命令内容	自接令时起至令有通知时止,台前站至梁山站间京九上,下行线 489km850m 至 491km750m 处限速 70km/h(旅客列车除外)。 　　自接令时起,前发 2007 年 8 月 19 日 3777 号命令取消。 　　分析: 　　此命令的"自接令时起至令有通知时止"中的"令"字是错别字,应是"另"字	任祥屯 李× 18:16:00 阳谷 张×× 18:17:00

案例 2　临时指定列车限速　　　　　　　　　　　　表 5-23

命令号码：第 4418 号　　　　　×年×月×日 21:48:38.0　　　　　发令人：

受令处所	马尚，淄博	受令情况
命令内容	51047 次运行至马尚站至淄博站间下行线 264km 600m 至 262km074m 处限速 35km。 分析： 此命令中限速的速度值错误，应是 35km/h	马尚 韩× 21:48:58 淄博 肖× 21:49:05

案例 3　单个区间和车站维修作业　　　　　　　　　表 5-24

命令号码：第 6006 号　　　　　×年×月×日 06:53:45.0　　　　　发令人：

受令处所	淄川站并抄交施工负责人	受令情况
命令内容	自 7 时 00 分起，准许淄川站站内进行 150min 维修作业。 分析： 此命令多一"站"字	淄川 张×× 06:53:51

案例 4　临时指定列车限速　　　　　　　　　　　　表 5-25

命令号码：第 5229 号　　　　　×年×月×日 09:35:42.0　　　　　发令人：

受令处所	周村东	受令情况
命令内容	指定 1056 号担当施工开通后压道单元，运行至周村东站至周村货场间联络线_____胶济线对应里程 285km400m 至 290 km104m 处限速 25 km/h。 分析： 该命令应是指定 1056 号机车担当施工开通后压道单元	—

案例 5　天窗维修　　　　　　　　　　　　　　　　表 5-26

命令号码：第 5237 号　　　　　×年×月×日 07:56:58.0　　　　　发令人：

受令处所	泺口；桑梓店	受令情况
命令内容	桑梓店站至洛口站间自接令时起，准许区间进行 60min 维修作业。 分析： 该命令内容中应是"泺口"站，而不是洛口站	—

案例 6　封锁区间并向封锁区间开行路用列车（适用于每端各进一列）　　　表 5-27

命令号码：第 5608 号　　　　　×年×月×日 07:45:05.0　　　　　发令人：

受令处所	嘉祥，巨野，大山头站并抄交施工负责人	受令情况
命令内容	因大山头站进行电源屏整修作业，自 11030 次到嘉祥站起至 8 时 50 分止，停用全站信号连锁及 TDCS 设备同时停用嘉祥站？大山头站、大山头站？巨野站间上、下线基本闭塞法，期间停止接发。 分析： 该命令： 1.应是联锁，而不是"连锁" 2.是上下行线而不是"上、下线"	嘉祥 朱×× 07:45:51 巨野 董×× 07:45:38 大山头 顾×× 07:45:35

案例7　停用基本闭塞法,改用电话闭塞法　　　　　　　　　　表5-28

命令号码:第5611号　　　　　×年×月×日 06:11:18.0　　　　　发令人:

受令处所	兖州西,济宁,济宁西	受令情况
命令内容	因济宁站电务查电源接地,自6时10起至7时00分止,停用全站信号联锁及调监设备,同时停用济宁 站至 兖州西 、济宁西站间上下 行线停用基本闭塞法,改用电话闭塞法行车。施工期间停止接发列车及调车作业。 　　济宁站施工负责人。 　　前发5605#命令取消。 　　分析: 　　1.停用基本闭塞时区间未空闲; 　　2.多余的字未删除,多一处"停用"二字	兖州西 蔡×× 06:13:04 济宁 杨×× 06:12:05 济宁西 张×× 06:11:43

案例8　维修"垂直天窗"作业　　　　　　　　　　　　　　表5-29

命令号码:第5230号　　　　　×年×月×日 01:06:02.0　　　　　发令人:

受令处所	平陵城	受令情况
命令内容	自2245次平陵城出站时起,许平陵城站内上下行线进行30min维修作业。 　　分析: 　　此命令漏两个"站"字,一个"准"字。应为:自2245次平陵城站出站时起,准 许平陵城站站内上下行线进行30min维修作业	平陵城 王×× 01:06:16

案例9　单个区间和车站维修作业　　　　　　　　　　　　表5-30

命令号码:第5610号　　　　　×年×月×日 06:07:09.0　　　　　发令人:

受令处所	济宁站并抄交施工负责人	受令情况
命令内容	自57301次济宁站出站起,准许济宁站内下行线行进行60min维修作业。 　　分析: 　　应为:济宁站站内下行线	济宁 黄×× 06:08:50

案例10　临时指定列车限速　　　　　　　　　　　　　　表5-31

命令号码:第5632号　　　　　×年×月×日 08:37:26.0　　　　　发令人:

受令处所	嘉祥,大山头,巨野,龙堌集,济宁站并抄交5013次司机及运转车长。	受令情况
命令内容	5013次运行至巨野站至龙堌集站间下行线(包括巨野Ⅰ站股及菏泽端贯通道岔)226km350m至219km000m处限速80km/h。 　　分析: 　　应为:巨野站Ⅰ股	嘉祥 李×× 08:37:57 大山头 许×× 08:38:13 巨野 魏×× 08:37:52 龙堌集 李×× 08:38:25 济宁 黄×× 08:40:04

案例11　接触网有计划停电　　　　　　　　　　　　　　表5-32

命令号码:第5210号　　　　　×年×月×日 00:29:12.0　　　　　发令人:

受令处所	章丘,平陵城,历城	受令情况
命令内容	根据供电调度345号申请,自接令时起,准许章丘站货运车场至平陵城站(含)至历城站间上行线(360km446m到338km602m)接触网停电。 　　分析: 　　此命令内容中:供电调度345号申请,应是供电调度T345号申请	历城 丁×× 00:29:38 平陵城 骆×× 00:29:24 章丘 张×× 00:29:37

案例 12　较规定时间施工延迟　　　　　　　　　　表 5-33

命令号码:第 5643 号　　　　　×年×月×日 14:26:16.0　　　　发令人:

受令处所	巨野,龙堌集站并抄交施工负责人	受令情况
命令内容	根据龙堌集站请求,龙堌集站至巨野站间上行线(包括龙堌集站Ⅱ股及兖州端贯通道岔、巨野站Ⅱ股及菏泽站贯通道岔)施工封锁结束时间延迟到 15 时 40 分。 分析: 应是:菏泽端贯通道岔	巨野 李×× 14:26:43 龙堌集 唐× 14:26:30

案例 13　临时加开列车　　　　　　　　　　　　表 5-34

命令号码:第 5304 号　　　　　×年×月×日 11:27:00.0　　　　发令人:

受令处所	党家庄,炒米店,张夏,青杨,万德,界首,大河,泰山,水屯,水屯,水屯,水屯	受 令 情 况
命令内容	准许 30244# 机车次在泰山站折返,泰山站至济南西站间加开 D 小时 62652 次,按现时分运行。 分析: 多余字未删除	炒米店 廖×× 11:27:00 大河 时× 11:27:00 党家庄 房×× 11:27:00 界首 吴× 11:27:00 青杨 杨× 11:27:00 水屯 翟× 11:27:00 泰山 马× 11:27:00 万德 曹× 11:27:00 张夏 王×× 11:27:00

案例 14　临时指定列车限速　　　　　　　　　表 5-35

命令号码:第 5717 号　　　　　×年×月×日 13:40:25.0　　　　发令人:

受令处所	平邑站并抄交 51020 次司机,泉林,温水	受 令 情 况
命令内容	51020 次运行至泉林站内上行正线 72km559m 至 71km611m 处限 25km/h。 分析: 应为:限速 25km/h	平邑 杨×× 13:42:18 泉林 许× 13:40:36 温水 颜× 13:40:53

案例 15　站内线路维修　　　　　　　　　　　表 5-36

命令号码:第 5002 号　　　　　×年×月×日 18:07:00.0　　　　发令人:

受令处所	临清	受 令 情 况
命令内容	自 1409 次临清站出站起,准许临清站内上下线进行 30min 维修作业。 分析: 应为:"上下线"上下行线	临清 张×× 18:07:00

7. 受令处所不全(表 5-37、表 5-38)

案例 1　临时停运列车　　　　　　　　　　　表 5-37

命令号码:第 4430 号　　　　　×年×月×日 00:14:48.0　　　　发令人:

受令处所	黄台;历城	受 令 情 况
命令内容	准许 DH 86232 次在历城站停运,历城站至济南西站间加开 DH 51232 次,按现时分运行。 分析: 受令处所不全,应是历城站—济南西站间各站	黄台 范×× 00:15:03 历城 郭× 00:15:01

案例 2　维修"V 形天窗"作业(连续多个区间和车站)　　　　表 5-38

命令号码:第 5708 号　　　　　　×年×月×日 12:02:28.0　　　　　发令人:

受令处所	郑旺,莒南,坪上站并抄施工负责人	受 令 情 况
命令内容	坪上站至 郑旺 站间上行线自 J27114 次各站出站(郑旺站为到达)起,准许各站后方区间进行 90min 维修作业。 分析: 受令处所应是:郑旺,莒南,坪上各站并抄交施工负责人	郑旺 郑×× 12:02:41 莒南 冯×× 12:02:39 坪上 李×× 12:02:50

学习检测

案例分析 1:

(1)经过:某月 18 日 CTC 台 E 站下行进站信号机至 1 号道岔处显示红光带。调度员在接到红光带的信息后,先通知了电务人员处理,后通知工务人员到现场进行检查。经工务检查为进站信号机至 1 号道岔处断轨,工务处理结束后,现场要求限速 25km/h。后 CTC 台列车调度员听取车站汇报不仔细,导致限速命令发布错误,将限速值输入为 35km/h,导致 K920 次以 30km/h 的速度通过断轨地点,最后耽误旅客列车 K920 次 2h。

(2)事故定性:安监室定调度所_____类事故,_____负全部责任。

(3)违反规章:《调规》第 67 条 _____。

(4)存在问题:调度员在接到红光带的信息后,_____导致耽误设备处理时机。工务处理结束后,现场要求限速 25km/h,调度员错误地将限速值输入为 35km/h,导致 K920 次以 30km/h 的速度通过断轨地点。

(5)吸取教训:遇非正常情况时,调度员应及时通知_____、_____、_____等相关部门,_____接到信息后,立即上台指挥处理,对于行台的信息通报、_____的发布应重点检查,卡控关键环节。

(6)思考问题:在 CTC 区段无人站,应急值守人员在非正常情况下处理能力较弱,处置时间较长,相关工务、电务人员距离无人站都较远,如何减少 CTC 区段无人站的非正常处理时间? 如何减小事故影响?

案例分析 2:

(1)经过:某月 13 日检查发现,调度台 1 时 35 分至 6 时 35 分 S 站—T 站间 400km100m 至 421km356m 降水量达到限速警戒值,需限速 25km/h,但当班调度员黄军认为该区间长期不行车,故未发限速命令,至 8 时下班时又未对此限速交班。8 时 15 分应供电部门要求,开行路用列车 57011 次进入 S-T 站进行供电设备巡检,57011 次到达 400km100m 至 421km356m 处时见工务防护人员设置的限速标致后,非常停车,在落实清楚限速值后,方才动车按工务要求限速 25km/h 通过限速地点,现场工务人员将此情况反映至路局,路局安监室追究调度所的责任。

(2)事故定性:路局安监室按《调规》第 14 条 _____耽误列车。追究调度所的安全责任。

(3)违反规章:《调规》第 66 条　调度指挥必须坚持安全生产。各级调度人员应做到:

遇有_____、_____、_____、_____、_____、_____等情况和对区间封锁、开通的处理,列车调度员要严格遵守有关规定;

当得到现场关于列车、线路等出现危及行车安全的报告时,应及时指示有关人员立即停车,查明情况,妥善处理。

(4)存在问题:调度员接到现场请求后盲目臆测 S-T 站长期不行车,所以可以不发命令、不交班,结果导致 57011 次无限速命令进入区间,_____,耽误列车。

(5)吸取教训:调度员接到现场请求,必须立即按现场请求_____,对于事关安全的事项必须交接清楚,不得遗漏。

(6)思考问题:如何避免调度员漏发限速命令? 如何让调度员方便快捷地发布命令? 现场如何准确地执行限速命令?

案例分析 3:

(1)经过:某月 9 日攀枝花开 K165 次,尾部挂首长专包 1 辆计划 G 站甩,但因 G 站未收到专包甩车命令,使专包拉到 K 站才甩下,造成恶劣影响。

(2)事故定性:经查为调度所客调只向车务段下达了专包甩车命令,未向 G 站下达专包甩车命令,安监司调度所 D10,作业人员违反劳动纪律、作业纪律耽误列车。

(3)违反规章:《调规》第_____条 发布调度命令的基本规定:

调度命令发布前,应详细了解现场情况,听取有关人员的意见,书写_____、必须_____、_____、_____。

(4)存在问题:调度所客调在发布命令时未检查命令的_____是否齐全,当班客调对于班中重点落实不到位。

(5)吸取教训:事关客车的问题都必须重视,客车甩挂命令下达时,_____都必须同时下达。

(6)思考问题:目前有关客车的安全重点只有客调掌握清楚,如何完善卡控机制? 如何加强客调的命令发布,规范客调命令用语? 车务部门如何做好客车信息的传递?

模块六　非正常情况下的应急处置

知识目标

1. 熟悉天气不良应急处置要点。
2. 熟悉危及行车安全信息处置要点。
3. 掌握旅客列车应急处置方法。
4. 掌握动车组运行应急处置方法。
5. 学习非正常情况下应急处置示例。

技能目标

1. 天气不良时能够给出初步判断和报告，并正确发布指挥行车的调度命令。
2. 接收到危及行车安全信息时能够给出初步判断和报告，并正确做出处置。
3. 正确及时处置旅客列车运行中发生的突发事件。
4. 正确及时处置动车组运行中发生的突发事件。

素质目标

1. 培养团队协作的精神。
2. 培养人身安全的意识。
3. 培养遇事冷静、正确及时处理突发事件的素养。

模块引导

铁路是能够在全天候条件下运行的交通运输工具，组织列车在非正常情况下安全运行，是本模块的主要学习目标。

天气不良列车运行应急处置办法主要包括：遇大雾天气，列车调度员接到司机或车站值班员"信号显示距离不足200m"的报告后，应立即发布调度命令，改按天气恶劣难以辨认信号办法行车。高铁沿线遇大雨、大风和冰雪天气，列车调度员应根据报警信息立即向相关列车发布限速或停止列车运行的调度命令。天气不良列车运行应急处置办法主要靠列车调度员的岗位技能和素养，要加强天气不良条件下组织列车运行的基本能力训练。

危及行车安全信息处置办法主要包括：列车调度员接到列车在区间被迫停车的报告后，应根据区间线路情况和列车被迫停车原因、救援条件、安全限制和有关规章制度，确定处理

和救援办法。接到列车冒进出站信号机报告,列车调度员应作出正确判断,并及时发布处置的调度命令。接到进站信号机故障和出站信号机故障,列车调度员要作出正确判断,并及时发布接车的调度命令和发车的调度命令。列车调度员应熟悉危及行车安全信息的情况和处置方法,具备良好的列车调度指挥技能,保证在列车运行异常和信号设备故障时的安全运行。

旅客列车应急处置办法主要包括:发生旅客列车临时上油时,列车调度员要加强与车站联系,确保上油旅客列车接入具备上油条件的固定站台和固定股道。铁路局调度接到有关人员关于旅客列车空调失效的报告后,应及时向国铁集团调度汇报,必要时,铁路局客运调度应通知前方客运站限制或停止发售车票,区间换乘或救援时,司机应将区间封锁、接触网停(送)电命令通知列车长。接到列车旅客食物中毒病人报告后,要迅速向辖区卫生防疫部门、客运主管部门报告,同时要与医院或急救中心联系,组织做好旅客移交救治工作。因自然灾害(水害、地震等)和行车事故等原因造成线路中断,致使旅客列车不能正常运行时,客运调度应迅速了解现场情况,列车调度员要及时安排现场滞留旅客列车的合理停放,如事故影响时间较长,尽量将旅客列车停放在三等及以上车站,便于安全管理和安置滞留旅客,并及时向现场下达列车停运、折返、迂回和开行临客接运的调度命令,并由车站负责人转告列车长。保证旅客及旅客列车运输安全,主要靠列车调度员的岗位技能和素养,要加强旅客列车运行安全意识的培养和处理旅客列车运行调度指挥的基本能力训练。

动车组运行应急处置办法主要包括:动车组在 CTCS-2 级区段按列控车载设备方式行车;在 CTCS-0/1 级区段和列控车载设备故障情况下(机车信号故障除外)的 CTCS-2 级区段,按 LKJ 方式行车,在 CTCS-0/1 级区段行车,动车组按特快旅客列车办理。在调度集中区段,由列车调度员办理接发列车。遇基本闭塞法停用或出站、进站(进路)信号机故障停用时,以调度命令作为行车凭证,列车调度员须确认发给行车凭证的依据及附带条件。动车组检查车是为了确保提速区段动车组运行安全,列车调度员应严格按图指挥动车组检查车运行。动车组回送时,列车调度员应发布调度命令,命令中应注明限速值、回送方式及其他注意事项。列车调度员应熟悉影响动车组正常运行的情况和处置方法,重视动车组调度指挥的特点,具备良好的列车调度指挥技能,保证动车组在异常情况和设备故障时的安全运行。

单元一　不良天气应急处置

学习任务

本单元要求作为一名行车调度员能够面对运行中的列车,独立判定恶劣天气对列车运行的影响,包括恶劣天气时的安全关键点和注意事项;当接到预警或发生恶劣天气时,正确行使列车调度指挥的职能,及时发布调度命令,组织指挥列车按照有关规定安全运行。

问题引导

据央视气象台消息,强台风"山竹"将于 2018 年 9 月 16 日登陆广东沿海地区,登陆时中心附近最大风力 14 级,风速 45m/s。广州铁路局行车调度员将如何应对台风"山竹"?

知识学习

不良天气是指暴风雨、雪、雾等恶劣天气。大风、暴雨天气根据天气预报或高铁防灾安全监控系统报警信息确定,大雾天气根据司机能见度是否小于200m判定并报告列车调度员,中雪、大雪、暴雪界定以气象部门公布或工务部门观测为准。

一、大雾天气的应急处置

遇天气恶劣,列车调度员接到司机或车站值班员"信号显示距离不足200m"的报告后,应立即发布调度命令,改按天气恶劣难以辨认信号办法行车。命令格式:根据_____报告,_____站至_____站间信号显示距离不足200m,自接令起,改按天气恶劣难以辨认信号的办法行车。

动车组运行中遇大雾天气,列控车载设备正常时,列车按列控车载设备的显示运行。进出车站、桥梁、隧道时应加强鸣笛。遇地面信号、联锁等设备发生故障,采用目视行车时,司机应加强与列车调度员(应急值守人员)联系,控制速度,以遇到阻碍能随时停车的速度运行。

动车组运行中遇大雾天气,列控车载设备故障隔离运行时,列车必须按站间区间掌握,进出车站、桥梁、隧道时应加强鸣笛,结合行车资料提前确认分相地点,通过分相地段时,应加强瞭望确认,根据运行速度及时采取断电措施。

二、大雨天气的应急处置

1.降水量达到出巡警戒值时

区间可能发生水害,列车调度员要密切关注列车运行情况,随时听取工务工区水情变化情况的报告,及时采取相应的措施掌握列车运行。

2.降水量达到限速警戒值时

区间可能发生影响列车正常运行的水害,列车调度员必须根据工务人员汇报的情况,立即发布列车限速运行的调度命令。限速命令必须传达到位,命令传达不到位,不得放行列车。并安排有关人员登乘轨道车或机车赶赴区间检查线路,并根据现场情况正确指挥行车。

3.降水量达到封锁警戒值时

区间可能发生断道水害,列车调度员必须根据工务人员汇报的情况,立即发布封锁区间的调度命令。列车调度员发布封锁区间的调度命令时必须整区间封锁,不准封锁半个区间,开通时也必须整区间开通。

4.因大雨、暴雨不能辨认信号时

在站待发的列车可待暴雨过后发车。情况不明或水情相当严重即有断道可能时,要及时拦停列车,宁可错停,绝不盲行。

5.因天气不良,影响正常运行时

列车调度员根据"先客后货"的原则调整列车运行,重点掌握动车组、重点列车的运行情况。调整列车运行时,应保证中间站至少正线畅通;安排会让时,应提前通知车站准备进路,

不得临时变更列车会让计划,造成车站接发列车进路交叉干扰。

天气不良等情况应执行以下规定:

(1)禁止跟踪出站调车。

(2)自动闭塞区段禁止单机挂车。

(3)列车在区间被迫停车后禁止退行。

(4)禁止办理或使用轻型车辆。为消除线路故障或执行特殊任务必须使用时,列车调度员应按《技规》第311条规定,发布调度命令停用基本闭塞法,改按电话闭塞法行车;

(5)禁止停用信号、联锁、闭塞设备的施工;

(6)认真编制3～4h列车运行调整计划,要求车站提早准备接发列车进路。会让计划确定后,除特殊情况外不得临时变更;

(7)列车调度员应随时掌握天气变化情况,天气转好时,应及时发布调度命令,恢复正常行车。命令格式:根据_____站值班员报告,_____站至_____站间天气转好,信号显示距离已达200m以上,自接令时起,_____站至_____站间恢复正常行车。

高铁沿线水量信息由防灾安全监控终端系统提供,当降水量达到警戒值时,防灾安全监控系统终端自动报警,列车调度员应根据报警信息立即向相关列车发布限速调度命令。对来不及发布调度命令的列车,列车调度员应立即通知司机限速运行。

对禁止运行的报警信息,列车调度员应及时关闭相关信号并通知司机停车。动车组司机接到调度命令或通知后,应立即采取措施停车,停车位置应尽可能避开隧道口、深路堑地段及风口。

动车组列车运行中,司机发现积水高于轨面时,应立即停车,并报告列车调度员,确认水面位置。当积水未超过100mm时,司机应以随时能够停车的速度(最高不超过40km/h)通过积水地段。列车调度员立即通知已进入区间的后续列车停车,并禁止向该区间放行列车。列车停车位置的积水超过轨面100mm时,司机应按随车机械师要求降弓,停止供电,并向列车调度员报告,请求救援。

工务、电务、供电等设备管理单位要根据降水量报警信息,及时进行雨中、雨后检查,需要开行轨道车检查时,列车调度员应及时安排轨道车开行。封锁线路后,列车调度员得到工务、电务、供电等部门检查无异常并在《行车设备检查登记簿》(运统-46)销记后,方可开通线路。开通线路后,需限速运行时,应及时发布限速运行的调度命令。

三、高铁遇大风天气的处置

动车组列车遇大风行车限速的规定如表6-1所示。

动车组列车遇大风限速表　　　　　　表6-1

环境风速(m/s)	动车组限速(km/h)	环境风速(m/s)	动车组限速(km/h)
不大于15	正常速度	不大于30	不大于120
不大于20	不大于300	大于30	严禁动车组进入
不大于25	不大于200		

动车组列车通过站台,当风速不大于15m/s时,列车速度不得超过80km/h;当风速超过15m/s时,列车速度不得超过45km/h,并注意运行。

列车调度员24h监控防灾安全监控系统的监控终端,当防灾安全监控系统发出限速报警信息后,列车调度员应立即向相关动车组列车发布限速调度命令。对来不及发布调度命令的列车,列车调度员应立即通知司机限速运行。对禁止运行的报警信息,列车调度员应及时关闭相关信号并通知司机停车。司机接到调度命令或通知后,应立即采取措施。

环境风继续加大或逐步减弱到一个限速等级时,防灾安全监控系统自动发出相应的报警信息。列车调度员应根据不同的报警信息,及时向动车组列车发布调度命令。

工务部门应掌握天气预报,遇到7级及以上大风天气预报时,工务调度应及时通知高铁调度台。防灾安全监控系统故障时,列车调度员应根据天气预报的最大风级向相关列车司机发布调度命令。相关限速规定如下:7级限速300km/h,8~9级限速200km/h,10级限速120km/h,10级以上禁止列车进入风区。

一个区间有两处及以上大风限速报警信息时或相互叠加时,列车调度员将该区间几个限速点合并一起发布限速命令;当相邻两个及以上区间均有大风限速报警信息或相互叠加时,可将相邻两个及以上区间合并一个限速区段发布调度命令;如区间有几个限速点限速值不同时,按其中最大风级限速条件限速。

动车组列车运行途中,遇大风天气,司机根据情况控制列车运行速度,并报告列车调度员。列车调度员通知后续通过该地段的列车司机注意运行。

四、高铁遇冰雪天气的处置

(1)冰雪天气高速列车限速标准如表6-2所示。

冰雪天气高速列车限速标准　　　　　　　　　表6-2

冰雪状况	无砟轨道区段	有砟轨道区段
运行区段降中雪或积雪覆盖轨枕板或道砟面时	250km/h 及以下	200km/h 及以下
运行区段降大雪、暴雪时	200km/h 及以下	160km/h 及以下
无砟轨道区段轨枕板积雪厚度10cm以上 或有砟轨道区段道砟面积雪厚度5cm以上时	200km/h 及以下	160km/h 及以下
接触网导线结冰受电弓取流不畅时	160km/h 及以下	160km/h 及以下
动车组车底结冰需要列车限速时	250km/h 及以下	200km/h 及以下

(2)工务部门应掌握天气预报,当预报有降雪及实际开始降雪时,工务调度应及时通知高铁调度台列车调度员和电务调度。电务调度通知相关电务部门和电务段调度。

工务部门应加强对积雪深度的观测,及时将雪量变化情况(包括积雪区段及积雪深度等情况,小雪8h汇报一次,中雪4h汇报一次,大雪及以上2h汇报一次)报告工务调度,工务调度及时通知列车调度员和电务调度。

根据降雪和积雪情况,工务部门在高铁调度台行车设备检查登记簿(运统-46)内登记限速申请;电务部门需要限速时,向工务部门提出书面申请,工务部门须负责在行车设备检查登记簿(运统-46)内登记限速申请。工务、电务部门根据降雪和积雪量变化情况、车辆吸附冰雪情况、电务轨旁设备状况,可提出限速或进一步限速的申请,列车调度员应及时发布限速调度命令,并根据规定设置列控限速。

（3）供电部门应掌握接触网导线结冰情况，需要列车限速时，应及时向列车调度员提出限速申请，并在高铁调度台行车设备检查登记簿（运统－46）内登记，写明结冰情况，提出限速要求，列车调度员应及时发布限速调度命令，并根据规定设置列控限速。

当供电部门作业人员在天窗点内发现作业区段接触网导线结冰，需要列车限速时，应立即报告高铁供电调度，并于天窗结束点前在行车设备检查登记簿（运统－46）内登记限速申请，列车调度员应及时发布限速调度命令，并根据规定设置列控限速。

供电部门应对隧道口、上承桥梁、拱形明洞等处结冰情况加强观测，需要列车限速时，应及时向列车调度员提出限速申请，并在高铁调度台行车设备检查登记簿（运统－46）内登记，写明结冰情况，提出限速要求，列车调度员应及时发布限速调度命令，并根据规定设置列控限速。

遇接触网导线覆冰时，供电部门可根据接触网导线结冰情况，在行车设备检查登记簿（运统－46）内登记动车、单机热滑融冰申请，可停止天窗停电作业，在天窗时间内开行动车、单机，进行热滑融冰。

如需开行内燃机车牵引电力机车上线除冰时，由供电部门在行车设备检查登记簿（运统－46）内登记申请，写明除冰区段（包括站内股道）、邻线限速等。

列车调度员根据供电部门的登记申请安排热滑融冰、除冰列车上线除冰。如车站多条股道接触网需要除冰而不能一次完成，列车调度员应根据列车运行情况及车站办理客运业务的情况，合理安排除冰股道，指示有关车站对上下行线各固定一条到发线办理接发列车。

遇有冰雪、冻雨天气时，供电部门应根据情况向调度所提出机车上线除冰请求，调度所通知机务段安排一台内燃机车和一台装有铜基粉末冶金滑板受电弓的电力机车连挂好待命，做好内燃机车牵引电力机车上线除冰的准备；供电部门同时做好接触网作业车随时上线除冰的准备。

开行除冰列车组织除冰时，供电部门要登乘除冰列车监控除冰效果并巡视供电设备。

除冰列车进行除冰作业后，供电部门确认具备列车运行条件后，在高铁调度台行车设备检查登记簿内销记，列车调度员根据请求发布调度命令，恢复列车运行。

（4）随车机械师发现动车组车底结冰及动车组被击打需要列车限速时，应立即通知司机，司机根据随车机械师的限速要求运行，并向列车调度员报告，列车调度员不再发布限速调度命令，列车调度员须提示后续列车随车机械师注意运行状态。

列车调度员接到动车组被击打的报告后，应及时通知电务调度，电务调度通知相关电务段确认轨旁设备运行状态。电务轨旁设备有异常需上道检查时，电务段应在行车设备检查登记簿内登记申请，列车调度员应根据电务部门的申请安排电务人员上道检查、处理，电务人员根据检查处理情况及时销记，如需限速时应写明限速条件。

列车运行中，随车机械师应对动车组走行部运行安全状态进行重点巡视监控（听），在正常运行或已限速条件下，遇走行部出现异音、异响等异常情况时应立即向动车组司机提出进一步限速要求。

（5）司机应加强瞭望、注意运行。遇雪崩、积雪崩塌等情况危及行车安全时，司机应立即采取停车措施。有可能影响邻线时，应立即通知邻线动车组列车及列车调度员。停车后，动车组司机(单班司机除外)、随车机械师应对现场进行检查,会同列车长提出具体处置方案并报告列车调度员。

在同一处所(地段),当多个部门、防灾安全监控系统提出的限速要求不一致时,列车调度员按最低限速值发布限速调度命令,并按规定设置列控限速。

提出限速的设备管理单位(人员)在限速情况消除时,应分别向列车调度员提出恢复常速的申请,并按规定办理登销记手续,列车调度员根据申请或防灾安全监控系统提示及时发布取消限速调度命令,并取消列控限速设置,恢复列车正常运行。

铁路局调度接到有关冰雪天气限速申请后,及时向分管副局长汇报,并通知运输、机务、工务、电务、车辆处,分管副局长、有关业务处室应立即到达调度台,加强业务指导。

学习检测

1. 简述大雾天气的列车运行应急处置办法。
2. 简述大雨天气的列车运行应急处置办法。
3. 简述高速铁路遇大风天气的动车组运行应急处置办法。
4. 简述高速铁路遇冰雪天气的动车组运行应急处置办法。

单元二　危及行车安全信息处置

学习任务

本单元要求作为一名行车调度员能够面对运行中的列车,独立判定危及行车安全的各种情况以及它们对列车运行安全的影响。当接到危及行车安全信息报告时,行车调度员能正确行使列车调度指挥的职能,及时发布调度命令,组织列车按照有关规定安全运行。

问题引导

危及行车安全信息如何分类?各种情况下的处置要点是什么?

知识学习

一、危及行车安全信息情况分类(表6-3)

危及行车安全信息分类

表6-3

序　　号	危及行车安全信息
1	列车在区间被迫停车
2	列车冒进信号机
3	列车标志不完整

序 号	危及行车安全信息
4	列车发生火灾、爆炸
5	列车乘务人员漏乘
6	未携带和错误携带行车凭证
7	危险地段行车
8	区间接触网故障
9	信号机故障
10	半自动闭塞区段出站信号复示信号机故障
11	运行途中发生机车信号、列车运行监控记录装置临时故障
12	机车无线调度通信设备故障
13	电力机车被迫停在接触网分相无电区
14	线路严重晃车
15	车辆热轴
16	制动梁脱落
17	车钩破损
18	车辆自动制动机故障
19	车辆溜逸
20	列车中货物装载不良

二、危及行车安全信息处置摘录

1. 列车在区间被迫停车

列车调度员接到列车在区间被迫停车的报告后,应根据区间线路情况和列车被迫停车原因、救援条件、安全限制和有关规章制度,确定处理和救援办法,并应遵守以下安全事项。

列车调度员接到列车在区间被迫停车的报告后,应立即指示车站值班员对后续列车采取拦停措施。区间被迫停车的列车如有可能侵入邻线时,对驶入邻线的列车一并拦停,指示车站迅速查明列车被迫停车的原因、地点和现场状态,根据车站汇报情况采取必要措施。

列车在区间被迫停车后的处理方法有三种:

(1)列车退行。

(2)列车分部运行。

(3)派救援列车进入区间救援。

列车调度员应根据列车被迫停车的原因,区间线路和气候情况等具体确定安全稳妥的处理方法。

下列情况列车不准退行:

(1)按自动闭塞法运行时(列车调度员或后方车站值班员确知区间内无列车,准许时除外)。

（2）在降雾、暴风雨雪及其他不良条件下，难以辨认信号时。

（3）电话中断后发出的列车（持有《技规》附件三通知书1的列车除外）。

列车退行进站后，应根据被迫停车原因，可甩车减轴、加挂补机或重新再开。

列车已接近前方站而附近又无机车担当救援以及列车在困难区间被迫停车时，可采用分部运行的方法。但下列情况列车不准分部运行：

（1）采取措施后可整列运行时。

（2）对遗留车辆未采取防护、防溜措施时。

（3）遗留车辆无人看守时。

（4）司机与车站值班员及列车调度员均联系不上时。

（5）遗留车辆停留在超过6‰坡度的线路上时。

列车分部运行时，本务机车司机做好后部车列的防护和防溜措施后，牵引列车前部车列运行至前方站，到达前方站后，列车调度员发布调度命令封锁区间，指派本务机车以调度命令为行车凭证进入区间挂取遗留车辆，遗留车辆全部到达车站，确认区间空闲后，方可发布命令开通区间。

下列情况可派救援列车进入区间救援：

（1）在不适宜列车退行或分部运行时，如列车在区间由于机车故障而被迫停车时。

（2）列车因断钩而被迫停车，后部车列的前部车钩损坏而又无法更换时。

（3）可采用派机车进区间救援时。

列车调度员应发布调度命令封锁区间，向封锁区间发出救援列车时，不办理行车闭塞手续，以列车调度员的命令，作为进入封锁区间的许可。

未得到救援请求前，列车调度员不得发布封锁救援的调度命令。

2.列车冒进信号机

列车冒进信号机后，不得擅自动车。机车司机须立即报告车站值班员，按车站值班员的指示办理。

列车冒进进站、进路信号机时，不再开放信号机接车，按车站值班员指示办理。

列车头部冒进出站信号机或越出接车线末端警冲标时：

（1）在自动闭塞区段，接停车列车时，可即联系退回；接通过列车时，车站值班员应将具体情况向列车调度员报告，由列车调度员发布调度命令，具备良好通信记录装置条件时，机车司机可根据车站值班员转达的调度命令继续运行；不具备良好通信记录装置条件时，可立即联系退回或发给机车司机规定的行车凭证。

（2）在半自动闭塞区段，通过列车须退回站内开车。

（3）挤道岔时，在集中联锁车站由机车乘务员负责对来车方向进行防护，在非集中联锁车站由扳道员负责防护，车站值班员接到报告应及时关闭有关信号，并迅速向上级报告和通知有关部门处理。

3.列车标志不完整

夜间运行途中，遇列车标志不完整时，机车司机应及时报告车站值班员、列车调度员。机车头灯、标志灯之一不能使用时，可继续运行；机车头灯、标志灯均不能使用时，应维持运

行到前方站停车处理。运行中应及时鸣笛,警告行人、交通车辆及接发车人员。

发现旅客列车尾部标志灯光熄灭时,车站值班员应及时通知运转车长(车辆乘务员)在前方停车站处理。

列尾装置主机丢失时,车站应及时报告列车调度员,通知列车运行前方各站注意确认。车站值班员必须确认列车整列到达后,方可办理区间开通手续。

4.列车发生火灾、爆炸

(1)列车发生火灾、爆炸时,须立即停车(停车地点应尽量避开特大桥梁、长大隧道等)。电气化区段应立即通知供电部门停电。列车停车后,在区间,旅客列车由列车长、其他列车由机车司机首先判明情况,及时向列车调度员报告,需要时请求救援,负责统一指挥;在站内由车站站长负责统一指挥。负责统一指挥者应先疏散旅客和人员,并有权组织和调动一切铁路职工和灭火器材进行抢救。

(2)旅客列车发生火灾、爆炸时,按《关于处置旅客列车火灾爆炸事故应急方案》妥善处置。要点是:立即停车、疏散旅客、迅速扑救、切断火源、设置防护、报告救援、抢救伤员、保护现场、协助查访、认真取证。最大限度地保证旅客人身安全,减少事故损失及影响。

动车组列车在区间被迫停车后需要防护时,列车前方由司机负责,尾部由随车机械师负责。可能妨碍邻线行车时,应立即汇报所属调度区段列车调度员,由司机指挥随车机械师对邻线来车方向短路轨道电路,发现邻线有列车通过时,司机应急速鸣示紧急停车信号。

司机应尽快向调度员报告事故情况,报告内容应简明扼要,主要包括车次、时间、地点、人员伤亡、火势和损失情况,事故原因、性质的初步判断,事故抢救处理情况和采取的措施,需要有关部门和单位协助抢救和事故处理的有关事宜。

(3)旅客列车在隧道内发生火灾,在确保旅客及铁路工作人员全部疏散后,隧道火灾处置应按照"封洞窒息、注水降温、开洞通风、救援起复"的程序进行。

①封洞窒息。将隧道两端隧道口、斜井及其他通风、排风口进行封堵,采取窒息法灭火。窒息时间由现场指挥部组织专业技术人员确定。

②注水降温。待火势窒息后,采用机动消防泵或其他设备向隧道内注水,降低隧道内温度。注水量和持续时间由现场指挥部组织专业技术人员确定。

③开洞通风。在现场指挥部确定隧道内火已熄灭的前提下,打开已封堵的隧道口和斜井,采取自然通风或机械通风的方法,稀释隧道内因火灾产生的有毒、有害气体,并对隧道内有毒气体进行探测。通风方式由现场指挥部组织专业技术人员确定,避免发生复燃。

④救援起复。经探测,确认隧道内有毒、有害气体浓度低于安全值后,方可组织进行救援起复,开通线路。

(4)货物列车发生火灾、爆炸需要分隔甩车时,应根据风向及货物性质等情况而定。一般为先甩下列车后部的未着火车辆,再甩下着火车辆,然后将机次未着火车辆拉至安全地段。

对甩下的车辆,由车站值班员(在区间由司机、运转车长、车辆乘务员)负责采取防溜措施。

5.信号机故障

(1)进站(接车进路)信号机故障的处置

进站(接车进路)信号机不能开放时,须采用引导办法接车。

(2)出站信号机故障的处置

自动闭塞区段车站的出站信号机不能开放时,列车占用区间的行车凭证为绿色许可证。

半自动闭塞区段车站的出站信号机或线路所通过信号机不能开放时,应由列车调度员发布调度命令,停止半自动闭塞法行车,改用电话闭塞法行车,列车占用区间的行车凭证为路票。

发车进路信号机故障或在越过发车进路信号机的线路上发出列车时,自动闭塞区段,按《技规》第315条规定,发给机车司机绿色许可证;半自动闭塞区段,车站值班员确认进路准备妥当后,以调度命令通知司机,并口头通知运转车长。

(3)区间信号机故障、车站控制台显示离去红光带的处置

列车调度员接到车站值班员报告控制台显示离去红光带时,立即指示车站值班员对进入该区间列车采取拦停措施,并通知电务、工务、水电等部门进行处理,在未得到工务部门报告线路正常的情况下,不得向区间放行列车。

列车调度员接到机车司机报告区间信号红灯时,应立即指示车站拦停后续列车,并通知电务、工务、水电等部门赶赴现场进行处理,区间一架信号机故障(区间仅设一架信号机除外)在得到工务部门线路正常的报告后,按《技规》第311条办理;区间两架(含区间仅设一架信号机)及以上信号机故障,得到工务部门线路正常的报告后,可发布调度命令,停用基本闭塞法,改用电话闭塞法行车。

6.车辆自动制动机故障

列车运行中,车辆自动制动机常见的故障主要有主管或支管断裂、软管爆裂、制动系统漏风、三通阀故障等。列车调度员应根据故障发生的部位和程度,分别按下列方法进行处理:

(1)软管爆裂时,可由运转车长或司机卸下列车后部或机车前部的软管进行更换。

(2)主管部分其他部件断裂时,在车站应将故障车甩下;发生在区间时,能维持运行的到前方站处理,不能维持运行的应根据司机请求进行救援。

(3)车辆支管部分发生断裂、漏风及其他故障或发生磨闸瓦托,而又一时处理不好时,可关闭车辆截断塞门,排尽副风缸余风,作为关门车继续运行到前方有列检的车站进行修理。车辆编挂位置及车数要符合关门车编挂规定。

7.车辆溜逸

(1)列车调度员在接到现场关于车辆溜逸的报告后,应沉着冷静,不要慌乱,迅速查明溜逸车辆的车数、溜车方向前方各区间列车的运行情况。不应犹豫不决,离台请求,以免贻误时机。但在处理的同时,应及时通知值班主任及有关领导,请其上台协助指挥处理。

(2)列车调度员应迅速采取非常措施使前方各列车在车站停车,命令待发列车立即取消发车,将溜逸车辆进站方向道岔开通不能进入有列车特别是旅客列车停留的线路的位置。

（3）溜车前方有列车行驶时，列车调度员应指示溜车前方车站采取一切能够使车辆不致进入下一区间的措施，务必将溜车堵截住。可以采取旋转防溜枕木或其他阻挡物，也可将线路开通安全线、避难线、空闲的牵出线或尽头线等，以使遛逸的车辆脱轨停车。

（4）列车调度员在处理溜车事故中，要注意在溜逸的车辆没有被堵截或确认停妥前，凡是车辆可能溜入的车站和区间，包括车辆可能回溜入的车站和区间，不准列车开出车站进入区间。

学习检测

1. 列车退行时行调、司机、车站如何联系？
2. 简述列车分部运行的组织办法。
3. 简述救援列车的派遣。
4. 简述列车冒进出站信号机的处理办法。
5. 简述进站信号机故障的处置办法。

单元三　旅客列车应急处置

学习任务

本单元要求作为一名行车调度员能够面对运行中的旅客列车，独立判定旅客列车运行中突发事件对列车运行的影响，当接到旅客列车运行突发事件报告时，正确行使列车调度指挥的职能，及时发布调度命令，保证旅客及列车运行安全。

问题引导

旅客列车运行中的突发事件主要有哪些？各种突发情况下的处置要点是什么？

知识学习

一、旅客列车临时上油

值班主任接到旅客列车需上油的请求电报后，立即按电报要求注明的油种、型号、号数、吨数发布调度命令通知具备上油条件的客车车辆段（机务段）做好准备，必要时可请求公安处派警车押运上油车辆。

客运调度员、车辆调度员、机车调度员接到客车车辆段关于旅客列车需上油的口头请求后，应立即报告调度所值班主任，值班主任按前述规定及时发布调度命令通知客车车辆段（机务段）。

命令发布后，值班主任应通知相关列车调度员、机车调度员、客运调度员和车辆调度员。

车辆调度员、机车调度员要加强与客车车辆段（机务段）联系，督促上油车辆在规定时间内开出客车车辆段(机务段)。

列车调度员要加强与车站联系,确保上油旅客列车接入具备上油条件的固定站台和固定股道。

因天灾或其他原因,上油车辆无法进入车站上油时,值班主任可根据情况通知摘机入客车车辆段(机务段)上油。机车调度员、车辆调度员应负责督促上油后及时开出客车车辆段(机务段)。

二、旅客列车空调失效

旅客列车空调失效系指动车组、直供电机车、发电车、接触网故障及停于无电区等情况下空调机组无法使用或空调机组故障,严重影响旅客需求时。

旅客列车空调失效时,应以解决旅客通风透气为首要任务。

铁路局调度接到有关人员关于旅客列车空调失效的报告后,应及时向国铁集团调度汇报。必要时,铁路局客运调度应通知前方客运站限制或停止发售车票。区间换乘或救援时,司机应将区间封锁、接触网停(送)电命令通知列车长。

(1)空调失效但列车可维持运行时。相关调度接到通知后要重点掌握。空调失效超过20min 不能恢复时,列车长可视情况通知司机向列车调度员提出在前方最近客运营业站停车请求。在车站停留时,应打开车门通风。必要时,站车共同组织将旅客疏散到车站安全处所,等待故障修复、救援或组织旅客换乘其他旅客列车。

(2)空调失效但列车不能维持运行时。空调失效超过20min 不能恢复时,列车长应及时与司机、随车机械师沟通,视情况作出打开车门决定,并通知动车组司机转报列车调度员。

(3)列车调度员接到司机要求打开车门限速运行的申请时。

(4)需要组织旅客下车或换乘其他列车时。

三、旅客列车发生旅客食物中毒

列车发生疑似旅客食物中毒情况时,列车长及乘警应立即赶赴现场,及时了解症状及进食基本情况,掌握中毒旅客人数、发病时间等情况,收集证言、旁证材料。

列车长要立即报告列车运行所在局客运调度、客运段值班室、预移交旅客车站。报告内容包括日期、车次、运行区段、病人发病症状、发病人数、可能引起中毒的食物、要求车站组织采取的措施等。同时利用列车配备的急救药箱,采取应急救治措施,通过广播寻找医务人员帮助抢救治疗,控制病情的进一步发展。

列车长应及时编制客运记录交前方停车站处理。如来不及编制客运记录时,应简明扼要介绍情况,提供车队、班组、姓名及联系方式等基本情况,先行办理中毒病人交接,车站不得拒绝。列车应于3 日内将证言、旁证材料补交受理车站。

车站接到列车报告后,要迅速向辖区卫生防疫部门、客运主管部门报告。同时要与医院或急救中心联系,组织做好旅客移交救治工作。车站还要负责中毒旅客的善后处置工作,安置同行人员,协调救治事宜。

列车长要组织乘务人员稳定旅客情绪,保护好现场,留存可疑食物及呕吐物样品,等待卫生防疫人员的进一步调查。

如旅客所食食物系列车供应的食品时,列车长应立即组织停止有关食品的销售。

四、旅客运输灾害、事故

因自然灾害(水害、地震等)和行车事故等原因造成线路中断,致使旅客列车不能正常运行时,客运调度应迅速了解现场情况。掌握发生时间、区段(公里数)、灾害、事故类型、伤亡人数、列车添乘干部及列车长的手机号码,通知列车长不得关机。

客运调度员应追踪掌握旅客列车滞留情况(车次、运行区段、滞留站、滞留时间),如旅客列车发生事故,应认真收取列车编组(车号、辆数、计长)报告,形成书面材料向有关领导汇报。

向国铁集团客运调度员上报灾害、事故的情况报告。根据灾害、事故的具体情况,按照上级部署,安排旅客列车的停运、折返、迂回方案,跨局直通列车及时报国铁集团批准。

及时安排现场滞留旅客列车的合理停放。如事故影响时间较长,尽量将旅客列车停放在三等及以上车站,便于安全管理和安置滞留旅客。

及时向现场下达列车停运、折返、迂回和开行临客接运的调度命令,并由车站负责人转告列车长。

协调车站做好滞留客车的旅客餐饮供应。按照列车长需求,全力保证食品、餐料、饮用水、药品及采购供应。

向列车长通告现场情况、滞留时间,做好旅客情绪安抚和宣传解释工作,协调车站做好旅客退票、改签和行李、包裹迂回运输等工作。

学习检测

1. 接到旅客列车临时上油报告时,列车调度员如何处置?
2. 发生旅客列车空调失效时,列车调度员如何处置?
3. 旅客列车发生旅客食物中毒时,列车调度员如何处置?
4. 发生旅客运输灾害、事故时,列车调度员如何处置?

单元四　动车组运行应急处置

学习任务

本单元要求作为一名行车调度员能够面对运行中的动车组,独立判定动车组运行中的意外情况对列车运行影响,当接到动车组运行意外情况报告时,正确行使列车调度指挥的职能,及时发布调度命令,保证旅客及列车运行安全。

问题引导

动车组运行中的意外情况主要包括哪几种？各种情况下的处置要点是什么？

知识学习

一、动车组运行

动车组在 CTCS - 2 级区段按列控车载设备方式行车；在 CTCS - 0/1 级区段和列控车载设备故障情况下（机车信号故障除外）的 CTCS - 2 级区段，按 LKJ（列车运行监控记录装置）方式行车。

在 CTCS - 0/1 级区段行车，动车组按特快旅客列车办理。

在调度集中区段，由列车调度员办理接发列车。遇基本闭塞法停用或出站、进站（进路）信号机故障停用时，以调度命令作为行车凭证，列车调度员须确认发给行车凭证的依据及附带条件。

列车调度员应严格掌握动车组运行情况，动车组一般情况下不得通过半径小于 250 m 的曲线；通过半径为 300m 的曲线时，限速 35 km/h；通过半径为 250m 的曲线时，限速 30km/h；特殊情况下通过半径为 200m 的曲线时，限速 25 km/h；通过 6 号对称双开道岔时限速 15km/h；不得侧向通过小于 9 号的单开道岔和小于 6 号的对称双开道岔。

动车组在区间被迫停车后须返回后方站时，列车调度员必须确认动车组至后方站间已空闲，方可发布调度命令。

动车组禁止加挂各型机车车辆，禁止与其他列车混编，超过检修周期的动车组严禁上线运行。动车组在 CTCS-2 级区段运行时，禁止在区间与超限货物列车交会。

凡属 CTCS-2 区段的线路，遇有限速需列车慢行时，行调台必须在向有关受令单位提前发布调度命令的同时，还要向列控中心输入限速参数（包括相关受令车站、限速位置、限速值、限速执行方式、限速开始和结束时间等内容），及时发送至相关车站。相关车站（无人车站由列车调度员）按规定程序签收、发送至车站列控中心，由列控系统执行。

两站一区间的一个运行方向只允许设置一处限速。限速区可以设置在区间、站内正线、站内道岔咽喉区或区间跨站内线路。

在 CTCS-2 区段，在下列情况下，可根据调度命令，动车组由列控车载设备方式改为 LKJ 方式运行：

（1）一个有源应答器的管辖范围必须设置两处及以上限速地段时，或者限速长度超过 6000m 时。

（2）低于 45km/h 限速时。

（3）基本闭塞法停用改按电话闭塞法行车时。

（4）列控车载设备故障时。

施工台发布施工慢行命令，必须做到施工计划、施工申请和施工命令三对照，除按有关规定向行调递交相关施工命令外，对 CTCS-2 级区段和行车台，每天 18:00 前递交实际限速

地段的施工命令,并与行车台进行限速命令核对,相关行车台要建立 CTCS-2 级区段限速命令登记本,在命令登记本上对交接的命令及限速命令的核对情况进行相互签认,确保施工慢行地点及限速准确无误。

CTCS-2 级区段行车台要认真保管慢行命令,并作为每天交接班的一项重点工作来进行交接,在交接班本上记录交接份数及辖区内慢行地段情况,相互签认。值班列车调度员每天接班后,要及时与车站核对施工慢行命令及辖区内慢行地点,认真掌握本区段慢行地点及限制条件,在图表上记录核对时间,并按规定时机及时下发车站列控中心。

车站仅限于在规定的股道及进路上接发动车组。遇动车组接发不能在基本进路上办理时,须经值班主任准许并发布调度命令。

二、动车组检查车运行管理办法

动车组检查车是为了确保提速区段动车组运行安全,根据国铁集团调度命令定期开行的对提速区段内接触网、线路及其他行车设备进行检查、测试的检查列车,其编组与现在运行的动车组编组相同。值班主任、计划调度员、列车调度员除严格按图指挥动车组检查车运行外,并应遵守以下几点:

(1)动车组检查车车次除铁道总公司另有规定外,必须符合列车运行图动车组检查车车次。

(2)动车组检查车在 CTCS-2 级区段运行时,列车调度员应比照动车组掌握动车组检查车运行。

(3)动车组检查车接入、交出时分、运行区段由值班主任填写,并交计划调度员纳入调度日班计划。

(4)列车调度员在下达班计划和 3~4h 列车运行调整计划时,对动车组检查车必须重点布置,值班主任、计划调度员负责督促检查。

(5)动车组检查车在局管内运行时,机车调度员应提前通知机务段值班员,安排本段或外段动车组司机添乘带道。

(6)动车组检查车运行影响施工天窗时,列车调度员应与施工调度、施工单位联系,安排提前或延迟施工,尽量减少动车组检查车运行对施工天窗的影响。

(7)动车组检查车在其他 CTCS – 2 级区段运行时,列车调度员应比照特快旅客列车掌握。

三、动车组回送

动车组回送分有动力回送和无动力回送。动车组回送按旅客列车办理,有动力回送采用自走行方式。无动力回送时可根据回送技术条件加挂回送过渡车,使用客运机车牵引。动车组可采取单组或两组重联方式回送。

动车组回送前,技术状态及车载行车安全设备技术性能均需满足正式上线运行的条件。回送运行时,须安排动车组司机及随车机械师值乘。自走行回送时,非担当区段应指派带道司机。

回送途中,动车组采用 ATP/LKJ 控车,按动车组标尺速度运行,重点掌握,尽快放行。

动车组回送时不进行客列检作业。

动车组安装过渡车钩回送时,限速120km/h运行,尽可能避免实施紧急制动。发生紧急制动后,本务司机必须通知随车机械师,经随车机械师检查过渡车钩状态良好后方可继续运行。

动车组回送时,列车调度员应发布调度命令,命令中应注明限速值、回送方式及其他注意事项。

学习检测

1. 动车组运行中,遇什么情况列车调度员发布调度命令作为行车凭证?
2. 在发生哪些情况时,动车组由列控车载设备方式改为LKJ方式运行?
3. 简述动车组检查车运行管理办法。
4. 简述动车组回送组织办法。

拓展与提高

非正常情况列车运行应急处置案例

案例一:调度命令中限速里程与实际限速误差10km,导致列车未执行限速要求通过限速地段。

1. 事故经过

×月29日D站至F站至G站至小时站因降雨超值区间限速,调度员15时41下令2175#,指定上述三站两区间247km+327m至266km+794m间限速60km/h,到18时28分G站值班员又来申请F站至G站间恢复常速,G至小时间还需限速,值班员第一次汇报里程为F站至G站间258km+200m至266km+794m间恢复常速,247km+327m至258km+200m还需限速60km/h,但当时调度员未听清楚,要求值班员再次汇报,值班员第二次汇报为F站至G站间258km+200m至256km+794m间恢复常速,255km+700m至256km+880m还需限速60km/h,调度员在18时41分下达2104号调度命令,命令内容:自接令时起前发2175号命令取消。新的运行条件如下:

(1)G站(含G站)站至F站间258km+200m至256km+794m处恢复原规定速度。

(2)小时站至G站间255km+700m至256km+880m处限速60km/h,低于限速值的地段列车按原规定速度运行。

因命令中限速里程与实际限速误差10km,导致20888次以75km/h的速度通过247km+327m至258km+200m处。

2. 事故定性

虽因车站值班员汇报错误导致,列车调度员错发命令,但列车调度员应知必会的车站中心里程不掌握(误差10km,已到G站至F站区间)构成行车C类事故的次要责任。

3. 违反规章

违反《调规》第67条第一点的规定:调度命令发布前,应详细了解现场情况,听取有关人

员的意见。

4. 存在问题

列车调度员业务素质不过关,考试时对答如流,实际工作中不能灵活运用,在车站里程汇报错误的情况下,对于应知必会内容的掌握不到位,不能及时纠正现场的错误。

5. 吸取教训

加强班中抽问,对于应知必会内容要求调度员必须掌握,并能灵活运用。

6. 思考问题

遇防洪季节,临时限速增多,列车调度员对应知必会内容如不能掌握,不能灵活运用,在车站提报限速时不能起到把关作用,同时车务段应提高值班员的业务水平,列车调度员发布命令是以值班员的汇报为依据,如此依据错误,对于调度的安全威胁极大。

案例二: 盲目变更救援方案,因救援方案反复变动,耽误了救援时间。

1. 事件经过

×月18日,K9601次(机车164号,编组20-1045-44.9)4:13运行至A—B站间1011km+100m处(分相无电区)因机车故障途停,4:22调度员得到车站关于K9601次请求救援的汇报。经查客车机车距前方分相约10m,与值班副主任商定拟使用4:11到达B站的22704次从头部救援。4:26调度员正在拟救援命令时,车站说"单机救援够不着"。调度员又重新变更为采用从尾部救援的方案,同时向车站布置询问车长列车尾部位置。4:36经与机务段核对并参阅有关资料,确定可以从头部救援,又变更从头部救援,随后通知B站做救援准备工作,并于4:47下达了救援命令。自车站汇报请求救援到下达救援命令用时25min,按规定时间超5min。4时54分开58102次进入区间救援,5时22分连挂,5时40分折返开58101次,5时54分返回B站,6时04分开车。占用区间1小时25分,救援用时1h。

2. 事件定性

根据当时适用《事规》第2.5.1条规定:该事故为行车一般事故B1。定责:机务段全部责任。

3. 违反规章

(1)《技规》第170条:"牵引列车的机车在出段前,必须达到运用状态,……"

(2)《昆明铁路局安全管理考核体系实施办法》规定:"发生设备故障后,局调度所应在20min内积极采取措施组织行车";《昆明铁路局处置铁路交通事故应急预案》规定:需要救援时,列车调度员于接到救援请求5min内发出开行救援列车的命令。

(3)《技规》第230条规定:"注意列车在车站到发及区间内的运行情况,正确、及时地处理临时发生的问题,防止列车运行事故。"

4. 存在问题

(1)机务段在机车的检修作业中存在漏洞,没有做到精检细修,致使机车带病运行,最终导致途停事故的发生。

(2)列车调度员应急处理能力不强,处置不果断,救援组织指挥不力,超过5min之内发布救援命令的规定。列车调度员对现场汇报的情况缺乏应有的判断能力。司机汇报机车停车位置距出分相只有10m的距离(该分相长为30m),已拟定使用22704次机车SS3B(该车长44m)救援的情况下,在听车站说从头部救援距离不够,就盲目变更救援方案。因救援方案反复变动,耽误了救援时间。

(3)调度指挥中违反了作业程序。即使是从列车尾部救援,也不应该由运转车长确定列车尾部位置,应由列车调度员根据机车位置和列车编组计算。

5.吸取教训

(1)机务部门要检查在机车检修过程中存在的漏洞,完善检修技术作业标准,全面提高机车的运用质量。

(2)列车调度员应加强学习,提高自身业务素质。此次救援过程反映出列车调度员的基本功薄弱,对行车设备心中无数。按照"干什么学什么,缺什么补什么"的原则,要求列车调度员必须熟悉管辖范围内的行车设备、人员状况、技术资料等内容。

(3)列车调度员必须在突发事件中提高自己的应变能力,保持清醒的头脑,以便及时、正确地处理发生的问题。通过行车台之间案例的学习、讨论,使列车调度员尽可能多地掌握有可能发生的突发事件处置方法。

(4)行车有关工种要能够熟练计算列车尾部位置,遇从列车尾部救援时,根据机车停车位置和列车编组,快速、准确地计算出列车尾部位置。

6.思考问题

如何加强列车调度员的应急处置能力,目前列车调度员的应急培训都为书面演练,真到工作中遇见突发情况,需应急处置时,对于心理素质不过硬的新列车调度员处置难免不到位,值班副主任是否及时上台,是否应该根据各铁路局线路情况,开发相应软件,方便列车调度员在遇见处置时计算和查询线路情况,保证命令的正确和快速下达。

案例三:错过布置列车调整时机,臆测指挥行车,盲目冒险,构成列车冒进信号的一般C类事故。

1.事情经过

××铁路局×调度台为单线半自动闭塞区段,原计划21706次列车在A站的前方站B站等会晚点的1083次旅客列车。因1083次列车司机赶点,运行时刻提前,如果仍按原计划会车,就会影响1083次。列车调度员便要变更21706次列车在A站等会1083次。当时A站已开放21706次列车的出站信号,列车调度员要求车站关闭出站信号机,使21706次列车在站内停车。由于已错过变更信号时机,致使21706次列车停车不及,越过出站信号机40m,构成列车冒进信号的一般C类事故。

2.事件定性

《事规》第14条规定"一般C10类"事故:列车冒进信号或越过警冲标,构成一般C类事故。

3.违反规章

《技规》第354条规定:车站值班员应严格按《站细》规定时机开闭信号机。如取消发车进路时,应先通知发车人员;如发车人员已通知司机发车或显示发车指示信号,而列车尚未起动时,还应通知司机,收回行车凭证后,再取消发车进路。

《调规》第66条规定:调度指挥必须坚持安全生产。各级调度人员应做到:

(1)熟悉有关站段及列车的技术设备、作业过程、各项技术作业标准及各站接发列车的有关规定,正确地指挥列车运行。

(2)值班中要集中精力、坚守岗位、严格遵守规章制度,及时正确处理问题。

4. 存在问题

(1)《技规》第354条规定:"车站值班员应严格按《站细》规定时机开闭信号机",以使列车本务机司机在规定的制动距离以外确认信号,正确操纵列车。如错过规定的开放信号机仍未开放信号机或变更信号时,就有可能造成列车在信号机外停车或冒进信号等事故。违反开放信号时机的规定盲目变更信号而造成行车事故时,虽然一般情况下车站值班员应负主要责任,但属调度人员强求变更时,调度员也应负重要责任。

(2)《技规》第354条规定:如取消发车进路时,应先通知发车人员;如发车人员已通知司机发车或显示发车指示信号,而列车尚未起动时,还应通知司机,收回行车凭证后,再取消发车进路。这里具体规定了发车时变更信号的时机和方法。因此,禁止调度人员要求车站在未通知发车人员或司机的情况下取消发车进路,以免在发出进路取消时列车起动,造成列车冒进信号的一般事故。

(3)列车调度员对本区段内的技术设备、车站作业过程、各项技术作业标准及各站接发列车的有关规定不熟悉、不了解,错过布置列车调整时机,自己却臆测指挥行车,盲目冒险。

5. 吸取教训

(1)列车调度员应加强业务素质学习。列车调度员是调度指挥机构中重要的一个环节,是调度区段内行车工作的统一指挥者。负责组织指挥所辖区段内的车站调度员、车站值班员、值乘的机车及列车乘务人员进行行车工作。为保证行车工作的集中统一指挥,规定凡指挥列车运行的命令和口头指示,只能由列车调度员发布。要求调度人员必须具有调度指挥技术,要求调度人员掌握一定的行车组织理论知识,熟悉行车工作全过程的各个环节,掌握运输、机务、车辆、工务、电务、供电、信息等部门与行车有关的基本知识,具备迅速而又准确判断和处理行车过程中发生问题的能力,这些全部都需要较强的业务素质基础,因此,必须加强列车调度员业务素质学习。

(2)在日常运输组织工作中,由于货流和车流常发生变化,临时旅客列车的开行,线路施工,气候影响,列车运缓,旅客上下行,行包装卸超过站停时间,设备故障,自然灾害,行车事故以及调度临时指挥不当等原因影响,经常发生列车停运、加开、早点、晚点等情况,使每次实际开行的客货列车对数、运行时刻与列车运行图的规定有出入。因此,列车运行调整工作是列车调度员工作的重要组成部分,提高运行调整的质量,对完成日班计划规定的各项单元有重要意义。

(3)对所管辖区段的线路、设备和人员等情况不熟悉,处理问题仅凭自己的主观愿望,不考虑客观实际的可能性,或预见不到行车安全工作中各种危害的发生的特点及发展趋势,结果事与愿违。

(4)变更信号是列车调度员在列车运行调整中经常遇到的情况和需要采取的运行调整措施。在这方面,极容易发生违章现象,特别是在列车调度员会让调整不当时更容易发生,其中的教训也是不少的。列车调度员应当认真摸索所管辖区段的行车规律,掌握好各站办理接发列车的程序以及开闭信号的时机,严格按照标准化作业程序指挥行车,决不可盲目冒险。

6. 思考问题

遇列车调整过程中需要临时变更信号时,调度人员如何办理,应注意哪些事项?

案例四:漏发、错发、漏传、错传调度命令耽误列车

1. 事故经过

×月13日检查发现,调度台1时35分至6时35分S-T站间400km100m至421km356m降雨量达到限速警戒值,需限速25km/h,但当班调度员黄军认为该区间长期不行车,故未发限速命令,至8时下班时又未对此限速交班。8时15分应供电部门要求,开行路用列车57011次进入S-T站进行供电设备巡检,57011次到达400km100m至421km356m处时见工务防护人员设置的限速标致后,非常规停车,在落实清楚限速值后,方才动车按工务要求限速25km/h通过限速地点,现场工务人员将此情况反映至铁路局,路局安监室追究调度所的责任。

2. 事故定性

安监司按D14:漏发、错发、漏传、错传调度命令耽误列车。追究调度所的安全责任。

3. 违反规章

《调规》第66条:调度指挥必须坚持安全生产。各级调度人员应做到:遇有施工慢行、设备故障、"天窗"施工、区间装卸、天气不良、铁路交通事故等情况和对区间封锁、开通的处理,列车调度员要严格遵守有关规定;当得到现场关于列车、线路等出现危及行车安全的报告时,应及时指示有关人员立即停车,查明情况,妥善处理。

4. 存在问题

调度员接到现场请求后盲目臆测S—T站长期不行车,所以可以不发命令、不交班,结果导致57011次无限速命令进入区间,区间非正常停车,耽误列车。

5. 吸取教训

调度员接到现场请求,必须立即按现场请求发布命令,对于事关安全的事项必须交接清楚,不得遗漏。

6. 思考问题

如何避免调度员漏发限速命令?如何让调度员方便快捷地发布命令?现场如何准确地执行限速命令?

案例五:调度员违章发布命令,导致限速命令与现场实际情况不符

1. 事故经过

××月××日,××台A站至B站间按计划施工,施工范围是A站正线至B站间区间,开通后第一列限速25km/h,第二列限速45km/h,其后恢复常速。当班调度员××在施工完毕后,未向现场了解情况,直接发令××××1号指定K××6次限速25km/h通过该地段,K××8次限速45km/h通过该地段,过三分钟调度员认为K××6次通过该地段时未经过施工范围的全部线路,又发令××××2号指定K××5次限速25km/h通过该地段,实际现场K××6次通过后,K××5次通过该地段限速是45km/h,K××8次通过该地段时已不限速,恢复常速。影响K××8次终到晚点10min,K××5次终到晚点10min。

2. 事故定性

调度员违章发布命令,导致限速命令与现场实际情况不符,构成D14(漏发、错发、漏传、错传调度命令耽误列车)类事故。

3. 违反规章

调度员违反了《技规》第 231 条、《调规》第 67 条中规定"列车调度员在发布命令之前,应详细了解现场情况,并听取有关人员意见"。

4. 存在问题

调度员在工作中未向现场了解情况,盲目下达调度命令是导致调度命令与现场实际情况不符的主要原因。

5. 吸取教训

调度员在工作中一定要遵守规章,发令前详细了解现场情况,听取有关人员意见是下达调度命令前的必备事项。

6. 思考问题

当前施工全面铺开,施工量大,单元重,调度员关于施工的命令也是成倍增长,在这大量的调度命令中,发令前了解现场情况显得更为重要,详细了解现场情况更能确保安全,调度员在工作中一定要遵章守纪,确保自己的安全。

案例六:列车调度员盲目随从,导致迟报事故信息,将事故信息按设备故障汇报,有意瞒报事故。

1. 事故经过

×月 13 日,双线自动闭塞区段,15 时 50 分 D 车站 10DG 出现红光带,车站值班员分别通知电务、工务、公安,15 时 54 分报告列车调度员,并在《行车设备检查登记簿》内登记,调度所于 16 时 52 分通报局办、安监室等部门。经电务处理,于 18 时 10 分 10DG 红光带消失,设备试验良好,恢复正常使用,原因为 10DG 隔离盒烧坏。故障延时 2h 26min。

2. 事件定性

根据《事规》第 15 条规定,构成一般 D 类事故。定电务段全部责任,同时调度所对迟报事故负有责任。

3. 违反规章

《调规》第 12 条规定:"调度部门接到铁路交通事故、行车设备故障等安全情况的报告后,应按规定填写《铁路交通事故(设备故障)概况表》(安监报 1),及时通知给相关部门和安全监察部门。"

4. 存在问题

调度员得到设备故障的通知后,不及时向值班主任汇报,直至 16:41 才向值班主任汇报,并且在上报安全信息时,将 15:50 发生的设备故障报告成 16:35,推迟了 45min。迟报事故信息的原因为:故障发生后,电务段值班干部请求列车调度员按 16 时 35 分填记"安监报 -1",列车调度员盲目随从,导致迟报事故信息,将事故信息按设备故障汇报,有意瞒报事故。

5. 吸取教训

(1)组织调度员加强对《事规》的学习,牢固树立法律意识,充分认识迟报、瞒报事故属违法行为。在接到故障和事故报告后,应立即向值班主任和安监室值班人员报告,并及时认真填写"安监表 -1"。

(2)通过此次事故案例加强对其他岗位调度员的教育,使每个调度员都认识到错报、漏报、瞒报事故的严重性,同时在以后的工作中加强完善信息沟通渠道,加强值班(副)主任巡视检查制度。坚决杜绝此类事情的发生。

6.思考问题

加强安全信息通报,一直在调度工作中反复强调,但执行中总有问题,运用合理的奖励和惩罚机制调动调度员在工作中的主动性,对调度员在工作中产生的不作为情况要建立相应的教育、考核机制,从源头上杜绝工作中的消极不作为,是调度所下一步工作中要思考的问题。

附表 铁路列车调度指挥缩略语、惯用语对照表

序号	全　称	缩略语、惯用语
1	《铁路行车事故处理规则》	《事规》
2	《铁路技术管理规程》	《技规》
3	《普速铁路行车组织规则》	《行规》
4	《车站行车工作细则》	《站细》
5	《高速铁路行车组织细则》	《行细》
6	《铁路运输调度规则》	《调规》
7	铁路运输调度工作	调度工作
8	中国国家铁路集团有限公司	国铁集团
9	中国铁路局集团有限公司	铁路局集团公司
10	全部铁路局集团有限公司	全路
11	调度员	调度
12	行车调度员	行调
13	列车调度指挥系统	TDCS
14	调度集中系统	CTC 系统
15	运输调度管理系统	TDMS
16	无线闭塞中心	RBC
17	临时限速服务器	TSRS
18	列车编组顺序表	运统 1
19	列车质量	列车重量
20	铁路局集团公司管辖范围内	铁路局集团公司管内
21	相邻铁路局集团公司	邻局

参 考 文 献

[1] 王立松.铁路行车技术管理[M].北京:中国铁道出版社,2008.

[2] 孙景冬,王顺利.列车调度指挥实验教程[M].成都:西南交通大学出版社,2009.

[3] 王兴涛.铁路局调度应急处置速查手册[M].北京:中国铁道出版社,2012.

[4] 侯启同.调度集中和列车调度指挥系统[M].北京:中国铁道出版社,2012.

[5] 铁道部运输局.铁路列车调度指挥系统(TDCS)[M].北京:中国铁道出版社,2006.

[6] 铁路职工岗位培训教材编审委员会.铁路职工岗位培训教材:信号工(联锁、列控与区间信号设备维修)[M].北京:中国铁道出版社,2009.

[7] 胡华彬,许冰.铁路列车调度指挥[M].北京:中国财富出版社,2014.

[8] 彭其渊.高速铁路调度指挥[M].北京:中国铁道出版社,2011.